U0647774

盧校叢編　陳東輝　主編

經典釋文 四

孝經音義
論語音義
老子音義
莊子音義
爾雅音義

〔唐〕陸德明　撰

浙江大學出版社

經典釋文卷第二十三

孝經音義

唐國子博士兼太子中允贈齊州刺史吳縣開國男陸德明撰

鄭氏 相承解爲鄭玄

開宗明義章

仲尼 女持反仲尼取象尼丘山又音夷字作尼古夷字也援神契云蟲也 **居** 如字說文作尻音同鄭玄云尻尻講堂也王肅云閒居也孔安國云靜而思道也 **曾** 則能反姓也 **子** 男子美稱也曾子孔子弟子也名曑字子輿魯人也或作參音同義別下皆同 **侍** 卑在尊者之側曰侍 **子** 孔子也古者稱師曰子 **曰** 語辭也從乙在口上乙象氣人將發語口上有氣故曰字缺上也凡曰皆放此 **先王** 鄭玄云禹三王最先者案五帝官天下三王禹始傳於子於殷配天故爲孝敎之始王謂文王也 **有至德** 鄭云至德孝悌也王云孝爲德之至也 **要** 因妙反注同 **道** 鄭云要道禮樂也王云孝爲道之要 **孝悌** 大計反又順也○本今無此字

民用和睦音目字林云忘六反上下無怨紆萬反女音汝本或作汝凡本女字皆放此汝水名音同義別知之乎曾子辟音避注同本或作避參所林反不敏密隕反達也夫音符注及下同人之行下孟反復音服注同坐在臥反注同女音汝○本今作汝身體髮膚方于反不敢毀傷如字蒼頡篇云毀破也廣雅云虧也父母得其顯譽音豫也者毌彊其良反而仕行步不逮音代亦及也又音大計反縣音玄車音居致仕○自父母至仕字本今無大雅云此文王之詩六章文毋音無本亦作無念鄭玄云無念無忘也爾雅云勿念念也爾祖聿尹吉反爾雅循也述也○本今作爾

天子章

子曰此一子曰通天子諸侯卿大夫士庶人五章也不敢惡烏路反注同舊如字於人不敢慢亡諫反俗作僈於人愛敬盡津忍反於事親形于法也字又

作刑**四海**　**形見**賢遍反下同○本今無形見字　**甫刑**尚書作呂刑　**兆**知從八正直表反十億曰兆十**民**百萬曰兆民　**賴之**　**引辟**上鹿艾反辟止本或作辟同匹辟反○本今無引辟二字

諸侯章

危殆音待○本今無殆字　**滿而不溢**音逸　**費**芳味反　**用**如字　**約**於略反　**儉**勤檢反　**奢**書蚶反　**泰**音太　**爲溢**羊栗反　**富貴不離**力智反注同　**其身**

薄賦斂力儉反　**省**所景反　**傜**音遥本亦作繇　**役**　**列士封疆**字又作畺同居良反○自薄字至居良反本今無　**詩云**此詩小雅節南山之什小旻卒章　**戰戰**章扇反　**兢兢**棘冰反　**恐**丘勇反懼也注及後同　**隊**直類反○本今作墜　**恐陷**沒陷之陷

卿大夫章

服山龍華胡花反　**蟲**直忠反　**服藻**音早　**火**　**服粉**方謹反　**米**字或作絲

音同　**皆謂文繡**修又反**也　田**本又作佃音同**獵**力輒反**卜筮**市制反**冠**古亂反又如字**素積**茲亦反○自山龍至茲亦反本今無**非先王之德行**下孟反注德行下擇行行滿皆同**禮以檢奢**紀儉反○本今無**無口過**古臥反注同

無怨惡烏路反舊如字注同**宗廟**本或作庿**爲作**于僞反**宮室**○自爲作至室字本今無**詩云**此大雅蕩之什烝民篇語**夙夜匪懈**佳賣反注及下字或作解同**夜莫**如字又音暮下並同**也解**○自夜莫至也字本今無**惰**古臥反注同

士章

資者人之行下孟反**也**○本今無此句**兼**古恬反并也**之者父也　以敬事長**丁丈反注皆同**則順　食稟**必錦反公羊傳云稟賜穀祿也**爲祿始爲曰祭**一本作始曰爲祭曰音越又人實反**別**彼列反**是非**○自食字至非字本今無**詩云**此詩小雅節南山之什小宛篇語**夙興夜寐**面利反**無忝**辱也他簟反**爾所生**所生

謂父母○本今作爾

庶人章

春生夏長丁丈反秋收如字又手又反本作斂力儉反冬藏才郎反分方云反注同

地之利分別彼列反五土周禮五土一曰山林二曰川澤三曰丘陵四曰墳衍五曰原隰

丘陵阪險阪音反險音許檢反又蒲板反宜棗棘本作宜種棗棘○自丘陵至棘本今無

以養羊尚反父母行下孟反音如字不爲非度待洛反財爲費芳味反

什音十一而出十而出一無所復扶又反謙○自行字至謙本今無

故自天子古文分此以下別爲一章故患難奴旦反不及其身也善一本作難○自故患至善字本今無末之有也

三才章

曾子曰甚哉曾從八正甚從甘匹正皆放此語魚據反喟丘媿反又丘怪反然○自

語字至然本今無 夫音符孝 民之行下孟反注同也 孝弟大計反本亦作悌 恭敬民皆樂音洛之○自孝弟至之字本今無 其政不嚴而治直吏反注同 政不煩苛音何○自政至苛本今無 民之易以豉反○本今作人之易也 而民 而民興行下孟反 上好呼報反下好禮同 義○自上字至義本今無 不爭爭鬬之爭從爪爭正皆放此 若文王敬讓於朝直遙反 虞芮推畔 於田 則下效戶教反 之○自若字至之本今無 導音道本或作道 之以禮樂 示神至反 之以好如字又呼報反 惡如字注同又烏路反 而民知禁金鴆反注同 詩云此詩小雅節南山之詩 赫本又作赤火白反 師尹 若冢張勇反宰之屬也 女音汝下同 當視民常旨反皆放此○自若字至放此本今無

孝治章

昝正皆放此○本今作昔 聘匹正反 問天子無恙羊尚反 五年一朝

直遥反下注同**郊迎**魚敬反又魚荆反**芻**初俱反**禾百車以客**苦百反

本或作以客禮待之**夜設庭燎**力召反本亦作燎同一音力弔反徐力燒反鄭云在地曰燎執之曰

燭又云樹之門外曰大燭於内曰庭燎皆是照衆爲明**當爲**于僞反下皆同**王者****侯者**

候戸豆反**伺**音司又相吏反**伯者長**丁丈反下同**男者任**而鴆反**也****德不**

倍步罪反**别**彼列反**優**○自聘字至優本今無**故得萬國之歡**字亦作懽

五年一巡音旬**守**手又反本又作狩**勞來**上力報反下力代反○自五年字至力代

反本今無**不敢侮**亡甫反**於鰥**古頑反**寡**無妻曰鰥無夫曰寡**男子賤稱**

尺證反下同**小大盡**津忍反**節**○自男子至節字本今無**養**羊尚反**夫然**

音符**則致**張利反從又音陟里反他皆放此俗作攴非**其樂**音洛○自則致至洛字本今無**祭**

則鬼享許丈反**災**本或作灾則才反**詩云**此大雅蕩之什抑篇語**有覺**音角

大也**德行**下孟反注同

聖治章

聖從王正從王非 之行下孟反 則周公周公名旦文王之子武王之弟 已音似

后稷上音後稷官名后稷名弃周公之始祖也 故異其處昌慮反 辟后稷也音避

本亦作避同 於朝直遥反 越嘗遠國也 重直龍反 譯本亦作驛同音亦○自故

異字至音亦本今無 夫音符 滕辛七反從木入水桼音七正 以養羊尚反 父母

日嚴入實反注同日者實也口日行孝故無闕也象日 致其樂音洛下樂同 親近

附近之近 於母○自致其樂至於母本今無 其政不嚴而治直吏反 不令

力正反 而行○自不令至而行本今無 父子之道古文從此已下別爲一章 續音俗

相續也 焉○本今作莫 大焉 復扶又反 何加焉○自復字至焉本今無 故

不愛其親古文從此已下別爲一章 謂之悖補對反注及下同 德 若桀其列

反 紂丈久反 是也 言中詩書丁仲反下同○自若字至下同本今無 行思

可樂如字音洛注同　難進而盡津忍反　中易以豉反　遐而補過古臥反

傚戶教反　漸也　不令力政反下文並注並同　而伐謂之暴蒲報反○

自難進至報反本今無　詩云此詩曹風鳲鳩之篇語　淑人常六反　其儀字從人

不忒他得反差也

紀孝行下孟反章

也盡津忍反　禮也一本則盡其敬也又一本作盡其敬禮也○今本作居則致其敬　養

羊尚反　則致其樂音洛　病則致其憂疾甚曰病　擗婢亦反　踊羊冢反

泣器立反　齊側皆反本又作齋　必變食　敬忌　踧子六反○自必變至子六

反本今無　在醜昌九反　不爭爭鬬之爭注及下同　不忿芳粉反下同　爭也

好呼報反○自不忿至呼報反本今無　亂則刑　罰音伐　及其身也○自罰字至身

也本今無　雖日用三牲之養羊尚反○後九字本今無　不敢惡烏路反　於

人親

五刑章

五刑之屬三千墨劓剕宮大辟呂刑云墨罰之屬千劓罰之屬千剕罰之屬五百宮罰之屬三百大辟之罰其屬二百五刑之屬都有三千科苦和反○本今無條三千謂劓魚器反截鼻之刑墨刻其額而涅之以墨宮割男子割勢女子宮閉之呂刑及周禮並直作宮字或作㹇字○本今無割字臏大辟婢亦反下同穿音川窬音俞又音豆盜徒到反盜從次次似延反口液也他皆放此俗作盜者全非竊者劓與周禮注不同刼居業反賊傷人者墨[illegible]與周禮不同男女不與禮交本或無交字者非者宮割周禮無割字壞音怪人垣音袁牆本或作廧同疾良反開人關闔音藥字或作鑰通用者臏[illegible]與周禮並微異手殺人者大辟亦與周禮注不同大辟死刑○自穿字至此本今無要一徭反君者無上非侮已甫反○本今無侮字聖人者○已下十四字本今無人行者一本作非

孝行行音下孟反

廣要道章

莫善於弟本亦作悌同大計反人行之下孟反次也樂感人情者

也惡烏路反鄭聲之亂樂也上好呼報反禮則民易以豉反使

也則子説音悅注及下皆同盡津忍反禮以事○自人行至事此本今無

此之謂要因妙反下同道也

廣至德章

而日人實反語之魚據反但音誕皆放此讀爲擅非天子父事三老

三老三公致仕天子兄事五更音庚三老五更謂老人知三德五事者○自天子至事者本今無

詩云此大雅生民之什泂酌之篇語愷本又作豈同苦在反樂也悌本又作弟同徒禮反一音

待亦反君子

廣揚名章

兄弟大計反本作悌下注皆同 故順可移於長丁丈反注皆同 居家理故治直吏反注同讀居家理故治絕句 是以行成於內下孟反

諫諍章

若夫音符 慈愛恭敬 敢問子從父之令力政反下及注皆同 是何言歟音餘下同○本今作與 孔子欲見賢遍反 諫諍諍鬬也此字從丮音飢逆反兩丮相對門也象門之形而非門若從門者非他皆放此二士對戟曰鬬 之端○自孔子字至此本今無 不失天下本或作不失其天下其衍字耳 左輔右弼皮密反本又作拂音同 前疑後丞本亦作承 使不危殆大改反下同○自左輔字至此本今無 則身離力智反 於令名 陷陷沒也陷從爪下非下同 於不義 又焉於虔反注同 得爲孝乎

感應章○本今作應感章

盡津忍反下同孝於父視其常言反分符問反理也○此已上字本今無長丁丈反注同幼順故上下治直吏反注同神明章如字本又作彰矣事生者易以豉反故重直用反又直龍反其文也○自事生字至此本今無孝悌大計反之至則重直龍反譯音亦來貢公弄反○自則字至此本今無詩云此大雅文王之什文王有聲之文莫不被皮寄反一作章移反○本今作莫不服

事君章

上陳諫諍爭鬭之爭之義畢欲見賢遍反○已上字本今無進思盡津忍反忠死君之難乃旦反○自死字至此本今無退思補過古禍反詩云此小雅魚藻之什隰桑篇語中本亦作忠心藏之

喪親章

孝子之喪如字又息浪反親也死事未見賢遍反哭苦谷反不偯於豈反俗作哀非說文作悠云痛聲也音同言不文文飾也本或作聞非不爲趨七須反字從芻楚俱反疾步也翔行而張拱曰翔室中不翔行而張足曰趨堂上不趨唯維癸反又以水反而不對也去羌呂反文繡衣於既反衰七雷反字或作縗同並義俗作衰色追反非也服也○自趨字至此本今無聞樂如字不樂音洛故不樂也音洛不嘗如字鹹音咸酸素丸反禮三年之喪食無鹽豉而食粥之六反又音育謂朝一溢米暮一溢米○自不嘗至此本今無此哀慼七歷反之情毀瘠情昔反羸力爲反瘦色救反一本作病又或作憊皮拜反○自瘠字至此本今無喪不蘇郎反過三年示神志反民不肖者企丘豉反而及之賢者俯音甫而就之再期本又作朞音同○自而就之至此本今無爲之棺音官槨音郭衣衾其蔭反注同舊如字而舉之衾謂單音丹一本作殮力贍反可以亢苦浪反舉也尸而起也

○自謂單字至此本今無　陳其簠音甫簋音軌簠簋俱祭器名　擗婢亦反字亦作躃　踊音勇　哭泣起及反　啼號戶高反　竭情也○自啼字至此本今無　卜其宅　兆兆封也字書皆作垗廣雅云垗葬地　而安厝之七故反字亦作措　爲之宗廟字亦作庿　以鬼享之許丈反又作饗之　無遺纖息廉反正皆放此　也　尋繹音亦　天經地義究音救　竟人情也　行下孟反　畢孝成○自無遺字至此本今無

經典釋文卷第二十三

經典釋文卷第二十四

論語音義

唐國子博士兼太子中允贈齊州刺史吳縣開國男陸德明撰

論語序此是何晏上集解之序今亦隨本音之　中壘力軌反　校尉戶教反　劉向舒尚反　大子大傅並音泰　夏戶雅反　侯勝音升或升證反　丞相息亮反　傳之直專反下同　頗多破可反　琅音郎本或作瑯　邪以嗟反又也差反　膠東音交琅邪膠東皆郡名　壞得音怪　大守音泰下大常同守音手又反　爲之註本又作注之戍反又張注反　頗爲于僞反　名曰論語論如字綸也輪也理也次也撰也荅述曰語撰次孔子荅弟子及時人之語也鄭玄云仲弓子游子夏等撰　集解佳買反何晏集孔安國馬融包氏周氏鄭玄陳羣王肅周生烈義并下己意故謂之集解

學而第一以學爲首者明人必須學也 集解一本作何晏集解

凡十六章

亦說音悅注同 通稱尺證反 說懌音亦 有朋蒲弘反有或作友非 亦樂音洛譙周云悅深而樂淺一云自內曰悅自外曰樂 不慍紆問反怨也鄭云怨也 孝弟大計反本或作悌下同 而好呼報反下及注同 鮮仙善反少也鄭云寡也下同 本與音餘 欲令力呈反 人說音悅 曾參所金反又七南反 三息暫反又如字 省悉井反視也鄭云思察己之所行也 爲人于僞反又如字 傳不直專反注同鄭注云魯讀傳爲專今從古 案鄭校周之本以齊古讀正凡五十事鄭本或無此注者然皇覽引魯讀六事則無者非也後皆放此 道音導本或作導包云治也注及下同 千乘繩證反注同下乘大國之賦也 司馬法齊景公時有司馬田穰苴善用兵周禮司馬掌征伐六國時齊威王使大夫追論古者兵法附穰苴於其中凡一百五十篇號曰司馬法 有畸居宜反田之殘也 之封甫用反又如字 雖大賦絕句一本

或云雖大國之賦　包依王制孟子王制及孟子皆以百里爲大國　奢侈尺紙反又尺氏反　則弟音悌本亦作悌　汎愛孚劍反　行有下孟反下云觀其行并注同

學文馬曰文古之遺文也鄭云文道藝也　子夏戶雅反　好色呼報反下章好學同

盡津忍反下注同　毋友音無本亦作無下同　憚徒旦反　難乃旦反　子貢本亦作贛音同　之與音餘下之與同　抑與上於力反　陳亢音剛又苦浪反　必與音預　爲治直吏反　信近附近之近下及注同又如字　覆芳服反下同

遠恥于萬反　無諂勑檢反　而樂音洛注同　好呼報反下注同　如切治骨曰切　磋七多反治象曰磋　琢治玉曰琢　摩一本作磨末多反治石曰磨　謂與音餘　患不知也本或作患己不知人也俗本妄加字○今本患不知人也

爲政第二先學而後從政故爲政次學而也

凡二十四章

衆星共求用反鄭作拱俱勇反拱手也 猶北辰之不移本或作譬猶北辰之不移

蔽必世反包云當也鄭云塞也 猶當丁浪反又如字 無邪似嗟反 道之音導

下同 以德包云道德也鄭云六德謂智仁聖義中和 格加百反正也鄭云來也 孫彘

直例反 不妄亡尚反 能養羊尚反下及注養人同 以別彼列反注同

食音嗣 先生饌士眷反馬云飲食也鄭作餕音俊食餘曰餕 曾音增馬云則皇侃云嘗也 女

音汝 人焉於虔反下同 廋所留反匿也 匿也女力反 温故烏門反尋也

繹音亦 不比毗志反下同 則罔本又作网 則殆音待依義當作怠

誨女音汝後可以意求之 知也如字又音智 姓顓音專 寡尤下求反

行下孟反注同 錯七路反注同置也鄭本作措投也 枉紆往反 邪枉似嗟反

孝于如字一本作孝乎 奚其爲爲政也一本無一爲字 車音居 無輗

五兮反轅端橫木以縛軛字林五支反 無軏五忽反又音月轅端上曲勾衡 枙音厄又作軛

十世可知也一本作可知乎鄭本作可知　於夏戶雅反餘以意求之　三綱謂父子夫婦君臣是也　五常謂仁義禮智信　三統謂天地人三正　謟也勑檢反

八佾第三

凡二十六章

佾音逸列也　僭子念反下同　雍於容反　撤直列反本或作徹　相維息亮反助也　辟公必亦反君也注同　其易以豉反包云和易注同鄭云簡　寧戚千歷反　旅音呂馬云祭名按祭山曰旅　救與音餘　嗚呼本或作烏乎音同　曾謂則登反則也　不享許丈反　爭責衡反爭闘之爭絕句注同　必也射乎鄭讀以必也絕句　揖讓而升下絕句鄭注詩賔之初筵引此則云下而飲　而飲王於鴆反注同又如字　多笇悉亂反籌也○本今作筭　倩兮七練反　盼兮普莧反動目貌字林云美目也又匹簡反又匹莧反　絢兮呼縣反馬云文貌鄭云文成章曰絢　繪事胡對反本又作繢同畫文也

喻美女如字又夷住反　解音蟹　禘大計反大祭也　既灌古亂反　袷戶夾反　為序于偽反下注同　昭穆常遙反說文作佋下同　大祖音泰下同　鬱暢勑亮反本今作鬯○　躋僖子兮反　易了以豉反　吾不與音預　媚美記反　於奧烏報反孔云內也鄭云西南隅　求昵女乙反亦作暱　所禱丁老反一音都報反　監古暫反觀也視也　郁郁於六反　大音泰注及下同　鄹人側留反邑名　梁紇恨沒反又恨發反　復扶又反　能中丁仲反下及注同　同科苦和反　欲去起呂反注同　告朔古篤反　之餼許氣反牲生曰餼　朝享直遙反又張遙反　盡禮津忍反　為諂勑檢反　關雎七餘反　哀而如字毛詩箋改哀為衷　問社如字鄭本作主云主田主謂社　可復扶又反下同　不咎其久反　器量音亮　大儉音泰一音他賀反　焉得於虔反　取三如字又七喻反○本今作娶　謂嫁為歸一本無為字○本今作曰歸　為兩于偽反又如字

之好呼報反注同　反坫丁念反　君別彼列反　獻酢才洛反一本作酬　更酌音庚　子語魚據反　大師音泰注同　翕如許及反何晏云盛也鄭云變動貌　從之何讀爲縱子用反放縱也鄭云八音皆作　皦如古了反其音節奏分明也鄭云淸別之貌　繹音亦鄭云志意條達之貌　請見賢遍反　從者才用反　於喪息浪反注同　語諸魚據反　木鐸直洛反木鐸金鈴木舌施政教之所振也　韶常遙反舜樂名　盡津忍反

里仁第四里猶鄰也言君子擇鄰而居居於仁者之里

凡二十六章

不處昌呂反後不音者及注同　焉得於虔反　知音智注及下同　處樂音洛　驕佚音逸　能好呼報反注同　能惡烏路反注及下同　無惡如字注同又烏路反　否泰備鄙反　惡乎音烏注同　造次七報反馬云急遽也鄭云蒼卒也　顚

沛音貝偃什也　僵居良反○本今作偃　什音赴又蒲逼反　好仁呼報反注及下同

惡不仁烏路反下及注同　難復扶又反　之行下孟反　各當丁浪反

適丁歷反鄭本作敵　莫武博反范甯云適莫猶厚薄也鄭音慕無所貪慕也　與比毗志反

反　放於利方往反依也下同　參乎所金反　貫之古亂反　曰唯維癸反注同

忠恕音庶　子曰三年無改於父之道可謂孝矣此章與學而篇同當是重出學而是孔注今此是鄭注本或二處皆有集解或有無者　父母之年

不可不知也此章注或云孔注或云包氏又作鄭玄語辭未知孰是　逮音代又大計反

爲身于僞反　鮮矣仙善反少也　得中丁仲反　欲訥奴忽反包云遲鈍也鄭言欲難

行下孟反下同　遲鈍徒頓反　君數何云色角反下同謂速數也鄭世主反謂數己之功勞也梁武帝音色具反注同

公冶長第五

凡二十九章

公冶音也長如字姓公冶名長家語字子張范甯云名芝字子長史記亦字子長可妻七細反下同

縲力追反孔云黑索紲息列反孔云攣也○本今作絏攣力專反以拘音俱

刑戮音六宮韜本又作縚同吐刀反南宮閱一名縚孟僖子之子斯焉於虔反

此行下孟反瑚音胡璉力展反簠音甫簋音軌焉用於虔反下同

禦人魚呂反屢數色角反下同漆音七彫丁條反本或作凋同子說音悅

桴芳符反由與音餘編竹必緜反又蒲典反栰音伐好勇呼報

反下同過我絕句一讀過字絕句材才哉二音不解音蟹不復扶又反下同

千乘繩證反下注同賦孔云兵賦也鄭云軍賦梁武云魯論作傳於朝直遥反

聞一如字本或作問字非吾與爾爾本或作女音汝宰予羊汝反或音餘晝竹救

反寢七荏反朽香久反雕丁條反腐房甫反琢陟角反畫

乎卦反　**糞**弗問反本或作糞同　**圬**音烏本或作杇鏝也　**槾**或作鏝末旦反又末丹反塗工

之器　**於予**予宰我之名　**與**音餘語辭也下同　**其行**下孟反　**申棖**直庚反包

云魯人也鄭云蓋孔子弟子申續史記云申棠字周家語云申續字周也　**慾**音欲或羊住反　**焉**於虔反

著知慮反　**見**賢遍反　**循**音巡　**天道**何云元亨日新之道鄭云七政變通之占

元亨許庚反　**孔圉**魚呂反　**而好**呼報反　**僑**其驕反　**臧**子郎反

之守手又反　**僭**子念反　**藻**音早水草有文者也　**棁**本又作棳章悅反梁上短柱也

栭音而　**楹**音盈　**侈**昌氏反又式氏反　**其知**音智注同　**名穀**奴斗反本

又作穀同　**於菟**音烏　**菟**音塗　**慍**紆問反　**未知**如字鄭音智注及下同　**焉**於虔反下

崔子鄭注云魯讀崔爲高今從古　**弒**施志反本又作殺同　**十乘**繩證反　**杼**

直呂反　**惡**烏路反　**捐其**悅全反　**辟**音避本亦作避　**三思**息暫反又如字

行父音甫　**賢行**下孟反　**甯武子**乃定反　**俞**羊朱反　**則知**

音智下同　**歸與歸與**並音餘　**吾黨之小子狂簡**絕句鄭讀至斐小子絕句　**斐然**芳匪反　**穿**音川　**鑿**在洛反此章孔注與孟子同與鄭解異　**伯夷**姓墨名允字公信孤竹君之子伯長也夷謚一本名元　**叔齊**名智字公達伯夷之弟齊亦謚也夷齊名見春秋少陽篇　**乞醯**呼西反亦作醯　**色足**將樹反又如字注同一本此章有子曰字恐非　**便辟**婢亦反　**大史**音泰　**匿**女力反　**盍**戶臘反　**憾**戶闇反恨也　**少者**詩照反　**訟**自用反責也　**焉**如字衛瓘於虔反爲下句首

雍也第六

凡三十章

言任音壬又而鴆反　**諸侯治**直吏反一本無治字一本作言任諸侯治國也　**桑**子郎反鄭云秦大夫　**無見**賢遍反　**而行**下孟反又如字下同　**大簡**音泰注同　**好學**呼報反　**今也則亡**本或無亡字即連下句讀　**過分**符問反　**怒當**丁浪反

嘗復扶又反　使於所吏反　爲其于僞反　釜音父六斗四升也　庾
俞甫反十六斗　秉音丙十六斛也　衣輕於旣反　大多上音泰或吐賀反　曰
母音無　犁牛利之反雜文曰犁又力之反色如狸也又力兮反耕犁之牛　騂息營反
其舍音捨注同棄也一音赦置也　中丁仲反　犧許宜反　也與音餘下同　決
斷丁亂反　騫起虔反　費音祕邑名　善爲于僞反注同　語魚據反　使
者所吏反　令不力呈反　復召扶又反　重來直用反　則吾必在
一本無吾字鄭本無則吾二字　汶上音問水名　自牖由久反　喪息浪反又如字下同
矣夫音符　一簞音丹　食音嗣注同　一瓢婢遙反瓠也　筲息嗣反　陋巷
戶降反注同　其樂音洛注同　不說音悅　中道如字一音丁仲反　今女
音汝　晝音獲止也　女得音汝　澹臺徒甘反　由徑古定反　而殿都練
反注同　祝鮀徒多反　宋朝張遙反　及如一本及字作反義亦通　文

質彬彬彼貧反文質相半也說文作份文質備　好之呼報反下注同　樂之音洛

以上時掌反注可上同　語上魚據反下同　上知音智　問知音智下章及注

同　化道音導　而遠于萬反　瀆徒木反○本今作黷　樂音岳又五孝反注及

下同　知者樂音洛注同　有大公周公音泰下同　觚不觚音孤酒爵也容

二升　於患難乃旦反　隋待果反　令自力呈反　君子博學於

文一本無君子字兩得　矣夫音符　不說音悅注同　矢之孔鄭繆播皆云矢誓也蔡

謨云矢陳也　所否鄭繆方有反不也王弼李充備鄙反　天厭於琰反又於豔反塞也

等以爲男子者集解本皆爾或不達其義妄去等字非也○今注云舊以南子者　以說

始銳反　治道直吏反　故孔子一本作夫子　之祝州又反○本今作呪

民鮮仙善反注同　博施始豉反　夫仁音符　更爲于僞反　之行

下孟反

述而第七

三十九章○今三十八章

而好呼報反注同 老彭包云殷賢大夫也案大戴禮云商老彭是也鄭云老老聃彭彭祖

默而俗作嘿亡北反 不厭於豔反 不倦其卷反 是行下孟反 能

徙思爾反 燕居於見反鄭本作宴 夭夭於驕反和舒貌 不復扶又反下同本

或無復字非 據杖直亮反 依倚於綺反 以上時掌反注同 無誨

魯讀爲悔字今從古 不憤房粉反 不悱芳匪反 爲說于僞反 以語

魚據反 復重直用反 無惻初力反 子於是日哭則不歌○舊

以爲别章今宜合前章 舍之音赦止也一音捨放也 與爾與及也或云與謀也 是

夫音符 誰與如字皇音餘 軍將子匠反 馮河字亦作憑皮冰反 徒

搏音博 好謀呼報反 執鞭必緜反或作硬音吾孟反非也 吾亦爲之一本

作吾爲之矣　所好呼報反注同　齊側皆反本或作齋同　戰疾之彥反　聞韶
士昭反注同　爲樂並如字王云爲作也本或作嫣音居危反非　爲衞于僞反注及下同
大音泰　蒯苦怪反　聵五怪反　鞅於丈反　于戚千歷反　曼姑
音萬　吾將問之一本無將字　惡行下孟反　曰飯符晚反　疏本或作蔬
所居反　食如字謂菜食也一音嗣飯也　曲肱國弘反臂也　而枕之鴆反　樂亦
音洛注同　數色主反　學易如字魯讀易爲亦今從古　盡性津忍反　葉公
舒涉反注同葉地名楚縣尹僭稱公　憤符粉反　樂以音洛　好呼報反　奡五報
反　盪舟吐浪反　弒音試下同　我三人行一本無我字　必得我師焉
本或作必有　桓魋徒雷反　知廣音智　隱匿女力反後章注同　文行下孟
反　忠李云臣事君也　信李云與朋友交　亡而爲有亡如字一音無○此舊爲別章今宜與前
章合　子釣音弔　不綱音剛鄭本同　弋羊職反　不射食亦反　宿息六反謂宿鳥

也　一竿音干　繳章略反下同　羅屬音燭　著直略反　互鄉
戶故反鄉名　難與言絕句　童子見賢徧反注同　惡惡上烏路反下如字　之
行下孟反　陳司敗如字孔云司敗官名陳大夫也鄭以司敗為人名齊大夫　揖伊入反說
文云攘也一云手著胷曰揖　巫馬音無　君娶七住反○本今作取　為同于偽反
後和戶臥反注同　重歌直用反　抑為於力反　不厭於豔反　正
唯魯讀正為誠今從古　子疾一本云子疾病皇本同鄭本無病字案集解於子罕篇始釋病則此有病
字非
反
有之誄曰力軌反說文作讄或云作讄禱累功德以求福也以誄為謚也　神祇祈之
素行下孟反　不孫音遜　則僭子念反　坦吐但反　蕩蕩徒黨
反魯讀坦蕩為坦湯今從古　戚戚千立反　子溫而厲一本作子曰厲作例皇本作君
子案此章說孔子德行依此文為是也

泰伯第八

凡二十一章

民無得本亦作德　大王音泰下同　少弟詩照反　則葸絲里反何云畏懼貌

鄭云愨質貌　則絞古卯反馬云刺也七肆反鄭云急也　不偷他侯反　行之下孟

反注下同　開衾苦今反　兢兢居陵反　免夫音符　患難乃旦反

孫捷在接反本又作踕同　斯遠于萬反注同　斯近附近之近　鄙倍蒲悔反

濟濟子禮反　蹌蹌七良反本或作鏘同　惡戾力計反　幼少詩照反

人與音餘　君子也一本作君子人也　弘毅魚氣反　能斷丁亂反　好

勇呼報反注同　大甚音太下大師大公並同　驕且吝力訒反又力慎反本亦作悋

於穀公豆反孔云善也鄭及孫綽祿也　不易孫音亦鄭音以豉反　則見賢遍反又音現

行當下孟反　恧植鄰反古臣字○本今作臣　弑音試下同　師摯音至　關

雎七餘反　洋洋音羊　狂而求匡反　侗而音通又勑動反玉篇音同　不愿

音願孔云謹也鄭云善也注同　之稱尺證反下注同　煥乎音喚明也　天下治直吏反　契息列反　悾悾音空　慤苦角反　巍巍魚威反　不與音預

皋陶音遙　予有亂十人本或作亂臣十人非　召七照反　奭音釋　閎音宏　夭於表反又於遙反　散息但反　宫适古活反　參分七南反一音三本又作三

般紂直久反　無間間廁之間注同　能復扶又反　菲飲音匪薄也　黻冕上音弗下音免　而盡津忍反　溝洫呼域反　廣光曠反下同　深尸鴆反下同

子罕第九

凡三十一章　皇三十章

子罕呼旱反希也　行之下孟反　也純順倫反絲也鄭作側基反黑繒也　易以豉反　毋意上音無下同意如字或於力反非　羣萃在醉反聚也　嘗暴如字

本或作曾才能反　顏剋諸書或作顏亥　爲夫子于僞反又如字　見在賢遍反

將喪息浪反下及注同　得與音預　當傳直專反　大宰上音太鄭云是

吳太宰嚭　者與音餘　天縱子用反　吾少詩照反下同　牢力刀反鄭云是

弟子子牢也家語有琴牢字子開一字子張史記無文　多伎其綺反　空空如字鄭或作悾

悾同音空　我叩音口發動也　兩端如字孔云終始也鄭云末也　以語魚據反

不爲于僞反　不出如字舊尺遂反注同　矣夫音符　此瑞時恚反

齊音咨　衰七雷反　冕音免鄭本作弁云魯讀弁爲絻今從古鄉黨篇亦然　瞽音古盲也

喟然上苦位反又苦怪反　鑽之子官反　惚怳況往反○本今作恍惚　循音巡

欲罷皮買反又皮巴反又音皮　卓爾陟角反鄭云絕望之辭　病閒如字　行

詐側嫁反　少差初賣反　韞紆粉反馬云藏也鄭云裹也　匵本又作櫝徒木反馬云匵

也鄭同　善賈音嫁一音古　而沽音姑賣也　匵求位反　沽之音姑　不

衒古縣字一音玄遍反　九夷馬云東方之夷有九種　九種章勇反　不爲酒

困馬云困亂也　斯夫音符下章有矣夫並同　不舍音捨　好德呼報反下同

一簀求位反土籠也　土籠魯東反　而中丁仲反又如字　雖覆芳服反注同

語之魚據反　不惰徒臥反　也與音餘注同　顏淵解音蟹下同

焉知於虔反　少年詩照反○本今作年少　法語之魚據反　巽音遜

無說音悅注及下同　繹之音亦馬云尋繹也鄭云陳也　毋友音無　勿憚徒旦

反　奪帥色類反　其將子匠反　衣弊於既反下同○本今作敝　縕紆粉反鄭

云絮也　袍蒲刀反　狐貉戶洛反依字當作貈　也與音餘　枲絲里反　著竹呂

反　不忮之豉反馬云害也書云很也韋昭漢書音義音洎　不臧作郎反　尚復

扶又反　後彫丁條反依字當作凋　後別彼列反　處治直吏反　知者

音智　唐棣大計反字林大內反　偏音篇　未之音味或作末者非　夫音符注同

一讀以夫字屬上句

鄉黨第十

凡一章

恂恂音荀又音旬温恭之貌　朝直遥反篇內不出者同　廷徒寧反又徒佞反　便便婢緜反辯也　侃侃苦旦反　和樂音洛　誾誾魚巾反　踧踖上子六反下子亦反踧踖恭和貌　與與音餘　中丁仲反　使擯必刃反本又作儐亦作賔皆同　勃如步忽反　躩如驅碧反盤辟貌　盤步干反字又作磐　辟婢亦反　襜赤占反　一俛音免　鞠躬九六反　閾于逼反一音況逼反門限也　攝齊音咨裳下也篇末皆同　摳衣苦侯反　逞顏色勑井反　怡怡以之反　沒階趨一本作沒階趍進誤也　不勝音升　爲君于僞反　使所吏反　上時掌反又如字注同　下如魯讀下爲趨今從古　蹜蹜色六反　授玉一本作受玉

曳踵章勇反享許丈反注同私覿直歷反見也注同愉愉羊朱反見

也賢遍反下同紺古暗反緅莊由反考工記云五入曰緅字林云帛青色子勾反領褏

詳又反字亦作袖緣也悅絹反齊服上側皆反下同本又作齋似衣於既反下不衣

同褻服息列反紾之忍反本又作袗單也絺勑之反細葛綌去逆反麤葛

緇衣側基反麑米傒反鹿子也袂面世反相稱尺證反便作婢面

反長一直亮反狐貉戶各反去褏起呂反注同不佩字或從王

旁非非帷位悲反必殺色界反注同齊必本或作齋同側皆反注同遷

坐如字范甯才臥反常處昌慮反食不音嗣飯也厭精於豔反注及下同膾

古外反又作鱠饐於冀反字林云飯傷熱溼也央莅央冀二反而餲烏邁反一音遏字林乙例反

魚餒奴罪反說文云魚敗曰餒本又作鮾字書同失飪而甚反朝夕如字

食氣如字說文作既云小食也無量音亮沽酒音姑買也撤去起呂反下同

君香云反本或作葷同○本今作薰　疏食音嗣又如字　瓜祭古華反魯讀瓜爲必
今從古　人儺戶多反魯讀爲獻今從古　於阼才故反本或作於阼階　逐疫音役
送使所吏反　饋藥其愧反　拜而受之一本或無而之二字　遺孔唯季
反○本今無此字　廄久又反夫子家廄也王弼曰公廄也　焚扶云反　曰傷人乎絕句
一讀至不字絕句　賤畜許又反　賜腥音星說文字林並作胜云不孰也　賜生
魯讀生爲牲今從古　先飯扶晚反注同　若爲嘗食然一本作若爲君嘗食然爲于僞
反　東首手又反注同　拕本或作拖徒我反又勑佐反　紳音申　南牖由久反
不衣於既反　大廟音太　我殯必刃反　昵女力反　居不客
苦百反本或作容羊凶反　爲室于僞反　齊音咨　衰七雷反　雖狎戶甲反
見冕鄭本作弁　謂數色角反　迅雷音信又音峻　車中不內顧
音故魯讀車中內顧今從古也　輿中音餘一本作車中　枙於革反○本今作軛　輢於倚

反又居綺反　轂〔古木反〕　山梁〔音良鄭云孔子山行見雉食梁粟也〕　時哉〔一本作時哉時〕哉　共之〔本又作供九用反又音恭注同〕　三〔息暫反又如字〕　嗅〔許又反注同〕

先進第十一

凡二十三章

先進〔包云謂仕也鄭云謂學也〕　輩也〔必內反〕　之中〔丁仲反〕　猶近〔附近之近〕　從我〔才用反注同〕　德行〔下孟反鄭云以合前章皇別爲一章〕　不說〔音悅〕　即解〔音蟹〕　人不閒於其父母昆弟之言〔閒廁之閒注同〕　三復〔息暫反又如字〕　之玷〔丁簟反又丁念反〕　可磨〔音摩〕　妻之〔七細反〕　康子問弟子孰爲好學〔呼報反一本作季康子鄭本同〕　顏路〔回父也名由字季路〕　之車〔音居〕　無椁〔古廓反〕　曰噫〔於其反痛傷之聲〕　天喪〔如字亡也舊息浪反下及注同〕　慟〔徒送反馬云哀過鄭云變動容貌〕　從者〔才用反〕　夫人〔音符下章夫人同〕　之爲

于偽反　焉能上於虔反下同　語之魚據反　誾誾魚巾反　行行胡浪
反剛貌或戶郎反　侃侃苦旦反　子樂音洛注同　以壽音授　仍舊魯讀
仍爲仁今從古　貫古亂反事也　藏名才浪反　有中丁仲反注同　不解音蟹
故復扶又反　得中丁仲反　師愈以主反　與音餘　爲之于偽反又
如字注同　賦稅如銳反　柴仕佳巢諧二反　子羔音高左傳作子羔家語作子高禮記
作子皐字不同　鈍也徒頓反　也辟匹亦反　在邪似嗟反　也喭
五旦反　之行下孟反　[口反]普半反○本今作畔　子曰回也其庶乎或分
爲別章今所不用　屢空力從反　殖焉市力反　億則於力反度也　屢中丁仲反
雖數音朔　空匱其位反　而樂音洛　億度待洛反又徒洛反　數子色主
反下同　踐迹本亦作跡子亦反　是與音餘　鄙行下孟反　遠于萬反
[臣/心]古文臣字○本今作臣　與音餘下同　弒父音試　費宰悲位反　夫人

音符　惡夫上烏路反下音符　給應應對之應　曾晳星歷反史記云曾蒧字晳

侍坐才臥反又如字　長乎丁丈反　毋音無　吾以鄭本作已　難對乃旦反

治直吏反　先三人悉薦反　千乘繩證反　饑音機鄭本作飢同　饉

其靳反　比及必利反下同　知方何云方義方也鄭云方禮法也　哂之詩忍反

非曰音越　小相息亮反注及下同　時見賢遍反　殷覜吐弔反本或作

見　衣玄於既反　冠章古亂反　視朝直遙反　鏗爾苦耕反投瑟聲

○本今作瑟聲　舍瑟音捨　之撰士免反具也鄭作僎讀曰詮詮之言善也　亦各言其

志一本作亦各言其志也　莫春音暮本亦作暮　冠者古亂反注同　浴乎音欲

沂魚依反水名也　舞雩音于　而歸如字鄭本作饋饋酒食也魯讀饋爲歸今從古　衣

單於既反下音丹　給古洽反　喟起愧反又苦怪反　夫三音符　也與音餘

焉於虔反○本今無此字　宗廟會同本或作宗廟之事如會同非　非諸侯而何

一本作非諸侯如之何

顏淵第十二

凡二十四章

也訒音刃孔云難也鄭云不忍言也字或作仞　馬犂力兮反史記作犂並云字牛　桓魋徒回反　不疚久又反　夫何音符　浸潤子鴆反　之譖側鴆反　膚受方于反　之愬蘇路反　而去起呂反下同　於斯三者一讀而去於斯爲絕句　棘子紀力反　駟音四　鞹苦郭反孔云皮去毛曰鞹鄭云革也　去起呂反　別者彼列反　饑居其反鄭本作飢　盍胡臘反　徹乎直列反　而稅舒銳反　辨惑本亦作或　辨別彼列反　惡烏路反注同　亦祗音支　此行下孟反　吾豈得而食諸本亦作焉得而食諸焉於虔反○本今作吾得　片言如字鄭云半也　以折之舌反魯讀折爲制今從古　也與音餘　子路無宿諾或分此爲

別章 無倦其卷反亦作券 懈倦古賣反 博學於文一本作君子博學於文

矣夫音符 之帥所類反又所律反字從巾同訓並與率同 情慾音欲又羊住反○本今作欲

所好呼報反 焉用於虔反 仆也蒲北反 草尚尚加也本或作上

夫達音符下同 而好呼報反 以下遐嫁反注同 而行下孟反

從遊才用反 壇徒丹反 墠音善 脩慝吐得反 德與音餘

問知音智下同 錯諸或作措同七故反下同 枉紆往反 邪似嗟反 鄉也許亮反又作鄉同 吾見賢遍反 選於息戀反又息轉反下同 皋陶音遥 遠

矣如字又于萬反下同 忠告古毒反 善道導也 毋自音無 有相切磋七何反 之道如字

子路第十三

凡三十章

勞之孔如字鄭力報反　先道道導也○本今作導　說以音悅　曰毋倦上音無下其卷反○本今作無　焉知於虔反　其舍如字置也　之迂音于包云遠也鄭本作于枉也　不中丁仲反下同　濫罰力暫反　所錯七故反本又作措　學　稼音嫁　爲圃布古反又音布　上好呼報反下同　實應應對之對　夫如　是音符　繈居丈反又作襁同博物志云織縷爲之廣八寸長丈二以約小兒於背　使於所吏反　遽其居反　瑗于眷反　史鰌音秋　苟完音桓　期月音基注同　勝殘音升注同　王者于況反又如字注同　退朝直遙反周生烈云君之朝鄭云季氏朝　何晏於諫反　其與音預　不易以豉反　而喪息浪反　無樂音洛注同　葉公舒涉反注同○本今作葉　者說音悅　莒居呂反　父音甫注同　毋欲音無　公語魚據反　直躬孔云躬身也鄭本作弓云直人名弓　攘羊如羊反有因而盜曰攘　父爲于僞反下同　使於所吏反　稱弟亦作悌同大計反

行必下孟反注同　硜硜苦耕反　噫於其反　斗筲所交反竹器容斗二升

算悉亂反本或作筭　數色主反　狷音絹　醫於其反　善夫音符　所

嗜常志反　好呼報反　惡烏路反注及下同　易事以豉反下同　難說音悅

下同　度才徒洛反　剛毅魚既反　木訥奴忽反　質樸普剥反　遲

鈍徒頓反　偲偲音絲本又作愢　怡怡以之反

憲問第十四

凡四十四章

在朝直遥反○本今作在其朝　好勝呼報反　行之下孟反下一如字　危行下孟反注及下同　言孫音遜　以遠于萬反　宮适古活反本又作括　羿音詣

奡盪上五報反下土浪反　篡初患反　后相息亮反　寒浞仕捉反

少康詩照反　盡力津忍反　溝洫況域反　世皆王于況反　矣

夫音符　勿勞力報反注同　來之力代反　禆諶上婢之反下時針反　草創初向反制也依說文此是創痍字創制之字當作刱　乘以繩證反○本今作乘車以　復治扶又反　掌使所吏反　孫揮許歸反　更此古衡反　故鮮仙善反

駢邑薄田反又薄亭反地名　飯扶晚反　蔬所居反○本今作疏　食如字又音嗣注疏食同　當理丁浪反　怨難乃旦反　驕易以豉反　公綽昌略反本又作繛　滕薛上徒登反下息列反　之知音智　孫紇恨發反　卞莊子皮彥反鄭云秦大夫　少時詩照反　公孫拔皮八反　不厭於豔反下同　樂然音洛　以防音房　不要一遙反　所譖莊鴆反　知不音智　不辟音避　譎而古穴反詐也　朝之直遙反　狩本亦作守手又反　公子糾居黜反注皆同　召音邵　民慢武諫反　從弟才用反　殺襄申志反○本今作弒

九合諸侯不以兵車史記云兵車之會三乘車之會六穀梁傳云衣裳之會十一范甯注

云十三年會北杏又會柯十四年會鄄十五年又會鄄十六年會幽二十七年又會幽僖元年會檉二年會貫三年會陽穀五年會首戴七年會甯母凡十一會鄭不取北杏及陽穀爲九也 者與音餘 又相息亮反下同 被髮皮寄反下同 左衽而審反一音而鴆反下同 大夫僎本又作撰同士免反 公朝直遙反 行如下孟反 子曰衛靈公之無道一本作子言鄭本同 夫如是音符下同 不喪息浪反下同又如字 仲叔圉魚呂反 祝鮀徒何反 各當丁浪反 其言之不怍才洛反慙也 弑簡本亦作殺同音試下同 而朝直遙反 先齊齊必沐浴側皆反亦作齋字 告夫音符下同 故復扶又反下同 之三子告本或作二三子告非也 語之魚據反 諫爭下作去聲 爲己于僞反注同 蘧伯玉其居反 使者所吏反下及注同 其行下孟反或如字 知者音智 不惑音或 方人如字孔云比方人也鄭本作謗謂言人之過惡 夫我音符 暇行訝反 不億於力反 反

怨紆萬反又於袁反本或作冤　丘何或作丘何爲鄭作丘何是○本今作丘何爲是　驥音冀　伯
古之善馬也　夫音符　不怨於袁反又於願反注同　不尤鄭云尤非也
寮力彫反　愬悉路反　譖也側鴆反　恚子一睡反　而朝直遙反
也與音餘　辟世音避下同　適治直吏反　長沮七餘反　荷蕢上胡
我反本又作何音同下其位反蕢草器也下皆同　楚狂接輿音餘　闇人音昏本或作昬
同　者與音餘　契契苦計反一音苦結反　硜硜苦耕反　莫己音紀下斯
己同　則揭起例反　揭揭上起例反下起列反又皆起例反　末之難如字或乃
旦反　不解音蟹○本今作不能解　諒音亮信也　陰如字默也鄭讀禮爲梁鶉杜預解左傳爲
諒闇貌也　中興丁仲反　治也直吏反○本今作治者　上好呼報反　易
使以豉反　病猶難乃旦反　原壤而丈反　夷踞音據　不孫音遜
弟大計反　長無丁丈反　叩其音口又音扣　脛戶定反　傳賓直專反

者與音餘 不差初佳反一音初賣同

衛靈公第十五

凡四十九章

問陣直刃反注同○本今作陳 行列戶剛反 俎豆側呂反 絕糧音粮鄭本作粻音張云糧也 從者才用反 之難乃旦反 慍紆問反下同 見賢遍反下同 斯濫力暫反何云溢也鄭云竊也 者與音餘下非與也與同 以貫古亂反 鮮仙善反 而治直吏反 夫何音符 行篤下孟反下行不篤敬亦同 蠻 貊亡白反說文作貉云北方人也 參於所金反注同 在輿音餘 倚於綺反注同 夫然音扶 梔音厄○本今作軛 紳音申 大帶如字 史鰌音秋 行直下孟反 卷而卷免反注同 不與音預 不忤五故反 知者音智 易知以豉反 之輅音路本亦作路 越席戶括反 黈吐口反 纊

音曠　盡善津忍反下同　遠佞上于萬反下乃定反　好德如好色並呼報反

下章好行音同　者與音餘　遠怨于萬反注同　怨咎其九反　禍難乃旦反

反　行小慧音惠小才知魯讀慧爲惠今從古　才知音智　爲質一本作君子義

以爲質鄭本略同　孫以音遜　不爭爭訟之爭　與比毗志反　誰譽音餘

下及注同　借人子夜反注同　今亡矣夫音符　衆惡之烏路反注同

衆好之呼報反　比周毗志反　餒在奴罪反餓也　知及音智注及下同

泣之音利又音類　子曰父在觀其志父沒觀其行集解無此章鄭

本有云古皆無此章　吾見蹈徒報反　不復扶又反　有種章勇反　爲

謀于僞反　文豔以驗反　晛見賢遍反　在處昌慮反　道與音餘

相師息亮反注同馬云相導也鄭云相扶也

季氏第十六

凡十四章

顓音專臾音瑜顓臾附庸國也　見於賢遍反　宓音密又音伏本亦作伏　羲許宜反

過與音餘下同　相其息亮反　爲之上音于偽反　夫顓臾音符下今夫疾夫夫如是並同　邦域邦或作封　周任音王注同　度己待洛反　焉用於虔反

相矣息亮反注同下相夫子同　虎兕徐履反　於匣戶甲反○本今作柙

於櫝音獨注同　檻戶覽反　匵也其位反　於費悲位反注同　必

爲子孫憂本或作後世必爲子孫憂　舍曰音捨注同　政治直吏反○本今作理

離析星歷反　邦內鄭本作封內　盾又作楯並食允反　不在顓臾或作不在於顓臾　乾侯音干　陪臣蒲回反　陪重直龍反　政逮音代一音弟

故夫音符　便辟上婢緜反下婢亦反注及下皆同　便佞乃定反　三

樂五教反下不出者同　禮樂音岳　驕樂音洛下宴樂同　佚遊本亦作逸音同　一

三愆起虔反　躁早報反魯讀躁爲傲今從古　隱匿女力反　之瞽音古

趣鄉許亮反本又作向　少之詩照反　在鬬丁豆反　在得或作德非

易知以豉反　悈疏苦回反　狎大戶甲反　侮聖亡甫反　忿芳吻

反　思難乃旦反　如探吐南反　蒲坂音反　華山如字又戶化反　謂

與音餘　陳亢音剛又苦浪反　鯉音里魚名也　之遠于萬反　之稱尺證

反下同　嫡妾丁歷反本又作適同

陽貨第十七

凡二十四章

歸孔子如字鄭本作饋魯讀爲歸今從古　豚徒門反　故遺唯季反　塗字當作途

音徒　不治直吏反　好從呼報反注同　而亟去冀反　謂知音智注同

數色角反　彊賢其丈反　莧爾華版反○本今作莞　焉用於虔反

易使以豉反注同　從行才用反　弗擾而小反　以費悲位反　不說
音悅　夫召音符　佛音弼　肸許密反　磨而末多反　不磷力刃反薄也
涅而乃結反說文云謂黑土在水中者也　不緇側其反　皁才早反　能污汙辱之汙
一音烏又烏故反　匏瓜上薄交反下古花反　焉能於虔反　瓠戶故反　一
處昌慮反下同　六蔽必世反　知音智　吾語魚據反　好仁呼報反下
同　所適丁歷反　相爲于僞反　也絞交卯反　妄抵丁禮反
夫詩音符　以興許應反注同　以觀如字注同　切磋七何反　怨刺
七賜反　邇之音爾　召南上實照反下及注同　也與音餘　淑女受六反下
如字　如鄉許亮反又作向同　內荏而審反柔也　穿踰音瑜本又作窬音同說文
作窬穿木戶郭璞云門邊小竇音臾一音豆　與音餘　鄉原如字又許亮反　是敗亂
敗或作賊字　趣鄉許亮反本今作向○　則傳直專反　說之音悅　與哉

音餘本或作無哉　**邪媚**上似嗟反下武冀反　**廉**魯讀廉爲貶今從古　**忿戾**力計反

惡紫烏路反下同　**閒色**閒厠之閒　**其邪**似嗟反　**覆**芳服反注同

能說音悅○本今作悅　**天何言哉**魯讀天爲夫今從古　**孺悲**而樹反字亦作孺

爲其于僞反　**令將**力呈反　**期已久矣**音基下同一本作其　**鑽**子官

反　**燧**音遂　**期可**居宜反　**更火**古衡反一音古孟反　**柘**章夜反　**柞楢**

上子各反下羊久反又音由　**櫰**音懷　**食夫**上音嗣下音符下同　**衣**於既反　**不**

樂音洛　**昊天**胡老反　**博弈**音亦　**爲其**于僞反　**據樂**五教反又音洛　**好**

淫慾音欲又羊住反○本今作欲　**有惡**烏路反除稱人之惡注爲惡惡三字餘同音

稱呼報反　**而訕**所諫反　**而窒**珍栗反魯讀窒爲室今從古　**徼以**古堯反鄭

本作絞古卯反　**爲知**音智　**抄也**初交反　**不孫**音遜下同　**訐以**居謁反攻人陰

私說文云面相斥字林紀列反　**近**附近之近　**遠之**于萬反　**見惡**烏故反注同

善行下孟反

微子第十八

凡十四章

紂之直又反　行異下孟反　三息暫反又如字　黜勑律反　焉往於虔反

當復扶又反　枉道紆往反　齊人歸如字鄭作饋其貴反　女樂並如字注同

不朝直遙反注同　接輿音餘下同　乃見賢遍反　可復扶又反下同

辟亂音避下同　殆而魯讀期斯已矣今之從政者殆今從古　孔子下包云下車也鄭云下堂出門也　長沮七餘反　桀溺乃歷反　耦而吾口反　廣古曠反

夫執音符　丘與音餘　言數所角反　處也昌慮反下同○本今無也字

孔子之徒與音餘一本作子是○本今作孔丘之徒與　滔滔吐刀反鄭本作悠悠

治亂直吏反　空舍音捨　辟人音避　櫌音憂　不輟張劣反　覆

種章勇反下字同　憮音呼又音武　徒與誰與並如字又並音餘　子路從才用反　荷何可反又音何　蓧徒弔反本又作條又作莜　不分包云如字鄭扶問反云猶理　而索所白反　植其音值又市力反　而芸音云多作耘字芸香草也　倚也其綺反　拱居勇反　而食音嗣　見其賢遍反　以語魚據反　長幼丁丈反　己知音紀一音以　朱張並如字梟家亦為人姓名王弼注朱張字子弓荀卿以比孔子鄭作侏張云音陟留反　少連詩照反　齊與音餘　之朝直遙反　言中丁仲反下同　應倫應對之應下同　思慮息嗣反又如字　不復扶又反　廢中方肺反馬云棄也鄭作發動貌　大師音泰　摯音至　亞於嫁反　飯扶晚反下同　繚音了　缺窺悅反　播彼佐搖也　鼗徒刀反亦作鞉　少師詩照反　不弛舊音絁又詩紙反又詩豉反孔云以支反一音勑紙反落也並不及舊音○本今作施　施易音亦下同　周有八士鄭云成王時劉向馬融皆以為宣王時　伯适古活反

季騧古花反　四乳如注反又如主反　生所幸反又如字

子張第十九

凡二十五章

焉於虔反下同　爲亡如字無也　而矜居陵反　賢與音餘下同　距具呂反雞爪也○本今作拒下同　汎芳劒反　恐泥乃細反注同　泥難乃旦反

謂好呼報反　不解音蟹　儼然魚檢反本或作嚴音同　厲如字下厲己同

厲王云病也鄭讀爲賴恃賴也　己居止反下同　謗己布浪反　洒掃上色買反又所綺反正作灑經典相承作洒下素報反○本今作埽　應對抑證反　抑末本末之末字或作未非也

曰噫於其反　先傳直專反注同　後倦其眷反　必先厭於豔反

區羌于反　以別彼列反注同　焉可於虔反　誣音無　有卒子恤反

而優音憂　行有下孟反　陽膚方于反　輕漂匹照反　惡居烏路

反　以喪息浪反　孫朝直遥反　焉學於虔反下焉不學同　未墜直類反　語大夫魚據反　於朝直遥反　州仇音求　闚棄規反　之好如字舊呼報反　數仞色主反仞一作刃音同　不知量音亮注同　爲知音智下同　道之音導　綏之音綏

堯曰第二十

凡三章

玄牡茂后反　擅赦市戰反　不蔽必袂反　不與音預　大賚力代反賜也　權量音亮注同　權秤尺證反　則說音悦注同　故傳直專反　不費芳味反下同　敢慢武諫反　儼魚檢反　出尺遂反又如字注同　內如字又音納注同○本今作納　之吝力刃反舊力慎反　難乃旦反又如字　孔子曰不知命無以爲君子也魯論無此章今從古　之分扶問反　別其彼列反

經典釋文卷第二十四

經典釋文卷第二十五

老子道經音義

唐國子博士兼太子中允贈齊州刺史吳縣開國男陸德明撰

老子 姓李名耳河上公云名重耳字伯陽陳國苦縣厲鄉人史記云字聃又云仁里人又云陳國相人也 **生而皓首** 劉向列仙傳云受學於容成生殷時 **為周柱下史觀周之衰乃西出關** 是周敬王是也 **為關令尹喜說道德二篇尚虛無無為** 劉向云西過流沙莫知所終 **凡五千餘言河上公為章句四卷** 不詳名氏 **文帝徵之不至自至河上責之河上公乃踊身空中文帝改容謝之於是授漢文以老子章句四篇言治身治國之要其後談論者莫不宗尚玄言唯王輔嗣妙得虛無之旨** 今依王本博采眾家以明同異

道 生天地之先 **德** 道之用也 **徼** 小道也邊也微妙也古弔反 **較** 音角又校

量深淺也 傾高下不正貌去營反 隆之稱尺證反一本作號一本作名 也 曷何葛反何也 爲 而常校音教 能相射食亦反 穿音川 竅音俞又音豆 探吐南反 聖人之治直吏反 弱其志心虛則志弱也本無爲字 強其良反又作彊 使夫音符 知者音智 道沖直隆反 不盈本亦作滿 淵兮河上作乎 夫執一 挫子臥反 銳悅歲反 解其紛拂云反河上云芬 湛直減反 家之量音亮 贍涉豔反 滿以造實七報反 又復扶又反 不盈 或作滿 不能累力僞反 萬物舍音捨又作捨 汙音烏 而不渝羊朱反 以萬物爲芻楚俱反 狗古口反 治直吏反 有爲于僞反下有爲不爲皆同 其猶槖他各反 籥音藥 掘求物反又求月反河上本作屈屈竭也顧作掘云猶竭也 動而愈出羊主反又羊朱反 排扶拜反 槖無底囊乃各反 空洞同貢反 多言數窮王云理數也顧云勢數也 足以共音恭亦音

拱　**谷**古木反中央無者也河上本作浴浴者養也　**玄牝**頻忍反舊音扶死反簡文扶緊反

中央無一本作空　**私邪**河上直云以其無私　**處**一本作居　**惡**烏路反注及下

同　**幾**音機近也又一音祈　**善治**直吏反　**揣**初委反又丁果反志揣反顧云治也簡文

章標反　**而棁**音銳棁字音菟奪反又徒活反河上作銳　**末令**力征反　**尖**子廉反　**勢**

必摧粗雷反　**衂**女六反　**滿堂**本或作室　**自遺**唯季反以之反　**咎**求九反

功遂本又作成　**四時更**音庚　**能無離**力智反　**滌**徒歷反　**疵**

在斯反　**邪**似嗟反　**物介**音界　**民治**河上本又作活　**以求匿**他得反

辟匹亦反　**開闔**戶臘反　**不昌**尺亮反　**而處**昌慮反　**以知**

乎音智河上本又直作智　**恃**河上本作侍　**長**丁丈反　**三十輻**音福車輻　**共一**

轂古木反車轂　**當**丁浪反　**無有車**音居又去於反　**挻**始然反河上云和也宋衷注本

云經同聲類云柔也字林云長也君連反又一曰柔挻方言云取也如淳作繫　**埴**市力反河上曰土也司馬云埴

土可以爲器釋名云埴職杜弼云埴黏土也鑿戶在各反五色青赤白黑黃也令力征
反盲陌庚反五音宮商角徵羽也聾力東反五味酸鹹甘辛苦也口爽
爽差也河上云亡也騁勑領反狂求匡反令人行下孟反妨音芳去
羌呂反寵辱簡文云寵得也辱失也若驚顧云若而也貴重也河上云畏也大
患若身河上云空也何謂寵辱若驚河上本無若驚二字身爲于僞反
易以豉反名武征反曰夷顧云平也鍾會云滅也平也曰希希疏也靜也摶
音博簡文補各反曰微細也致詰起吉反故混戶本反不皦古曉反明
式云胡老反不昧悔對反繩食陵反又民忍反梁帝云無涯際之貌顧云無窮不可序或曰寬急
河上本作繩復音服悅虛往反治直吏反強其丈反豫如字本或
作懊簡文與此同也儼魚檢反樸普角反又作朴混胡本反蔽必世反王云覆
蓋也鍾婢世反梁武同也蔽覆芳富反生長丁丈反卒子恤反又尊恤反

凡物本作夫　則物離力智反　其分扶問反　虎兕徐子反　無所

容鋒刃芳逢反　大上音太王云太上謂大人也顧云太古上德之人也　行施始豉

反　次侮亡甫反　疵字斯反　覺許靳反　悠孫登張憑杜弼俱作由一本猶用也

有應應對之應　知慧音智　趣七喻反或音促　覩形見賢遍反　大惡

烏路反　治直吏反　則濡而朱反又而注反　百倍蒲罪反　令力征反

所屬之欲反注同　見賢遍反　抱樸普角反　之善一本作傑　行下孟

反　唯遺癸反舊云維水反　相去欺慮反　幾居豈反　燕於見反　雀將畧反

鳩九求反　鴿古合反　有仇音求　亶之然反本作旃　裘音求　續鳧音符

截昨結反　鵠戶各反　衆人熙熙許其反　若亨普庚反殺烹也簡文許庚反河上公

作饗用也　牢力刀反　廓苦郭反河上本作泊普白反　咳胡來反說文字本或作孩

儽儽兮力追反一本曰損益也敗也欺也說文音雷古本河上作乘乘兮　所別彼列反　析

星歷反所好呼報反沌本又作忳徒損反又徒門反簡文音頓俗人昭昭
章遙反一本作照悶悶如字澹兮其若海徒紺反古本河上作忽兮若海嚴遵作忽兮若
晦飂力幽反梁簡文作飄云敷遙反河上作淵兮繫縶張立反一作執母如字
德之容鍾云法也簡文云狀也恍況往反又呼廣反窈烏了反冥莫輕反
說一云悅狀哉河上一本直云吾何狀也見賢遍反枉音往窪烏瓜
反簡文烏麻反顧云洿也蔽必世反轉遠于萬反自見賢遍反彰音章
淡徒暫反一作澹故飄毗遙反又扶遙反驟狀救反道者於道河上
於道者絕句企者苦賜反河上作跂跨苦化反餘食贅專稅反疣贅也簡文
云之睿反河上云贅貪也行下孟反注同郤至之行去逆反郤至晉大夫自伐事見左傳成公
十六年更爲肬音尤惡烏路反混成胡本反先天悉薦反宋
本亦作寂寞音莫河上云寞寥空無形也鍾會作飂云空疏無質也而不殆田賴反危也

稱尺證反　強其丈反　亦復扶又反　重爲輕起政反　躁早報反
離音利　輜側其反　重直用反　榮觀古亂反　宴處於見反簡文云謂靜思之所宴
居也　萬乘之主繩證反謂天子也　輕則失本河上作臣　躁則失君謂失
君位　喪息浪反　善行下孟反　無徹梁云應車邊今作彳邊者古字少也　跡河上作迹
無瑕下家反疵過也　謫直革反譴責也　不別彼列反　善數色主反簡文色具反
河上作計　籌直由反　策初厄反　楗其偃反距門也　所好呼報反　裕羊注
反　長丁丈反　谿苦奚反或作溪　不離力智反　模莫胡反　不忒
吐得反顧云差也爽也　樸普角反　官長丁丈反　百行下孟反　故爲
于僞反　無割乾遏反　物或歔音虛河上本作呴許具反　羸力爲反　或挫
作臥反捓也簡文在臥反河上作載　隳許規反毀也　去羌呂反　其事好呼報反
還音旋　治直吏反　凶年天應惡氣災害五穀盡傷人也　難乃旦反　當復

扶又反　佳格牙反善也河上飾也　惡烏路反　恬揬嫌反本或作栝梁武音膾　澹徒暫反本亦作惔音同又音談字同河上本作恢梁武云苦回反簡文恬惔　樂五教反又音洛　戰勝式證反　天下莫能臣也何上本作天下不敢　侯王梁武作王侯　隤徒回反　長丁丈反　立名分符問反　錐音隹　治直吏反　行下孟反　道氾本又作汎周張並同　衣於旣反河上作愛也　施始豉反　故復扶又反　以其終不自爲大河上本云是以聖人終不爲大也　於易以豉反　樂音岳　餌而志反　過古臥反　道之出尺類反　淡徒暫反又徒覽反　說音悅　令力征反　中丁仲反　將欲翕簡文作歙又作洽河上本作噏也許及反顧云閉塞也　去羌呂反　脫代活反　吾將鎮之以無名之樸夫亦將無簡文作不欲河上本作吾將鎮之河上者非老子所作也

老子德經音義德者得也道生萬物有得有故名德經四十四章一本四十三章

應應對如字則攘若羊反臂必寐反而扔入證反又音仍引也因也字林云就也數也原也
故去羌呂反無喪息浪反心見賢遍反肌己其反又音既無
所偏音遍之量音亮毋莫后反舍本音捨博施始豉反偏
音篇抑於力反亢苦浪反忿枉紆放反尚好呼報反敬校音教
爲贍涉豔反治直吏反穢於廢反耽都南反行下孟反遠
于万反一本作弃裂力竭反恐歇許謁反將恐蹶蹇月反又其月反又居衛
反數色主反譽逸注反毀譽也琭音祿珞音洛又音歷昧悔對反
夷道若纇雷對反簡文云疵也河上作類一本作纇內如銳反又若對反不見賢遍
反全別彼列反有分符問反炎于沾反貸吐代反恭一作
供裁音才又才代反所惡烏路反稱尺證反可舍音捨愈遠
于萬反非強其丈反騁勑領反折章舌反又常列反名好呼報反

無厭於豔反又於豔反　費芳貴反　藏才良反　缺窺悅反　獘婢世反　不爲于僞反　屈上物反　訥奴忽反　躁早報反　罷音皮

却除也　糞弗問反　禍莫大於不知足河上本此句上有罪莫大於可欲一句　咎其九反　不窺起規反　美牖二同由九反　搏波洛反　歙歙許及反一本作惵惵河上本作惵顧云許葉反危懼貌簡文云河上公作怵　渾胡本反　注之樹

咳胡來反本或作孩　晃音勉　旒音留說文作鎏　充如字　黈吐口反　纊苦放反

戚七歷反　於慢武晏反　其徑經定反　喪息浪反　所適丁歷反

舍音捨　兒徐履反　被皮彼反　投音頭　錯七路反　而令力征反　鋒芳逢反　累劣僞反　黿蚖二並音元　蟺徒多反又音蟮又本作蟮　襲

音習　鷹憶矜反　鸇之然反　埤音婢　矰竹能反　繳諸若反　網亡兩反

罟音古　卒子戌反　餌而志反　離音利　稱尺證反　長張丈反

亭之如字別也　毒之徒篤反今作育余熟反　庇必寐反又音秘亦作芘　麽於鳩反

復扶又反又音服　其兌徒外反簡文云言也河上本作銳銳自言也　見賢遍反　小曰音越

遺唯季反　介音界　好呼報反　徑經定反邪徑　復扶又反　朝直遙反

絜好如字　蕪音無　厭於豔反　夸口花反　盜夸非道也

哉河上本同　不拔皮八反顧云私　齊才細反　不輟張劣反　孫傳直專反

比必履反　蜂芳逢反　蠆勑賣反　虺虛鬼反　蛇食奢反　螫失亦反又呼各反河上云毒蟲不螫

攫俱縛反　不搏音博　筋柔居勤反筋者俗　而握於學反

知牝頻忍反　牡牟后反　之合而全作全如字河上作峻于和反本一作朘說文子和反又子壘反云赤子陰也子垂反

終日號戶毛反　不嗄一邁反氣逆也又於介反而聲不嗄當作噫

則天於驕反又於表反　強其良反　壯側諒反　挫子臥反

銳悅歲反　令力征反　去羌呂反　不劌居衛反河上作害傷也　污

音烏辟匹亦反激經覓反又古堯反拂芳佛反不燿以照反匿女力

反莫如嗇生力反河上云貪也去羌呂反早復音服謂之重直容

反柢丁計反亦作蔕烹普庚反不當加火小鮮音仙以道莅力至反古無此

字說文作竦治直吏反牝頻忍反靜復扶又反以下遐嫁反

則取七榆反又七喻反畀下遐嫁反過古禾反又古臥反又奧於六反暖也河

上烏報反曖音愛暗也說文作僾庇必寐反又本秘反蔭於鴆反尊行下孟反

有拱居勇反璧并歷反以先悉薦反所以爲于僞反不曰于月

反淡徒暫反於其易以豉反必多難乃旦反其脆七歲反河

上本作𦟝昌睿反易泮普半反於累劣被反者敗必賣反施始志反

辟匹亦反好呼報反令力征反復以扶又反稽式古兮反嚴

河上作楷式善下言下遐嫁反厭於豔反夫音扶唯大絕句

以陳直忍反　費芳味反　匱其貴反　器長張丈反　舍音捨　而不辟音避　於難乃旦反　卒尊忽反　帥所類反　爲于僞反　無行戶剛反　攘若羊反　扔音仍　幾音祈音機　易以豉反　被音備　褐戶葛反　無狎戶甲反　無厭於艷反　離力智反　物擾而小反　辟匹亦反　不能復扶又反　潰戶對反　見賢遍反　故去羌呂反　之所惡烏路反　猶難乃旦反　繟音闡　坦吐但反梁王尚鍾會孫登張嗣本有此坦平大貌河上作墠墠寬也坦尺善反又上單反也　而見賢遍反　凶先悉薦反　恢苦回反　是大匠斲陟角反　僻匹亦反　治直吏反　強其兩反舊其良反　柔脆七歲反　枯槁苦老反　與音餘　抑於力反　之量音亮　身去羌呂反　天下莫柔弱於水河上本作天下柔弱莫過於水　垢古口反　和大怨紆万反　契苦計反　不令力征反　伯絕句河上本

不貪貨賂音路　輿音餘河上曰車　使人復音服又扶又反　樂音洛　八

己基倚反　愈音與　而不爭爭鬭之爭注同

經典釋文卷第二十五

經典釋文卷第二十六

莊子音義上 内篇七

唐國子博士兼太子中允贈齊州刺史吳縣開國男陸德明撰

内篇 内者對外立名說文云篇書也字從竹從艹者草名耳非也 逍 音銷亦作消 遙 如字亦作搖 遊 如字亦作游逍遙遊者篇名義取閒放不拘怡適自得 第一 郭象注

夫小大 音符 之場 直良反 事稱 尺證反 各當 丁浪反 其分 符問反 北冥 本亦作溟覓經反北海也嵇康云取其溟漠無涯也梁簡文帝云窅冥無極故謂之冥東方朔十洲記云水黑色謂之冥海無風洪波百丈 鯤 徐音昆李侯溫反大魚名也崔譔云鯤當爲鯨簡文同 其幾 居豈反下同 鵬 步登反徐音朋郭甫登反崔音鳳云鵬即古鳳字非來儀之鳳也說文云朋及鵬皆古文鳳字也朋鳥象形鳳飛羣鳥從以萬數故以朋爲朋黨字字林云鵬朋黨也古以爲鳳字 夫 音符發句之端皆同 性分 符問反下皆同 達觀 古亂反 宜要 一遙反

垂天之雲 司馬彪云若雲垂天旁崔云垂猶邊也其大如天一面雲也 **海運** 司馬云運轉也
向秀云非海不行故曰海運簡文云運徙也 **豈好** 呼報反下皆同 **大處** 昌慮反下同
何厝 七故反本又作措 **齊諧** 戶皆反司馬及崔並云人姓名簡文云書 **志怪** 志記也怪
異也 **水擊** 崔云將飛舉翼擊水踉蹌也踉音亮蹌音七亮反 **搏** 徒端反司馬云搏飛而上也一
音博崔云拊翼徘徊而上也 **扶搖** 徐音遥風名也司馬云上行風謂之扶搖爾雅云扶搖謂之飇郭璞云暴
風從下上也 **而上** 時掌反注同 **自勝** 音升下同 **決然** 喜缺反下同 **數仞**
色主反下同 **非樂** 音嶽又五孝反 **搶** 七羊反 **枋** 音方 **野馬** 司馬云春月澤
中遊氣也崔云天地閒氣如野馬馳也 **塵埃** 音哀崔云天地閒氣蓊鬱似塵埃揚也 **相吹**
如字崔本作炊 **所馮** 皮冰反本亦作憑 **色邪** 餘嗟反助句不定之辭後放此 **且夫**
音符 **覆** 芳服反 **杯** 崔本作盃 **坳堂** 於交反又烏了反李又伊九反崔云堂道謂之坳司馬云
塗地令平支遁云謂有坳垤形也 **芥** 吉邁反徐古邁反一音古黠反李云小草也 **則膠** 徐李

古孝反一音如字崔云膠著地也李云黏也 **稱事** 尺證反後同 **其濟** 子細反本又作齊如字

之生 本亦作主字 **至當** 丁浪反後皆同 **而後乃今培** 音裴重也徐扶杯反

又父宰反三音扶北反本或作陪 **風** 絕句 **背負青天** 一讀以背字屬上句 **天** 於表反司馬云

折也 **閼** 徐於葛反一音謁司馬云止也李云塞也 **蜩** 音條司馬云蟬 **學鳩** 如字一音於角反一本

又作鷽音同本或作鸒音預崔云學讀為滑滑鳩一名滑雕司馬云學鳩小鳩也李云鶻鵰也毛詩草木疏云鶻鳩

班鳩也簡文云月令云鳴鳩拂其羽是也 **我決** 向徐喜缺反李呼穴反李頤云疾貌 **搶** 七良反司

馬李云猶集也崔云著也支遁云搶突也 **榆** 徐音踰木名也 **枋** 徐音方李云檀木也崔云本也或曰木名也

控 苦貢反司馬云投也又云引也崔云叩也 **莽** 莫浪反或莫郎反 **蒼** 七蕩反或如字司馬云莽蒼近

郊之色也李云近野也支遁云冢間也崔云草野之色 **三飡** 七丹反 **果然** 徐如字又苦火

反衆家皆云飽貌 **舂** 束容反 **糧** 音良 **小知** 音智本亦作智下大知幷注同下年知放此

跂尚 丘豉反後同 **累物** 劣偽反下皆同 **朝菌** 徐其隕反司馬云大芝也天陰生糞

上見日則死一名日及故不知月之終始也崔云糞上芝朝生暮死晦者不及朔朔者不及晦支遁云一名舜英朝生暮落潘尼云木槿也簡文云欻生之芝也欻音況物反**晦朔**晦冥也朔旦也**惠**本亦作蟪同**蛄**音姑司馬云惠蛄寒蟬也一名蝭蟧春生夏死夏生秋死崔云蛁蟧也或曰山蟬秋鳴者不及春春鳴者不及秋廣雅云蟪蛄蛁蟧也案即楚辭所云寒螿者也蝭音提蟧音勞又音遼蛁音彫螿音將**冥**本或作榠同**靈**李頤云冥靈木名也江南生以葉生爲春葉落爲秋此木以二千歲爲一年**大椿**丑倫反司馬云木一名櫄櫄木槿也崔音櫄華同李云生江南一云生北戶南此木三萬二千歲爲一年**彭祖**李云名鏗堯臣封於彭城歷虞夏至商年七百歲故以久壽見聞世本云姓籛名鏗在商爲守藏史在周爲柱下史年八百歲籛音翦一云即老子也崔云堯臣仕殷世其人甫壽七百年王逸注楚辭天問云彭鏗即彭祖事帝堯彭祖至七百歲猶曰悔不壽恨杖晚而唖遂云帝嚳之玄孫**特聞**如字崔本作待問**之縣**音玄**豪**分符問反又方云反**棘**李云湯時賢人又云是棘子崔云齊諧之徒識冥靈大椿者名也簡文云一曰湯廣大也棘狹小也**窮髮**李云髮猶毛也司馬云北極之下無毛之地也崔云北方無毛地也案毛草也

地理書云山以草木爲髮**其廣**古曠反**數千**色主反下同**羊角**司馬云風曲上行若羊角**而上**時掌反下同**且適**如字舊子餘反下同**斥**如字司馬云小澤也本亦作尺崔本同簡文云作尺非**鴳**於諫反字亦作鷃司馬云鴳鴳雀也**騰躍**曲若反**翺翔**五刀反**蓬蒿**好刀反**知效**音智下戶教反**行**下孟反**比**毗至反徐扶至反李云合也**而徵**如字司馬云信也崔支云成也**宋榮子**司馬李云宋國人也崔云賢者也**猶然笑之**崔李云猶笑貌案謂猶以爲笑**譽之**音餘**加沮**慈呂反敗也**之竟**居領反**能復**扶又反**數數**音朔下同徐所祿反一音桑縷反司馬云猶汲汲也崔云迫促意也簡文所喻反謂計數**故聞**音閑本亦作閑**未樹**司馬云樹立也未立至德也**列子**李云鄭人名御寇得風仙乘風而行與鄭穆公同時**泠**音零**六氣**司馬云陰陽風雨晦明也李云平旦爲朝霞日中爲正陽日入爲飛泉夜半爲沆瀣天玄地黃爲六王逸注楚辭云陵陽子明經言春食朝霞朝霞者日欲出時黃氣也秋食淪陰淪陰者日沒已後赤黃氣也冬食沆瀣沆瀣者北方夜半氣也夏食正陽正陽者南方日

中氣也并天玄地黃之氣是爲六氣沆音戶黨反瀣音下界反支云天地四時之氣**之辯**如字變也崔本作和
惡乎音烏注同**无已**音紀注同**而王**于況反本亦作至**於針**之鴆反或
之林反**堯**唐帝也**許由**隱人也隱於箕山司馬云潁川陽城人簡文云陽城槐里人李云字
仲武**爝**本亦作燋音爵郭祖繳反司馬云然也向云人所然火也一云燋火謂小火也字林云爝炬火也子
召反燋所以然持火者子約反**浸**子鴆反**灌**古亂反**天下治**直吏反下已治注天下治
而治者也既治而治實而治者得以治者皆同**能令**力呈反下同**稷契**息列反皆唐虞臣也
稷周之始祖名棄契殷之始祖名**能離**力智反**玄應**應對之應**汎乎**芳劍反
非夫音扶下明夫同**鵙**子遥反**鶬**音遼李云鵙鶬小鳥也郭璞云鵙鶬桃雀**偃鼠**
如字李云鼷鼠也說文鼩鼠一曰偃鼠鼩音扶問反**歸休乎君**絕句一讀至乎字絕句君別讀
懷豁呼活反**樂推**音洛**不厭**於豔反**庖人**鮑交反徐扶交反掌廚人也周
禮有庖人職**尸祝**之六反傳鬼神辭曰祝**樽**子存反本亦作尊**俎**徐側呂反**肩**

吾李云賢人也司馬云神名　連叔李云懷道人也　接輿本又作與同音餘接輿楚人也姓陸名通皇甫謐云接輿躬耕楚王遣使以黃金百鎰車二駟聘之不應　無當丁浪反司馬云言語宏大無隱當也　驚怖普布反廣雅云懼也　大有音泰徐敕佐反　逕徐古定反司馬本作莛　庭敕定反李云逕庭謂激過也　不近附近之近　藐音邈又妙紹反簡文云遠也　姑射徐音夜又食亦反李實夜反山名在北海中　肌居其反　淖郭昌略反又徒學反字林丈卓反蘇林漢書音火也　約如字李云淖約柔弱貌司馬云好貌　處子在室女也　黃屋車蓋以黃為裏一云冕裏黃也　玉璽音徙　纓字或作嬰　紱方物反字或作紼　憔悴在遙反下在醉反　至至者本亦作至足者　王德于況反本亦作至　絕垠音銀又五根反本又作限　吸許及反　神凝魚升反　疵在斯反病也司馬云毀也一音子爾反　癘音厲李音賴惡病也本或作厲　狂求匡反李云癡也李又九況反　閒音閑　澹然徒暫反恬靜也　皆齊才細反又如字　而斷丁亂反　瞽音古盲者無目如鼓皮也　與乎徐音豫下同

之觀 古亂反 聾 鹿工反不聞也 者无以與乎鍾鼓之聲 崔向司馬本此下更
有眇者無以與乎眉目之好夫刖者不自爲假文履 夫知 音智注知之同 時女 司馬云猶處女
也向云時女虛靜柔順和而不喧未嘗求人而爲人所求也 旁 薄剛反李鋪剛反字又作磅同 礴 蒲博
反李普各反司馬云旁礴猶混同也 世蘄 徐音祈李云求也 弊弊 李扶世反徐扶計反簡文
云弊弊經營貌司馬本作蔽蔽 不應 應對之應 苦思 息嗣反 大浸 子鴆反 稽
天 音雞徐李音啓司馬云至也 不溺 奴歷反或奴學反 禍難 乃旦反 非碎 音避
塵垢 古口反塵垢猶染汚 粃 本又作秕徐甫姊反又悲矣反 糠 字亦作𥻨音康粃糠猶煩碎
陶 徒力反李移昭反本亦作鋾音同 鑄 之樹反 宋人 宋今梁國睢陽縣殷後微子所封 資
章甫 李云資貨也章甫殷冠也以冠爲貨 越 今會稽山陰縣 斷 丁管反李徒短反司馬本作敦
云敦斷也 四子 司馬李云王倪齧缺被衣許由 汾水 徐扶云反郭方聞反案汾水出太原今莊
生寓言也司馬崔本作盆水 窅然 徐烏了反郭武駢反李云窅然猶悵然 喪其 息浪反注同

絕冥亡丁反　之竟音境本亦作境　惠子司馬云姓惠名施為梁相　魏王司馬
云梁惠王也案魏自河東遷大梁故謂之魏或謂之梁也　貽徐音怡郭與志反遺也　大瓠徐音護
之種章勇反　而實五石司馬云實中容五石　以盛音成　剖之普口反
為瓠毗遙反徐扶堯反　則瓠戶郭反司馬音護下同　落簡文云瓠落猶廓落也司馬云瓠布護也
落零落也言其形平而淺受水則零落而不容也　呺然本亦作号徐許憍反李云号然虛大貌崔作諤
簡文仝　吾為于偽反　掊之徐方垢反司馬云擊破也　龜手愧悲反徐舉倫反李
居危反向云拘坼也司馬云文坼如龜文也又云如龜攣縮也　洴徐扶經反　澼普歷反徐敷歷反郭李恪
歷反澼聲　綄音曠小爾雅云絮細者謂之綄李云洴澼綄者漂絮於水上綄絮也　能令力呈反
不拘紀于反依字宜作跔紀于求二反周書云天寒足跔是也　坼勑白反　漂匹妙反韋昭云
以水擊絮為漂說文作潎豐帀反又匹例反　絮胥慮反　百金李云金方寸重一斤為一金百金百
斤也　數金色主反　鬻音育司馬云賣也　技本或作伎竭彼反　以說始銳反又

如字 **有難** 乃旦反 **之將** 子匠反 **大敗** 必邁反 **不慮以爲大**

樽 本亦作尊司馬云樽如酒器縛之於身浮於江湖可以自渡慮猶結綴也案所謂署舟 **蓬之心** 郭云蓬生非直達者向云蓬者短不暢曲士之謂 **樗** 勑魚反木名 **擁腫** 章勇反李云擁腫猶盤瘿 **不中** 丁仲反下同 **卷曲** 本又作拳同音權徐紀阮反李已圓反 **同去** 如字李羌吕反 **狸** 力之反 **狌** 徐音姓郭音生又音星司馬云狖也狖音由救反 **敖者** 徐李五到反支云伺彼怠敖謂承夫間殆也本又作傲同司馬音遨謂伺遨翔之物而食之雞鼠之屬也 **跳** 音條 **不辟** 音避令本多作避下放此 **機辟** 毗赤反司馬云罔也 **罟** 徐音古 **斄牛** 郭吕之反徐李音來又音離司馬云旄牛 **无何有之鄉廣莫之野** 謂寂絕無爲之地也簡文云草大也 **彷** 薄剛反又音房 **徨** 音皇彷徨猶翱翔也崔本作方羊簡文同廣雅云彷徉徙倚也

齊物論 力頓反李如字 第二

而惡 烏路反

南郭子綦 音其司馬云居南郭因爲號 **隱** 於靳反馮也 **机** 音紀李本

作几　**而嘘**音虛吐氣爲噓向云息也　**荅焉**本又作嗒同吐荅反又都納反注同解體貌　**似喪**息浪反反同　**其耦**本亦作偶五口反匹也對也司馬云耦身也身與神爲耦　**顏成子游**李云子綦弟子也姓顏名偃謚成字子游　**何居**如字又音姬司馬云猶故也　**槁木**古老反注同　**家**音寂本亦作寂　**莫**本亦作漠　**女聞**音汝下皆同本亦作汝　**人籟**力帶反簫也　**籟夫**音扶　**參**初林反　**差**初宜反　**所錯**七故反　**見矣**賢徧反　**大塊**苦怪反李苦對反說文同云俗凷字也徐口回反徐李又胡罪反郭又苦猥反司馬云大朴之貌衆家或作大槐班固同淮南子作大昧解者或以爲無或以爲元氣或以爲混成或以爲天謬也　**噫**乙戒反注同一音蔭　**萬竅**苦弔反　**怒呺**胡刀反徐又詐口反又胡到反　**翏翏**良救反又六收反長風聲也李本作飂音同又力竹反　**畏**於鬼反郭烏罪反崔本作嵔　**佳**醉癸反徐子唯反郭祖罪反李諸鬼反李頤云畏佳山阜貌　**之竅**崔本作窾　**似鼻似口**司馬云言風吹竅穴動作或似人鼻或似人口　**似枅**音雞又音肩字林云柱上方木也簡文云欂櫨也　**似圈**起權反郭音權杯圈也徐其阮反言

如羊豕之闌圈也　似臼其九反　似注者烏攜反李於花反又烏乖反郭烏蛙反司馬云若注曲　污者音烏司馬云若污下　激者經歷反如水激也李古弔反司馬云聲若激喚也李又驅弔反　鎬者音孝李虛交反簡文云若箭去之聲司馬云若讙譊聲　叱者昌實反徐音七司馬云若叱咄聲　吸者許及反司馬云若噓吸聲也　叫者古弔反郭古幼反李居曜反司馬云若叫呼聲也　譹者音豪郭又戶報反司馬云若譹哭聲　宎者徐於堯反一音杳又於弔反司馬云深者也若深宎宎然　咬者於交反或音狡司馬云聲哀切咬咬然又許拜反　唱于如字　唱喁五恭反徐又音愚又五斗反李云于喁聲之相和也　泠風音零李云泠泠小風也　小和胡臥反下及注皆同　飄風鼻遙反又符遙反李敷遙反司馬云疾風也爾雅云回風爲飄　不稱尺證反　其分符問反下不出者同　厲風司馬云大風向郭云烈風　濟子細反向云止也　調調音條　刀刀徐都堯反向云調調刀刀皆動搖貌　動搖如字又羊照反　比竹毗志反又必履反李扶必反注同　豈復扶又反　莫適丁歷反　此重直用反　大知音智下及注同　閑

閑李云無所容貌簡文云廣博之貌　閒閒古閑反有所閒別也　炎炎于廉于凡二反又音
談李作淡徒濫反李頤云同是非也簡文云美盛貌　詹詹音占李頤云小辯之貌崔本作閻　魂
交司馬云精神交錯也　其覺古孝反　形開司馬云目開意悟也　與接爲構司馬
云八道交接構結驩愛也　縵者末旦反簡文云寬心也　窖者古孝反司馬云深也李云穴也案穴
地藏穀曰窖簡文云深心也　小恐曲勇反下及注同　惴惴之瑞反李云小心貌爾雅云懼也
縵縵李云齊死生貌　悸其季反　機栝古活反機弩牙栝箭栝　詛側據反　盟
音明徐武耕反郭武病反　其殺色界反徐色例反注同　其溺奴狄反郭奴徼反　其
厭於葉反徐於冉反又於感反　如緘徐古咸反　老洫本亦作溢同音逸郭許鵙反又己質
反　近死附近之近　復陽陽謂生也　哀樂音洛　慹之涉反司馬云不動貌
姚郭音遙徐李勑弔反　佚音逸　態勑代反李奴載反　蒸之膺反　成菌其隕反向云結反
也　以上時掌反　萌武耕反　旦暮本又作莫音同　相爲于僞反下未爲

同　而特崔云特辭也　其眹李除忍反兆也　趣舍七喻反字或作取下音捨或音
赦下皆放此　起索所百反　情當丁浪反下皆同　別見賢遍反　百骸
戶皆反　六藏才浪反案心肺肝脾腎謂之五藏大小腸旁胱三焦謂之六府身別有九藏氣天地人天
以候頭角之氣人候耳目之氣地候口齒之氣三部各有天地人三三而九神藏五形藏四故九今此云六藏未見
所出　賅徐古來反司馬云備也小爾雅同簡文云兼也　皆說音悅注同今本多即作悅字後皆放此
而更音庚　其遞音弟徐又音第　不應應對之應　无錯七素反下同
雖復扶又反下同　毀譽音餘　物喪息浪反　者鮮息淺反　苶然
乃結反徐李乃協反崔音捻云忘貌簡文云疲病困之狀　所好呼報反下同　芒乎莫剛反又
音亡芒芒昧也簡文云芒同也　與有音豫　而舍音捨字亦作捨下同　昔至崔云昔夕
也向云昔者昨日之謂也　不強其丈反　吹也如字又叱瑞反崔云吹吹猶籟也　鷇苦豆
反李音殼司馬云鳥子欲出者也　惡乎音烏下皆同　眞僞一本作眞詭崔本作眞然

道焉於虔反　實當丁浪反後可以意求不復重出　見於賢遍反　更相音庚
反覆芳服反下同　彼復扶又反下同　道樞尺朱反樞要也　以應應對之應
前注同後可以意求不復重者　天地一指也萬物一馬也崔云指百體之一體馬萬
物之一物　浩然戶老反　无物不然无物不可崔本此下更有可於可而不可
於不可不可於不可而可於可　故爲于僞反下爲是皆同　莛徐音庭李音挺司馬云屋梁也　楹
音盈司馬云屋柱也　厲如字惡也李音賴司馬云病癩　西施司馬云夏姬也案句踐所獻吳王美女也
恢徐苦回反大也郭苦迆反簡文本作弔　恑九委反徐九彼反李云戾也　憰怪音決李云憰乖也怪
異也　楹縱本亦作從同將容反　其分如字　復通扶又反　幾矣音機盡也
下同徐具衣反　謂之道向郭絕句崔讀謂之道勞云因自然是道之功也　狙公七徐反又
緇慮反司馬云狙公典狙官也崔云養猨狙者也李云老狙也廣雅云狙獼猴　賦芧音序徐食汝反李音予司
馬云橡子也　朝三莫四司馬云朝三升莫四升也　所好呼報反下文皆同　天

鈞本又作均崔云鈞陶鈞也　可勝音升　操弦七刀反　執籥羊灼反　昭

文司馬云古善琴者　枝策司馬云枝柱也策杖也崔云舉杖以擊節　據梧音吾司馬云梧

琴也崔云琴瑟也　之知音智　而瞑亡千反　故載之末年崔云書之於今

也　堅白司馬云謂堅石白馬之辯也又云公孫龍有淬劒之法謂之堅白崔同又云或曰設矛伐之說

爲堅辯白馬之名爲白　鼓簧音黃　之綸音倫崔云琴瑟弦也　滑疑古沒反司馬云

亂也　屈奇求物反　好惡並如字　未離力智反　俄而徐音峩

確斯苦角反斯又作澌音賜李思利反　即復扶又反　纖介古邁反又音界　秋

豪如字依字應作毫司馬云兔毫在秋而成王逸注楚辭云銳毛也案毛至秋而耎細故以喻小也　大

山音泰　殤子短命者也或云年十九以下爲殤　殊稱尺證反　善數色主反

夫道未始有封崔云齊物七章此連上章而班固說在外篇　爲是于僞反

有昣徐之忍反郭李音眞謂封域昣陌也　有左有右崔本作宥在宥也　異便婢面

反　**有倫有義**崔本作有論有議　**有分**如字注同　**類別**彼列反下皆同

有爭爭鬭之爭注同　**故分**如字下及注同　**不稱**尺證反注同　**不嗛**郭欺簟反

徐音謙　**不忮**徐之豉反又音跂李之移反害也李云健也　**道昭**音照　**园**崔音刓徐

五丸反司馬云圓也郭音團　**而幾**徐其衣反　**向方**本亦作嚮音同下皆放此　**近彼**附近之近

遠實于萬反　**注焉**徐之喻反　**葆光**音保崔云若有若无謂之葆光　**宗膾**

徐古外反　**胥**息徐反華胥國　**敖**徐五高反司馬云宗膾胥敖三國名也崔云宗一也膾二也胥敖三也

聽朝直遥反　**妙處**昌慮反　**重明**直龍反　**光被**皮寄反　**神解**

音蟹　**齧**五結反　**缺**丘悅反　**王倪**徐五嵇反李音詣高士傳云王倪堯時賢人也天地篇云

齧缺之師　**惡乎**音烏下皆同　**庸詎**徐本作巨其庶反郭音鉅李云庸用也詎何也猶言何用

也服虔云詎猶未也　**復爲**扶又反　**蛣**丘一反　**蜣**丘良反爾雅云蛣蜣蜣蜋也　**乎**

女音汝注及下同　**己不知**音紀　**偏死**司馬云偏枯死也　**鰌**徐音秋司馬云魚名

惴之瑞反 慄音栗 恂郭音荀徐音峻恐貌崔云戰也班固作眴也 猨音猿 猴音侯 異

便婢面反 芻初俱反小爾雅云秆謂之芻秆音古但反 豢徐音患又胡滿反司馬云牛羊曰芻犬豕

曰豢以所食得名也 麋音眉 薦牋練反司馬云美草也崔云甘草也郭璞云三蒼云六畜所食曰薦 蝍

音即 且字或作蛆子徐反李云蝍且蟲名也廣雅云蜈公也爾雅云蒺藜蝍蛆郭璞注云似蝗大腹長角能食蛇

腦蒺音疾藜音黎 帶如字崔云蛇也司馬云小蛇也蝍蛆好食其眼 鴟尺夷反 鴉本亦作鵶於加

反崔云烏也 耆市志反字或作嗜崔本作甘 美惡烏路反 猵篇面反徐敷面反又敷畏

反郭李音偏 狙七餘反司馬云狙一名獦牂似猨而狗頭憙與雌猨交也崔云猵狙一名獦牂其雄憙與猨雌

爲牝牡向云猵狙以猨爲雌也獦音葛 爲雌音妻一音如字 毛嬙徐在良反司馬云毛嬙古

美人一云越王美姬也 麗姬力知反下同麗姬晉獻公之嬖以爲夫人崔本作西施 決喜缺反李

云疾貌崔云疾足不顧爲決徐古惠反郭音古穴反 驟士救反又在遘反 所好呼報反 樊

然音煩 殽亂徐戶交反郭作散悉旦反 之竟音境今本多作境下放此 未解音蟹・

沍戶故反徐又戶各反李戶格反向云凍也崔云沍猶涸也　**蠆**勑邁反又音豸　**介**古邁反又音界

瞿鵲其俱反　**長梧子**李云居長梧下因以為名崔云名上簡文云長梧封人也　**夫子**向云瞿鵲之師　**稱謂**尺證反下放此　**而遊**崔本作而施　**孟**如字徐武黨反或武葬反　**浪**如字徐力蕩反向云孟浪音漫瀾無所趣舍之謂李云猶較略也崔云不精要之貌　**之行**如字又下孟反　**皇帝**本又作黃帝　**聽**勑定反　**熒**音瑩磨之瑩本亦作瑩於迥反向司馬云聽熒疑惑也李云不光明貌崔云小明不大了也向崔本作䔫熒　**且女**音汝下同　**亦大**音泰徐李勑佐反注同　**時夜**崔云時夜司夜謂雞也　**見彈**徒旦反　**鴞**于驕反司馬云小鳩可炙毛詩草木疏云大如班鳩綠色其肉甚美　**雖復**扶又反下皆同下章注亦準此　**嘗爲**于僞反　**旁日月**薄葬反徐扶葬反司馬云依也崔本作謗　**挾**戶牒反崔本作扶　**宇宙**治救反尸子云天地四方曰宇往古來今曰宙說文云舟輿所極覆曰宙　**脗**本或作脣郭音泯徐武軫反李武粉反无波際之貌司馬云合也向音脣云若兩脣之相合也　**滑**徐古沒反亂也向本作汩音同崔戶八反云栝卩木也　**涽**徐音

昏向云汨昏未定之謂崔本作緡武巾反云繩也　**芚**徐徒奔反郭治本反司馬云渾沌不分察也崔云厚

貌也或云束也李丑倫反　**怵心**勑律反　**參糅**如救反　**相藴**本亦作組徐於憤反

郭於本反李於問反積也　**予惡**音烏下惡乎皆同　**說**音悅注同　**相背**音佩　**惡**

死烏路反注同　**弱喪**息浪反注同　**少而**詩照反　**焉知**於虔反下同

至於王所崔云六國時諸侯僭稱王因此謂獻公爲王也　**筐**本亦作匡徐起狂反　**牀**徐音床司

馬云筐牀安牀也崔云筐方也一云正牀也　**蘄**音祈求也　**樂生**音洛下同　**覺而**音教

下及注皆同　**竊竊**司馬云猶察察也　**牧乎**崔本作跂乎云踶跂強羊貌　**所好**

呼報反注同　**所惡**烏路反　**神解**音蟹下同　**弔**如字又音的至也　**詭**九委反異

也　**其解**音蟹徐戶解反　**蛻然**音帨又始銳反　**黮闇**貪闇反李云黮闇不明貌

惡能音烏下皆同　**和之**如字崔胡臥反　**天倪**李音崖徐音詣郭音五底反李云分也崔

云或作霓音同際也班固曰天研　**曼**徐音萬郭武半反　**衍**徐以戰反司馬云曼衍無極也　**振**

如字崔云止也又之忍反　**无竟**如字極也崔作境　**罔兩**郭云景外之微陰也向云景之景也崔本作罔浪云有無之狀　**景**映永反又如字本或作影俗也　**曩**徐乃蕩反李云曩者也　**无特**本或作持崔云特辭也向云無持者行止無常也　**操與**音餘　**蛇蚹**音附徐又音敷司馬云謂蛇腹下齟齬可以行者也齟音士女反齬音魚女反　**蜩**徐音條　**喪**息浪反　**胡蝶**徐徒協反司馬崔云蛺蝶也　**栩栩**徐況羽反喜貌崔本作翩　**自喻**李云喻快也　**志與**音餘下同崔云與哉　**然覺**古孝反　**蘧蘧**徐音渠又其虛反李云有形貌崔作據據引大宗師云據然覺

可樂音洛

養生主第三養生以此爲主也

有涯本亦作崖魚佳反　**而知**音智注下同　**好勝**呼報反下升證反　**雖復**扶又反下皆同　**絕膂**音旅　**以慊**苦簟反足也　**殆已**向云疲困之謂　**无近**附近之近下同　**悶然**亡本反又音門　**遠己**于萬反　**緣督以爲經**李云緣順也督

中也經常也郭崔同**以養**羊尚反注同**庖丁**崔本作胞同白交反庖人丁其名也管子有屠牛坦一朝解九牛刀可剃毛**爲**于僞反**文惠君**崔司馬云梁惠王也**所倚**徐於綺反向偃彼反徐又於伃反李音妖**所踦**徐居彼反向魚彼反李云刺也**砉然**向呼鵰反徐許鵰反崔音畫又古鵰反李又呼歷反司馬云皮骨相離聲**嚮然**許丈反郭許亮反本或無然字**奏**如字崔云聞也**騞**呼獲反徐許[illegible]反向他亦反又音麥崔云音近獲聲大於砉也**中音**丁仲反下皆同**桑林**司馬云湯樂名崔云宋舞樂名案即左傳舞師題以旌夏是也**經首**向司馬云咸池樂章也崔云樂章名也或云奏樂名**因便**婢面反**閑解**音蟹**譆**徐音熙李云歎聲也**技**具綺反下同**所好**呼報反注同**神遇**向云暗與理會謂之神遇**官知止**如字崔云官知謂有所掌在也向音智專所司察而後動謂之官智**而神欲行**如字向云從手放意無心而得謂之神欲**批**備結反一音鋪迷反字林云擊也父迷父節二反**大郤**徐去逆反郭音却崔李云閒也**之****處**昌慮反**令離**力呈反下同下力智反**道**音導注同**大窾**徐苦管反又苦禾反崔郭

司馬云空也向音空　節解戶賣反　技經本或作猗其綺反徐音技　肯徐苦等反說文作肎字林同卩乃反云著骨肉也一曰骨無肉也崔云許叔重曰骨閒肉肯肯著也　綮苦挺反崔向徐並音啓李烏係反又一音罄司馬云猶結處也　經繄古代反　微礙五代反　大軱音孤向郭云軱戾大骨也崔云槃結骨　衄刀女六反　良庖司馬云良善也　割也司馬云以刀割肉故歲歲更作崔云歲一易刀猶堪割也　族庖司馬云族雜也崔云族衆也　硎音刑磨石也崔本作形云新所受形也　砥石音脂又之履反尚書傳云砥細於礪皆磨石也　爲戒于僞反下皆同　屬目章欲反　謋然化百反徐又許百反　已解音蟹下皆同　提刀徐徒稽反　躊直留反　躇直於反　善刀善猶拭也　拭音式　弢之他刀反　公文軒司馬云姓公文氏名軒宋人也　右師司馬云宋人也簡文云官名　惡乎音烏　介音戒一音兀司馬云刖也向郭云偏刖也崔本作兀又作趴云斷足也　偏刖音月又五刮反　天與其人與並音餘又皆如字司馬云爲天命爲人事也　使獨司馬云一足曰獨　之

知音智下之知同一啄陟角反不蘄音祈求也樊中音煩李云藩也所以籠雉
也向郭同崔以爲囿中也妙處昌慮反雖王于況反注同長王丁亮反又直良
反老聃吐藍反司馬云老子也泰失本又作佚各依字讀亦皆音逸三號戶羔
反注同倚戶於綺反少者詩照反先物悉薦反又如字理上往
一本往作住遯天徒遜反又作遁倍情音裴加也又布對反本又作背大深音泰
憂樂音洛下文注同所錯七路反縣音玄解音蟹注同崔云以生爲縣以死爲解
指窮於爲薪如字絕句爲猶前也火傳直專反注同也傳者相傳繼續也崔云薪火爛火也
傳延也之中丁仲反
人閒世第四此人閒見事世所常行者也
離人力智反不苟胡我反又音河其累力僞反顏回孔子弟子姓顏名回字子
淵魯人也衞君司馬云衞莊公蒯聵也案左傳衞莊公以魯哀十五年冬始入國時顏回已死不得爲莊

公蓋是出公輒也　其行下孟反　獨崔云自專也向云與人異也郭云不與人同欲　國量

音亮李力章反　若蕉似遙反徐在堯反向云草芥也崔云苃刈也其澤如見苃夷言野無青草　稱

數所主反　治國直吏反　醫門於其反　思其則絕句崔李云則法也

有瘳丑由反李云愈也　譆音熙又於其反　役思息嗣反　遠身于萬反

而知音智下及注同　所爲于僞反　爭善此及下爭名二字依字讀　雖復扶又

反下皆同　桀跖之石反桀夏王也跖盜跖也　相札徐於八反又側列反李云折也崔云大也亦作

軋崔又云或作禮相賓禮也　信矼徐古江反崔音控簡文云慤實貌　而強其兩反注同

人惡有烏路反下惡不肖及注同崔本有作育云賣也　鮮不息淺反　涉治直吏

反　迕音誤　菑音災下皆同　菑夫音扶　不肖音笑徐蘇叫反似也　惡用

音烏　若唯郭如字一音唯癸反　无詔絕句詔告也言也崔本作詻音額云逆擊曰詻　王公必

將乘人絕句　而鬭其捷在接反崔讀若唯無詻王公絕句必將乘人而鬭絕句捷作接其接引續

也　熒之戶扃反向崔本作營音熒　眼眩玄遍反　容將形之謂擎跽也

關龍逢夏桀之賢臣　王子比干殷紂之叔父　以下遐嫁反　傴紆甫反

拊徐向音撫李云傴拊謂憐愛之也崔云猶嘔呴謂養也　拂其符弗反崔云違也又芳弗反　是好呼報反

以擠徐子計反又子禮反司馬云毒也一云陷也方言云滅也簡文云排也

欲令力呈反　叢支才公反　有扈音戶司馬云國名在始平郡案即今京兆鄠縣也

虛厲如字又音墟李云居宅無人曰虛死而無後爲厲　語我魚據反下同　惡惡皆音

烏下同　挫之子臥反　從容七容反　不訾向徐音紫崔云毀也　而上

時掌反下同　蘄乎音祈　擎徐其驚反　跽徐其里反說文云長跪也　曲拳音權　无

疪才斯反　謫之直革反　諷責非鳳反　大多音泰徐敕佐反崔本作太

不謀徐徒協反向吐頰反李云安也崔云閒謀也　挾三戶牒反　曰齊本亦作齋同側

皆反下同　其易以豉反後皆同向崔云輕易也　皥天徐胡老反向云皥天自然也　不

茹徐音汝食也葷徐許云反數月色主反去異起呂反下同未始得

使絕句崔讀至實字絕句不強其丈反无毒如字治也崔本作每云貪也而

寓崔本作如愚絕迹易无絕句向崔皆以无字屬下句者粗音麄有知

知者上音智下如字下句同闋者徐苦穴反司馬云空也虛室生白崔云白者日光

所照也司馬云室比喻心心能空虛則純白獨生也夫徇辭俊反徐辭倫反李云使也心知

音智注同所紐徐女酒反崔云系而行之日紐簡文云紐本也伏戲本又作義亦作犧同許宜

反即大暤三皇之始也几蘧其居反向云古之帝王也李云上古帝王散焉悉旦反李云放也崔

云德不及聖王爲散之聽一本作聽竭喪息浪反葉公音攝子高楚大夫爲

葉縣尹僭稱公姓沈名諸梁字子高將使所吏反注及下待使同慄之音栗李云懼也常

語魚據反下同藏矣才浪反執衆家本並然簡文作熱粗音麤又才古反而不

臧作郎反善也絕句一音才郎反句至爨字爨七亂反无欲清七性反字宜從冫從氵者假借也淸

涼也**之人**言爨火爲食而不思凊涼明火微而食宜儉薄**所饌**士戀反**內熱與**音餘
下慎與同向云食美食者必內熱**則恐懼**巨勇反**以任**而林反一音而鴆反**哀**
樂音洛注下同**施乎**如字崔以豉反云移也**而惡**烏路反下皆同**復以**扶又
反下注同**傳意**丈專反下文并注同**兩怒**如字注同本又作怨下同**未易**以豉反下
文注皆同**而要**一遙反**則近**附近之近**共好**呼報反**大至**音泰本亦
作泰徐敕佐反下同**奇巧**如字又苦孝反**乎治**直吏反**有別**彼列反**湛**
直林反又荅南反**湎**面善反**淫液**以隻反**實喪**息浪反注下同**偏辭**音篇崔本
作諞音辯**氣息**並如字向本作謥器云謥馬氏音息器氣也崔本作謥⿱竹器云喘息⿱竹器不調也又作箄字
茀然徐符弗反郭敷末反李音佛崔音勃**心厲**如字李音賴**蹴之**子六反**瘣**
疑賣反又音詣本又作疵音尤**疵**士賣反又齊計反上若作疵此則才知反**剋核**幸格反**所**
齊如字又才計反**所惡**烏路反**勸強**其丈反下欲強同**爲爲**上如字下于僞

反　**顏闔**胡臘反向崔本作盧魯之賢人隱者　**衛靈公**左傳云名元　**大子**音泰司馬

云蒯聵也　**蘧**其居反　**伯玉**名瑗衛大夫　**天殺**如字謂如天殺物也徐所列反　**无**

方李云方道也　**其知**音智　**正女**音汝下同　**反覆**芳服反　**爲蹶**徐其

月反郭音厥李舉衛反　**摸格**莫胡反　**孽**彥列反　**將惡**烏路反　**悶然**

音門　**嬰兒**李云喻無意也崔云喻騎遊也　**无町**徒頂反　**畦**戶圭反李云町畦畔埒也無畔

埒無威儀也崔云喻守節也　**无崖**司馬云不顧法也　**无疵**似移反病也　**不勝**音升

爲其于僞反下同　**分之**如字　**盛矢**音成下及注同矢或作屎同　**以蜄**徐市

軫反蛤類　**溺**奴弔反　**蚉**音文本或作蟁同　**蝱**孟庚反　**僕緣**普木反徐敷木反向云僕

僕然蚉蝱緣馬稠概之貌崔音如字云僕御　**搴著**直略反　**而拊**李音撫又音付一音附崔

本作府音附　**𠦂然**疎律反本或作卒七忽反　**曲轅**音袁司馬云曲轅曲道也崔云道名

櫟力狄反李云木名一云梂也　**蔽牛**必世反李云牛住其旁而不見　**絜**向徐戶結反徐又虎結反

約束也百圍李云徑尺爲圍蓋十丈也十仞小爾雅云四尺曰仞案七尺曰仞崔本作千仞

或云八尺曰仞旁十數所具反崔云旁旁枝也觀者古奐反又音官匠伯伯匠石字

也崔本亦作石不輟丁劣反·厭於豔反又於瞻反散木悉但反徐悉旦反下同

則速如字向崔本作數向所祿反下同腐扶甫反液音亦樠亡言反向李莫干反郭武

半反司馬云液津液也樠謂脂出樠樠然也崔云黑液出也蠹丁故反見夢胡薦反

女將音汝惡乎音烏下同柤側加反櫾均必反柚由救反徐以救反果蓏

徐力果反泄徐思列反崔云泄洩同苦其如字崔本作枯掊普口反徐方垢反

幾死音祈又音機下同數有音朔辟普係反睨五係反而幾死之絕句

向同一讀連下散人爲句崔同覺古孝反而診徐直信反司馬向云診占夢也詬李云呼豆

反徐音垢厲如字司馬云詬辱也厲病也且幾音機或音祈翦乎子淺反崔本作前于

不近附近之近下同義譽音餘注同長物丁兩反泊然步各反

不與音豫　南伯李云即南郭也伯長也　商之丘司馬云今梁國睢陽縣是也　所千乘繩證反　隱崔云傷於熱也　將芘本亦作庇徐甫至反又悲位反崔本作比云芘也　所藾音賴崔本作賴向云蔭也可以蔭芘千乘也李同　所陰於鴆反　異材夫音符　仰而向崔本作從而　則拳本亦作卷音權　軸直竹反　解李云如衣軸之直解也　咶食紙反　嗅崔作齅許救反　狂酲音呈李云狂如酲也病酒曰酲　爲之于僞反下爲之皆同　荊氏司馬云地名也一曰里名　宜楸柏桑崔云荊氏之地宜此三木李云三木文木也　拱恭勇反　把百雅反徐甫雅反司馬云兩手曰拱一手曰把　而上時掌反　狙七餘反　猴音侯　之杙以職反又羊植反郭且羊反司馬作朳音八李云欲以栖戲狙猴也崔本作杙音跋云枷也　三圍崔云圍環八尺爲一圍　之麗如字又音禮司馬云小船也又屋檼也　求樿本亦作擅音膳　傍薄剛反崔云樿傍棺也司馬云棺之全一邊者謂之樿傍　故解徐古賣反又佳買反注同向古避反　顙息黨反司馬云顙額也　亢鼻徐古莽反司馬云高也頞折故頞鼻高崔云仰也

痔 徐直里反司馬云隱創也 適河 司馬云謂沈人於河祭也 駢具 恤營反 支離疏 司馬云形體支離不全貌疏其名也 頤 以之反 於頂 如字本作項亦如字司馬云言脊曲頭縮也淮南曰脊管高於頂也 會 古外反徐古活反向音活 撮 子外反向徐子活反崔云會撮項椎也 指天 司馬云會撮髻也古者髻在項中脊曲頭低故髻指天也向云兩肩疎而上會撮然也 管 崔本作筦 在上 李云管腧也五藏之腧皆在上也 兩髀 本又作脾同音陛徐又甫婢反崔云僂人腹在髀裏也 爲脅 許劫反司馬云脊曲髀竪故與脅並也 挫 徐子臥反郭祖禾反崔云案也 鍼 執金反司馬云挫鍼縫衣也 治繲 佳賣反司馬云浣衣也向同崔作繲音綫 餬口 徐音胡李云食也崔云字或作互或作鉆 鼓筴 初革反徐又音頰司馬云鼓簸也小箕曰筴崔云鼓筴揲著鑽龜也 播精 如字一音所字則當作數精司馬云簡米曰精崔云播精卜卦占兆也鼓筴播精言賣卜 以食 音嗣 攘 如羊反 胥於其閒 如字司馬云閒裏也崔本作攘胥於其開云開門中也 竄匿 女力反 三鍾 司馬云六斛四斗曰鍾 不與 音豫 豈爲 于僞反 治亂 直吏反下同

僅音覲　至易以豉反下同　知以音智　欲惡烏路反　知避舊本作眞云置也　不勝音升　畫地音獲　迷陽司馬云迷陽伏陽也言詐狂　卻曲去逆反字書作卻廣雅云卻曲也　山木自寇也膏火自煎子然反也司馬云木生斧柄還自伐膏起火還自消崔云山有木故火焚也　悗然亡本反

德充符第五崔云此遺形棄知以德實之驗也

兀者五忽反又音界李云刖足曰兀案篆書兀尒字相似　王駘音臺徐又音殆人姓名也　從之如字李才用反下同　相若若如也弟子如夫子多少也　常季或云孔子弟子　立不教司馬云立不教授坐不議論　坐不議　五藏才浪反後同　丘也直後而未往耳李云自在衆人後未得往師之耳　能遠于萬反　而王于況反李云勝也崔云君長也　其與庸亦遠矣與凡庸異也崔云庸常人也　雖天地覆芳服反　墜本又作隊直類反李云天地猶不能變己況生死也　怪迕五故反本亦作遻下同　不離力智

反　肝膽丁覽反　美惡烏路反下皆同　情背音佩　中知音智　不
慴之涉反　所喪息浪反下及注同　說然始銳反又音悅　脫屨九具反本亦作
屣所買反　斷足丁管反　爲己于僞反　最之徂會反徐采會反下注同司馬云聚也
鑑古暫反　流水崔本作沫水云沫或作流　保始之徵李云徵成也終始可保成
也　九軍崔本云天子六軍諸侯三軍通爲九軍也簡文云兵書云以攻九天收九地故謂之九軍
自要一遙反　六骸崔云手足首身也　彼且如字徐子余反下同　假人古雅
反借也徐音遐讀連上句人字向下　申徒嘉李云申徒嘉氏名　无人雜篇作瞀人
刖者音月又五刮反　之處昌慮反　而說音悅注同　爭善如字　知不
可如字又音智　羿音詣徐胡係反善射人唐夏有窮之君篡夏者也　轂音遘張弓
也　中如字　央於良反舊於倉反郭云弓矢所及爲轂中　中地丁仲反下不中注中地中與不
中同　單豹音善　怫然扶弗反　知吾介本又作兀兩通　子索色百反注

同　蹵子六反　乃稱如字舉也又尺證反　叔山无趾音止李云叔山氏無足趾

踵朱勇反向郭云頻也崔云無趾故踵行　見賢遍反　子不謹前絕句一讀以謹字絕句

去其羌呂反　不爲于僞反下不爲而爲皆同　前行下孟反　語老魚據

反　賓賓司馬云恭貌張云猶賢賢也崔云有所親疏也簡文云好名貌　且蘄音祈　諔

尺叔反　詭九委反李云諔詭奇異也　幻滑辯反亦作幻　桎之實反郭眞一反木在足也　梏古毒

反本在手也　爲己于僞反下者爲人同　舍己音捨　一貫古亂反　嚮隨

許丈反本又作向下同　惡人惡貌醜也　哀駘音臺徐又音殆　它徒何反李云哀駘醜貌它

其名　常和戶臥反下同　惡駭胡楷反崔本作駴　役思息嗣反　雌雄

合乎前李云禽獸屬也　亂行戶剛反　期年音基　傳國丈專反　悶

然音門李云不覺貌崔云有頃之間也　後應應對之應　氾浮劍反不係也　醜乎李云

醜慙也崔云愧也　无幾居豈反　與樂音洛　嘗使於楚矣使音所吏反本

亦作遊本又直云嘗於楚矣 **㹠子** 本又作豚徒門反 **食於** 音飲邑錦反注同舊如字簡文同

眴若 本亦作瞬音舜司馬云驚貌崔云目動也謂死母目動 **翣資** 所甲反扇也武王所造宋均云武飾也李云資送也崔本作翣杴音坎坎謂先人墳墓也 **爲足** 于僞反 **不得復使** 扶又反章末注同崔本作不得復使入云不復入直也 **形好** 呼報反 **毀譽** 音餘 **不**

舍 音捨 **以滑** 音骨 **淡然** 徒暫反 **於兌** 徒外反李云悅也 **閒豫** 音閑

无郤 去逆反李云開也 **是接而生時乎心者也** 司馬云接至道而和氣在心也李云接萬物而施生順四時而俱作 **情爲** 于僞反 **能離** 力智反 **閔子** 孔子弟子閔子騫也 **闉** 音因郭烏年反 **跂** 音企郭其逆反 **支離无脤** 徐市軫反又音脣司馬云闉曲跂企也闉跂支離言脚常曲行體不正卷縮也无脤名也崔云闉跂傴者也支離傴者也脤脣同簡文云跂行也脤臂也 **說衛** 始銳反又如字下說齊桓同 **說之** 音悅下說之同 **脰** 音豆頸也 **肩肩** 胡咽反又胡恩反李云羸小貌崔云猶玄玄也簡文云直貌 **甕** 烏送反郭於寵反 **㼜** 烏葬反郭於兩反李云甕

㼜大癭貌崔同大癭一領反說文云瘤也而知音智下同為孽魚列反司馬云智慧生妖孽約為膠司馬云約束而後有如膠漆崔云約誓所以為膠固德為接司馬云散德以接物也工為商司馬云工巧而商賈起惡用音烏下同不斲陟角反无喪息浪反天鬻音育養也天食音嗣亦如字受食如字又音嗣沈思息嗣反亦如字免難乃旦反掘若其勿反槁木苦老反羣分如字眇亡小反簡文云陋也謷乎五羔反徐五報反簡文云放也今取遨遊義也獨成其天如字崔本天字作大云類同於人所以為小情合於天天所以為大惡得音烏下惡得同吠扶廢反一分如字足操七刀反未解音蟹无以好惡呼報反下烏路反注同祇足音支倚樹於綺反據槁苦老反梧音吾而瞑音眠崔云據琴而睡也而睡垂偽反天選宣轉反舊思緩反

大宗師第六崔云遺形忘生當大宗此法也

天而生向崔本作失而生　知稱尺證反　不喪息浪反下皆同　或好呼報
反下同　不強其兩反　庸詎徐其庶反　則治直吏反　不謈沒乎反
不慄音栗　不濡而朱反　登假更百反至也　遠火于萬反　有
鬉古愛反　其覺古孝反　深深李云內息之貌　以踵章勇反王穆夜云起息於
踵遍體而深　以喉向云喘悖之息以喉爲節言情欲奔競所致　其嗌音益郭音厄厄咽喉
也　若哇獲媯反徐胡卦反又音絓崔一音於佳反結也言咽喉之氣結礙不通也簡文云哇嘔也
其耆市志反　說生音悅　惡死烏路反　不訢音欣又音祈　不距
本又作拒音巨李云欣出則營生距入則惡死　翛然音蕭本又作儵徐音叔郭與久反李音悠向云翛然
自然無心而自爾之謂郭崔云往來不難之貌司馬云儵疾貌李同　猶復扶又反下非復同也　捐
徐以全反郭作指一入反崔云或作楫所以行舟也　則背音佩　容家本亦作寂崔本作宋
其顙息黨反崔云頟也　頯徐去軌反郭苦對反李音仇一音逵權也王云質朴無飾也向本作題云題然

大朴貌廣雅云瘣大也五罪反　**淒然**七西反　**煖然**音暄徐況晚反　**亡國而不**
失人心崔云亡敵國而得其人心　**行名**下孟反　**福應**應對之應　**狐不偕**
司馬云古賢人也　**務光**皇甫謐云黃帝時人耳長七寸　**伯夷叔齊**孤竹君之二子　**箕子胥**
餘司馬云胥餘箕子名也見尸子崔同又云尸子曰箕子胥餘漆身爲厲被髮佯狂或云尸子曰比干也胥餘其
名　**紀他**徒何反　**申徒狄**殷時人負石自沈於河崔本作司徒狄　**皆舍**音捨下同
不承如字李云迎也又音拯　**不上**時掌反　**與乎**如字又音豫向云疑貌　**其觚**
音孤王云觚特立不羣也崔云觚棱也　**邴邴**徐音丙郭甫杏反向云喜貌簡文云明貌　**崔乎**
于罪反徐息罪反郭且雷反向云動貌簡文云速貌　**滀乎**本又作慉勑六反司馬云色憤起貌王云富有
德充也簡文云聚也　**厲乎**如字崔本作廣云苞羅者廣也　**謷乎**五羔反徐五到反司馬云志遠
貌王云高邁於俗也　**連乎**如字李云連緜長貌崔云蹇連也音輦　**似好**呼報反下皆同
悗乎亡本反字或作免李云無匹貌王云廢忘也崔云婉順也　**治之**直吏反　**爲循**本亦

作脩兩得 **綽乎** 昌略反，崔本作淖 **常閒** 音閑 **夜旦** 如字，崔本作𦕂，音怛 **其**

卓 中學反 **敢惡** 烏路反 **之竟** 音境 **泉涸** 戶各反，郭戶格反，爾雅云竭也

相呴 況于、況付二反 **相濡** 本又作濡，音儒，或一音如戍反 **以沫** 音末 **相忘** 音亡，下同

譽堯 音餘，注同 **大塊** 苦怪反，又苦對反，徐胡罪反 **佚我** 音逸 **於壑** 火各

反 **乃揭** 其列、其謁二反 **索所** 所百反 **无樂** 音洛，下及注同 **可勝** 音升

善妖 崔本作狡，同古卯反，本又作夭，於表反，簡文於橋反，云異也 **善少** 詩照反 **否**

老 音鄙，本亦作鄙 **平粹** 雖遂反 **可傳** 直專反，注同 **在大極** 音泰 **之先**

一本作之先，末崔本同 **先天** 悉薦反 **長於** 丁丈反 **稱也** 尺證反 **狶**

韋氏 許豈反，郭褚伊反，李音豕，司馬云上古帝王名 **以挈** 徐苦結反，郭苦係反，司馬云要也，得天地

要也，崔云成也 **伏戲** 音羲，崔本作伏戲氏 **以襲氣母** 司馬云襲入也，氣母元氣之母也，崔

云取元氣之本 **維斗** 李云北斗所以為天下綱維 **終古** 崔云終古久也，鄭玄注周禮云終古猶言

常也 **不忒** 它得反差也崔本作代 **堪坏** 徐扶眉反郭孚杯反崔作邳司馬云堪坏神名人面獸形

淮南作欽負 **崐崘** 崐或作崐同音昆下力門反崐崘山名 **馮夷** 司馬云清泠傳曰馮夷華陰潼

鄉隄首人也服八石得水仙是爲河伯一云以八月庚子浴於河而溺死一云渡河溺死 **大川** 河也崔本

作泰川 **肩吾** 司馬云山神不死至孔子時 **大山** 音泰又如字 **黃帝** 崔云得道而上天也

顓頊 音專下許玉反 **玄宮** 李云顓頊帝高陽氏玄宮北方宮也月令曰其帝顓頊其神玄冥

禺強 音虞郭語龍反司馬云山海經曰北海之渚有神人面鳥身珥兩青蛇踐兩赤蛇名禺強崔云大荒經曰

北海之神名曰禺強靈龜爲之使歸藏曰昔穆王子筮卦於禺強案海外經云北方禺強黑身手足乘兩龍郭璞以

爲水神人面鳥身簡文云北海神也一名禺京是黃帝之孫也 **西王母** 山海經云狀如人狗尾蓬頭戴

勝善嘯居海水之涯漢武內傳云西王母與上元夫人降帝美容貌神仙人也 **少廣** 司馬云穴名崔云山

名或云西方空界之名 **彭祖** 解見逍遙篇崔云壽七百歲或以爲仙不死 **五伯** 如字又音

霸崔李云夏伯昆吾殷大彭豕韋周齊桓晉文 **傳說** 音悅 **得之以相** 息亮反 **武丁奄有**

天下乘東維騎箕尾而比於列星 司馬云傅說殷相也武丁殷王高宗也東維箕斗之間天漢津之東維也星經曰傅說一星在尾上言其乘東維騎箕尾之間也崔云傅說死其精神乘東維託龍尾乃列宿今尾上有傅說星崔本此下更有其生無父母死登假三年而形遯此言神之無能名者也凡二十二字

掘然 其勿反 **南伯子葵** 李云葵當爲綦聲之誤也 **女偶** 徐音禹李音矩一云是婦人也 **年長** 張丈反 **鴺子** 本亦作孺如喻反李云弱子也 **惡惡可** 並音烏下惡乎同 **卜梁倚** 魚綺反又其綺反李云卜梁姓倚名 **亦易** 以豉反 **參日** 音三

能朝 如字李除遙反下同 **徹** 如字郭司馬云朝旦也徹達妙之道李云夫能洞照不崇朝而遠徹也 **不惡** 烏路反下同 **谿然** 喚活反 **殺生者不死** 李云殺猶亡也亡生者不死也崔云除其營生爲殺生 **生生者不生** 李云矜生者不生也崔云常營其生爲生生 **攖** 郭音縈徐於營反李於盈反崔云有所繫著也 **副墨** 李云可以副貳玄墨也崔云此巳下皆古人姓名或寓之耳無其人 **洛誦** 李云誦通也苞洛無所不通也 **瞻明** 音占李云神明洞徹也 **聶**

許 徐乃攝反李云許與也攝而保之無所施與也 需役 徐音須李音儒云儒弱爲役也王云需待也役
亭毒也 於 音烏又如字 謳 徐烏侯反李香于反云謳喣也欲化之貌王云謳謌謠也 玄冥
李云強名曰玄視之冥然向郭云所以名無而非無也 參 七南反 寥 徐力彫反李云參高也高邈寥
曠不可名也 疑始 李云又疑無是始則始非無名也 研粗 七胡反 七重 直龍
反下同 子祀 崔云淮南作子永行年五十四而病傴僂 子輿 本又作與音餘 子犁 禮兮反
爲尻 苦羔反 偉哉 韋鬼反向云美也崔云自此至鑑于井皆子祀自說病狀也 拘
郭音駒司馬云體拘攣也王云不申也 曲僂 徐力主反 於頂 本亦作項崔本作釭音項
句 俱樹反徐古侯反 贅 徐之稅反 指天 李云句贅項椎也其形似贅言其上向也 有沴 音麗
徐又徒顯反郭奴結反云陵亂也李同崔本作灑云滿也 其心閒 音閑崔以其心屬上句 跰
𨇤 步田反下悉田反崔本作邊鮮司馬云病不能行故跰𨇤也 而鑑 古暫反 曰嗟乎 崔云
此子與辭 女惡 音汝下同下烏路反 曰亡 如字絕句 予何惡 烏路反下及注同一音如

字讀則連已字爲句　**浸**子鴆反向云漸也　**予因以求時夜**一本無求字　**爲**

彈徒旦反　**鴞**戶驕反　**炙**章夜反　**哀樂**音洛　**縣**音玄　**解**音蟹下及注同向云

縣解無所係也　**喘喘**川轉反又尺軟反崔本作惴惴　**環而**如字徐音患李云繞也　**叱**

避昌失反　**无怛**丁達反崔本作靼音怛案怛驚也鄭衆注周禮考工記不能驚怛是也　**倚其**

於綺反　**鼠肝**向云委棄土壤而已王云取微蔑至賤　**蟲臂**臂亦作腸崔本同　**不**

翅徐詩知反　**彼近**如字　**則悍**本亦作捍胡旦反又音旱說文云捍抵也　**我且**如字

徐子餘反　**鏌**音莫　**鋣**似嗟反鏌鋣劍名　**大鑪**劣奴反　**惡乎**音烏　**可解**如字

下同　**成然**如字崔同李云成然縣解之貌本或作戌戌音恤簡文云當作滅本又作眓眓呼括反視高貌本亦

作俄然　**蘧然**李音渠崔本作據又其據反蘧然有形之貌　**覺**古孝反向崔本此下更有發然汗出

一句云無係則津液通也崔云滎衛和通不以化爲懼也　**相與**如字崔云猶親也或一音豫　**相**

爲如字或一音于偽反　**愛爲**于偽反　**撓**徐而少反郭許堯反　**挑**徐徒了反郭李徒堯反又

作兆李云撓挑猶宛轉也宛轉玄曠之中簡文云循環之名　**莫然**如字崔云定也　**有間**如字崔李云頭也本亦作爲閒　**編曲**必連反字林布千反郭父殄反史記甫連反李云曲蠶薄　**相和**胡臥反　**我猶**崔本作獨　**人猗**於宜反崔云辭也　**哀樂**音洛　**惡知**音烏下皆同　**稱情**尺證反　**无以命之**崔李云命名也　**而淡**徒暫反　**而離**力智反下同　**而應**應對之應下同　**數子**所主反　**坦然**吐但反　**使女**音汝下同　**縣**音玄注同　**疣**音尤　**決**徐古穴反　**𤵛**胡亂反　**潰**胡對反　**反覆**芳服反　**端倪**本或作淣同音崖徐音詣　**芒然**莫剛反李云無係之貌　**彷**薄剛反　**徨**音皇　**塵垢**如字崔本作塚均云塚音塳均垢同齊人以風塵爲塳堁　**憒憒**工內反說文蒼頡篇並云亂也　**以觀**古亂反示也注同　**相造**七報反詣也下同　**穿池**本亦作地崔同　**相忘**音亡下同　**畸人**居宜反司馬云不耦也不耦於人謂闕於禮教也李其宜反云奇異也　**而侔**音謀司馬云等也亦從也　**孟孫才**李云三桓後才其名也崔云才或作牛　**應內**

應對之應 惡知音烏下同 焉知於虔反下皆同 覺者古孝反注下皆同 駭

形如字崔作咳云有嬰兒之形 旦宅並如字王云旦暮改易宅是神居也李本作怛侘上丹末反下

陟嫁反云驚惋之貌崔本作靼宅靼怛也 所以乃崔本乃作惡 庸詎其庶反下章同

造適七報反注同 獻笑向云獻善也王云章也意有適章於笑故曰獻笑 及排皮皆

反 必樂音洛下同 寥本亦作廖力彫反李良救反 天一崔本作造敵不及笑獻芥不及

鼇安排而造化不及眇眇不及雄漂淰雄漂淰不及簞笙簞笙乃入於漻天一 以上時掌反 意

而子李云賢士也 貣汝貣給也 爲軥之是反郭之忍反崔云軥辭也李云是也

黥其京反 劓魚器反李云毀道德以爲仁義不似黥乎破玄同以爲是非不似劓乎 遙蕩

王云縱散也 恣七咨反又如字 睢郭李云許維反徐許鼻反李王皆云恣睢自得貌 復遊扶又

反下同 其藩甫煩反李音煩司馬向皆云崖也崔云域也 盲者本又作眇崔本作目云目

或作刑刑黥劓也 以與音豫下同 之好如字又呼報反 黼黻上音甫下音弗

觀古亂反　无莊　據梁司馬云皆人名李云无莊无莊飾也據梁強梁也　鑪音盧

捶本又作鍾徐之睡反又之蘂反一音時蘂反李云鍾鴟頭頗口句鐵以吹火也崔云盧謂之瓮捶當作甀盧甀之間言小處也甀音丈僞反　鍛丁亂反　曰噫徐音醫李云歎聲也崔云辭也本亦作意音同又如字謂呼意而名也　我爲于僞反注同　整子兮反司馬云碎也　長於丁丈反

功見賢遍反下文同　它日崔本作異日下亦然　復見扶又反下同　樂生音洛又音嶽　甓然子六反崔云變色貌　墮許規反徐又待果反　去起呂反　知音智

坐忘崔云端坐而忘　无好呼報反注同　何惡烏路反　霖雨本又作淋音林左傳云雨三日以往爲霖　裹音果　食音嗣注同　有不任音壬　其聲而趨七住反　舉其詩焉崔云不任其聲憊也趨舉其詩無音曲也

應帝王第七崔云行不言之教使天下自以爲牛馬應爲帝王者也

齧缺五結反下丘悅反　王倪五兮反　四問而四不知向云事在齊物論中

蒲衣子尸子云蒲衣八歲舜讓以天下崔云即被衣王倪之師也淮南子曰齧缺問道於被衣秦氏司馬云上古帝王也崔云帝王也李云大庭氏又云無名之君也藏仁才剛反崔云懷仁心以結人也本亦作臧作剛反善也簡文同以要一遥反注同所好呼報反所惡烏路反之竟音境徐徐如字崔本作祛祛其覺古孝反于于如字司馬云徐徐安隱貌于于無所知貌簡文云徐徐于于寐之狀也日人實反中音仲亦如字始李云日中始人姓名賢者也崔本無日字云中始賢人也以語魚據反女音汝後皆同出經絕句司馬云出行也經常也崔云出典法也式義度人絕句式法也崔云式用也用仁義以法度人也欺德簡文云欺忘也涉海鑿待洛反下同郭粗鶴反河李云涉海必陷波鑿河無成也蚉音文本亦作蟁同不勝音升確乎苦學反李云堅貌崔本作稾音託矰則能反李云罔也之害崔本作菑鼷音兮熏香云反天根崔本云人姓名也遊於殷陽李云殷山名陽山之陽崔云殷陽地名司馬云殷衆也言向南遊也或作殷湯蓼水音了

李云水名也
不豫 司馬云嫌不漸豫太倉卒也簡文云豫悅也
大初 音泰
乘夫 音符
莽 莫蕩反崔本作猛
眇 妙小反莽眇輕虛之狀也崔云猛眇之鳥首也取其行而無迹
壙 徐苦廣反
埌 徐力黨反李音浪壙埌无滯爲名也崔云猶曠蕩也
无狹 戶夾反
帠 徐音藝又魚例反司馬云法也一本作寱牛世反崔本作爲
而自治 直吏反下文同
又復 扶又反
於淡 徒暫反徐大敢反
於漠 音莫
陽子居 李云居名也子男子通稱
嚮 許亮反李許兩反
疾強梁 崔云所在疾強梁之人也李云敏疾如嚮也簡文云如嚮應聲之疾故是強梁之貌
物徹疏明 司馬云物事也徹通也事能通而開明也崔云無物不達無物不明
不勬 其眷反
胥 如字司馬云疏也簡文云相也
易 音亦崔以豉反云相輕易也簡文同
技 徐其綺反簡文云藝也
係 如字崔本作繫或作轂簡文云音繫
怵心 勑律反
來田 李云虎豹以皮有文章見獵也田獵也
猨 音袁
狙 七餘反
之便 毗肩反舊扶面反
斄 音來李音狸崔云旄牛也
來藉 司馬云藉繩也由捷見結縛也崔云藉繫也
蹵然 子六反改容之貌
之治 直吏反下

莊子音義上

同　貸吐代反　神巫曰季咸李云女曰巫男曰覡季咸名　不憙許忌反　心醉向云迷惑於其道也　壺子司馬云名林鄭人列子師　既其文李云既盡也　得道與音餘　衆雌而无雄而又奚卵焉司馬云言汝受訓未熟故未成若衆雌無雄則無卵也　世亢苦浪反　必信崔云絕句　相女息亮反注下同　示之本亦作視崔云視示之也　嘻徐音熙郭許意反　句數所主反　鄉吾許亮反本作嚮亦作向同崔本作廩云向也　地文與土同也崔云文猶理也　不震不正並如字崔本作不誫不止云如動不動也　誠應應對之應後同　杜德機崔云塞吾德之機　有瘳丑留反　功見賢遍反　不齊側皆反本又作齋下同　且復扶又反　泊　心白博反又音魄　得厝七故反字又作措同　管闚去規反　鯢五兮反　桓司馬云鯢桓二魚名也簡文云鯢鯨魚也桓盤桓也崔本作鯢拒云魚所處之方穴也又云拒或作桓　之審郭如字簡文云處也司馬云審當爲蟠蟠聚也崔本作潘云回流所鍾之域也　淵有九名淮南子云有九

旋之淵許愼注云至深也 治亂直吏反 失而走如字徐音逸 已滅崔云滅不
見也 委於危反 蛇以支反委蛇至順之貌 爲弟徐音頹丈回反 靡弟靡不窮之貌崔云
猶遜伏也 波流如字崔本作波隨云常隨從之 爲其于僞反 妻爨七判反 食豕
音嗣下同 彫琢竹角反 去華羌吕反 塊然徐苦怪反又苦對反 紛而
芳云反崔云亂貌 封哉崔本作戎云封戎散亂也 知主音智注同 无朕直忍反崔云兆
也 應而不藏如字本又作臧亦依字讀 儵音叔李云喻有象也 忽李云喻無形也
渾胡本反 沌徒本反崔云渾沌無孔竅也李云清濁未分也此喻自然簡文云儵忽取神速爲名渾沌
以合和爲貌神速譬有爲合和譬無爲 七竅苦叫反說文云孔也 七日而渾沌死
崔云言不順自然強開耳目也

經典釋文卷第二十六

經典釋文卷第二十七

莊子音義中 外篇十五

唐國子博士兼太子中允贈齊州刺史吳縣開國男陸德明撰

莊子外篇駢拇第八 舉事以名篇

駢 步田反廣雅云並也李云併也 **拇** 音母足大指也司馬云駢拇謂足拇指連第二指也崔云諸指連大指也 **枝指** 如字三蒼云枝指手有六指也崔云音歧謂指有歧也 **而侈** 昌是反徐處豉反郭云多貌司馬云溢也崔云過也 **於德** 崔云德猶容也 **附贅** 章銳反廣雅云疣也釋名云橫生一肉屬著體也一云瘤結也 **縣** 音玄 **疣** 音尤 **而侈於性** 司馬云性人之本體也駢拇枝指附贅縣疣此四者各出於形性而非形性之正於衆人爲侈耳於形爲侈於性爲多故在手爲莫用之肉於足爲無施之指也王云性者受生之質德者全生之本駢枝受生而有不可多於德贅疣形後而生不可多於性此四者以況才智德行 **夫** 音符發句之端放此 **至治** 直吏反 **之分** 符問反後可以意求 **物皆有之** 之或作定

五藏才浪反後皆同黃帝素問云肝心脾肺腎爲五藏　淫僻本又作辟匹亦反徐敷赤反注及篇末同　於仁義之行下孟反崔云駢枝贅疣雖非性之正亦出於形不可去也五藏之情雖非道德之正亦列於性不可治也今設仁義之教以治五藏之情猶削駢枝贅疣也既傷自然之理更益其疾也　横

復扶又反徐篇末注皆同　至當丁浪反後皆放此　黼黻音甫下音弗周禮云白與黑謂之黼黑與青謂之黻　煌煌音皇廣雅云光也向崔本作𡏅向云馬氏音煌毛詩傳云皇皇猶煌煌也煌又音晃　非乎向云非乎言是也　離朱司馬云黃帝時人百步見秋豪之末一云見千里鍼鋒孟子作離婁　是已向云猶是也　五聲本亦作五音　師曠司馬云晉賢大夫也善音律能致鬼神史記云冀州南和八生而無目　擢德音濯司馬云拔也　簧鼓音黃謂笙簧也鼓動也

曾史曾參史鰌也曾參行仁史鰌行義　跖之石反　纍劣彼反　瓦危委反向同崔　竄

如字一云瓦當作丸　結繩云本云言小辯危辭若結繩之纍瓦也崔云聚無用之語如瓦之纍繩之結也

七亂反爾雅云微也一云藏也　句紀具反司馬云竄句謂邪說微隱穿鑿文句也一音鉤　敝本亦作斃

徐音婢郭父結反李步計反司馬云罷也**跬**徐丘婢反郭音屑向崔本作趌向丘氏反云近也司馬同李却垂反
云敝跬分用力之貌**譽**音餘**楊墨**崔李云楊朱墨翟也**容思**息嗣反**檮杌**
上徒刀反下音兀**此數**色主反下文此數音同**不爲跂**其知反崔本作枝音同或渠支
反**梟**音符**脛**形定反釋名云莖也直而長如物莖也本又作踁**鶴**戶各反**斷之**
丁管反下及注同**去憂**起呂反注去憂去甚同**意**如字下同亦作醫**齕**李音紇恨
發反齒斷也徐胡勿反郭又胡突反**啼**音提崔本作諦**蒿目**好羔反司馬云亂也李云蒿目快性
之貌**蒿令**力呈反下同**於難**乃旦反**後拯**拯救之拯**饕**吐刀反杜預注
左傳云貪財曰饕**𧾷喬𧾷肅**許橋反又五羔反字林云聲也崔云憂世之貌**屈**崔本作詘**折**之熱
反謂屈折支體爲禮樂也**呴**況於反李況付反本又作傴於禹反**俞**音臾李音喩本又作呴音詡謂呴喩
顏色爲仁義之貌**纆**音墨廣雅云索也**索**悉各反下同**連連**司馬云謂連續仁義遊道
德閒也**祇足**音支**使喪**息浪反下已喪同**以撓**而小反郭呼堯反又許羔反廣

雅云亂也又奴爪反 **功見** 賢遍反 **性與** 音餘此可以意消息後皆放此 **三代** 夏殷周也 **以上** 時掌反 **槃夷** 並如字謂創傷也依字應作瘢痍 **殉** 辭俊反徐辭倫反司馬云營也崔云殺身從之曰殉 **鶉** 音純又音敦 **𣪊** 戶豆反 **禿** 吐木反 **揮斥** 上音揮下音赤 **臧** 作郎反崔云好書曰臧方言云齊之北鄙燕之北郊凡民男而壻婢謂之臧女而婦奴謂之獲張揖云壻婢之子謂之臧婦奴之子謂之獲 **與穀** 如字爾雅云善也崔本作㝅云孺子曰㝅 **牧羊** 牧養之牧 **挾** 音協 **筴** 字又作策初革反李云竹簡也古以寫書長二尺四寸 **博塞** 悉代反塞博之類也漢書云吾丘壽王以善格五待詔謂博塞也 **首陽** 山名在河東蒲坂縣死謂餓而死 **東陵** 李云謂泰山也一云陵名今名東平陵屬濟南郡 **又惡** 音烏 **取君子小人於其閒哉** 崔本無小人於三字 **屬其** 郭時欲反謂係屬也徐音燭屬著也下皆同 **雖通如楊墨** 一本無此句 **俞兒** 音榆李式榆反司馬云古之善識味人也崔云尸子曰膳俞兒和之以薑桂爲人主上食淮南云俞兒狄牙嘗淄澠之水而別之一云俞兒黃帝時人狄牙則易牙齊桓公時識味

人也一云俞兒亦齊人淮南子一本作申兒疑申當爲臾　不累劣僞反後皆放此　舍己音捨

愧乎崔本作𥈭云𥈭愧同　之行下孟反注同　冥復音服　從容七容反

吹如字又昌僞反字亦作炊

馬蹄第九舉事以名篇

馬釋名云武也王弼注易云在下而行者也　蹄音提司馬云馬足甲也　禦魚呂反廣雅云敵也崔本作辟　齕恨發反又胡切反　翹祁饒反　足崔本作尾　而陸司馬云陸跳也字書作踛踛馬健也　駑音奴馬也　驥音冀千里善馬也　義許宜反又如字徐音儀崔本同一本作羲　臺崔云義臺猶靈臺也　路寢路正也大也崔云路寢正室　而惡烏路反　伯樂音洛下同伯樂姓孫名陽善馭馬石氏星經云伯樂天星名主典天馬孫陽善馭故以爲名　剔之敕歷反字林云剔也徐詩赤反向崔本作鬄向音郗　雒之音洛司馬云燒謂燒鐵以爍之剔謂剪其毛刻謂削其甲雒謂羈雒其頭也　羈居宜反廣雅云勒也　馽丁邑反徐丁立反絆也李音述本或作馵非也馽馵音之樹反司

馬向崔本並作纈向云馬氏音竦崔云絆前兩足也 **編之** 必然反 **阜** 才老反櫪也一云槽也崔云馬閑也 **棧** 士板反徐在簡反又士諫反編木作靈似牀曰棧以禦濕也崔云木棚也 **不治** 直吏反

騶 士救反 **橛** 向徐其月反司馬云銜也崔云鑣也 **飾** 徐音式司馬云排銜也謂加飾於馬鑣也

鞭 必然反 **筴** 初革反杜注左傳云馬檛也檛音竹瓜反 **陶** 道刀反謂窯也窯音弋消反

埴 徐時力反崔云土也司馬云埴土可以爲陶器尙向書傳云土黏曰埴釋名云埴職也職音之食反 **中**

規 丁仲反下皆同 **應繩** 應對之應後不音者放此 **揉曲** 汝久反 **撟** 居兆反 **拂** 房弗反 **去者** 羌呂反 **天放** 如字崔本作牧云養也 **填填** 徐音田又徒偃反質重貌崔云重遲也一云詳徐貌淮南作莫莫 **顛顛** 丁田反崔云專一也淮南作瞑瞑 **蹊** 徐音兮李云徑也 **隧** 徐音遂崔云道也 **連屬** **其鄉** 王云既無國異家殊故其鄉連屬 **混** 胡本反 **芒** 莫剛反 **淡** 徒暫反 **漠** 音莫 **遂長** 直丁丈反又直良反 **无吞** 敦恩反又音天 **攀** 本又作扳普班反 **援** 音袁廣雅云牽也引也 **闚** 去規反 **物馴** 似遵

反或音純　惡乎音烏　不離力智反注皆同　素樸普剝反　蹩步結反向崔本作弊音同　蘉本又作薛悉結反向崔本作殺音同一音素葛反　踶直氏反向崔音緹　跂上氏反一音吕氏反崔音技李云蹩蘉踶跂皆用心爲仁義之貌　澶本又作儃徒旦反又吐旦反向崔本作但音燀　漫武半反向崔本作曼音同李云澶漫猶縱逸也崔云但曼淫衍也一云澶漫牽引也　摘敕歷反又涉革反　辟匹壁反向音襞徐敷歷反李父歷反本或作僻音同李云糾擿邪辟而爲禮也一音婦赤反法也崔云擿辟多節　始分如字下分皆同　犧尊音羲尊或作樽司馬云畫犧牛象以飾樽也王肅云刻爲牛頭鄭玄云畫鳳皇羽飾尊婆娑然也音先河反　珪璋音章李云皆器名也銳上方下曰珪半珪曰璋　情性不離如字別離也　交頸頸領也居郢反又祁盈反　相靡如字李云摩也一云愛也　相踶大計反又徒兮反又徒祁反李云踶蹋也廣雅字韻聲類並同通俗文云小蹋謂之踶　馬　知李音智下同　衡扼於革反衡轅前橫木縛軛者也扼叉馬頸者也　月題徒兮反司馬崔云馬額上當顱如月形者也　介徐古八反　倪徐五圭反郭五第反李云介倪猶睥睨也崔云介出俾倪

也　闉音因　鷙徐敕二反郭音躓　曼武半反郭武諫反李云闉曲也鷙抵也曼突也崔云闉扼鷙曼距扼頓遲也司馬云言曲頸於扼以抵突也一云鷙曼旁出也　詭九彼反　銜尸中勒也或云詭銜吐出銜也　竊轡齧轡也崔云詭銜竊轡戾銜橛盜鞎轡也　態吐代反　赫本或作[艹/赤]呼白反　胥氏司馬云赫胥氏上古帝王也一云有赫然之德使民胥附故曰赫胥蓋炎帝也　含哺音步　縣企音玄　踶直氏反　跂丘氏反　好知呼報反下音智

胠篋第十舉事以名篇

胠李起居反史記作擠徐起法反一音虛之反司馬云從旁開爲胠一云發也　篋苦協反　探吐南反　囊乃剛反　匱其位反檻也　必攝如字李云結也崔云收也　緘古減反　縢向崔本作滕同徒登反崔云約也案廣雅云緘縢皆繩也　扃古熒反崔李云關也　鐍古穴反李云紐也崔云環舌也　知也如字又音智下同　揭徐其謁反又音桀三蒼云舉也擔也負也　擔丁甘反　而趨七須反李云走也　唯恐上用反　鄉之本又作向亦作鄉同許亮反　爲大

盜于僞反下及下注而爲同　積者如字李子賜反　罔罟音古罔之通名　耒力對反徐力猥反郭呂罪反李云耜也一云耜柄也　耨乃豆反李云鋤也或云以木爲鋤柄　所刺徐七智反　闔戶臘反　四竟音境下之竟同　治邑直吏反　屋周禮夫三爲屋　州五黨爲州二千五百家也　閭五比爲閭二十五家也　鄉五州爲鄉萬二千五百家也　田成子齊大夫陳恒也　一旦宋元嘉中本作一日　殺音試　齊君簡公也春秋哀公十四年陳恒殺之于舒州　而盜其國司馬云謂割安邑以東至瑯邪自爲封邑也　聖知音智下同　十二世有齊國自敬仲至莊子九世知齊政自太公和至威王三世爲齊侯故云十二世也　以守如字舊音狩　比干　剖普口反謂割心也崔本作節云支解也　萇直良反　弘胣本又作肔徐勑紙反郭詩氏反崔云讀若拖或作施字胣裂也淮南子曰萇弘鈹裂而死司馬云胣剔也萇弘周靈王賢臣也案左傳是周景王敬王之大夫魯哀公三年六月周人殺萇弘一云刳腸曰胣　子胥靡密池反司馬如字云縻也崔云爛之於江中也案子胥伍員也諫夫差夫差不從賜之屬鏤以死投之江也　焉得於虔反　故跖之石反

之藏才浪反又如字 知可如字本或作知可否 分均符問反又如字 无治直吏
反下文始治同 魯酒薄而邯音寒鄲音丹邯鄲趙國都也 圍楚宣王朝諸侯魯恭公後至而
酒薄宣王怒欲辱之恭公不受命乃曰我周公之胤長於
諸侯行天子禮樂勳在周室我送酒已失禮方責其薄無
乃太甚遂不辭而還宣王怒乃發兵與齊攻魯梁惠王常
欲擊趙而畏楚救楚以魯爲事故梁得圍邯鄲言事相由
也亦是感應宣王名熊良夫悼王之子恭公名奮穆公之
子許慎注淮南云楚會諸侯魯趙俱獻酒於楚王魯酒薄
而趙酒厚楚之主酒吏求酒於趙趙不與吏怒乃以
趙厚酒易魯薄酒奏之楚王以趙酒薄故圍邯鄲也 掊
普口反 擊徐古歷反 縱舍音捨注同 閑邪似嗟反 去華起呂反下注去欲去
其皆同 聖人已死則大盜不起向云事業日新新者爲生
故者爲死故日聖人已死
也乘天地之正御日新之變得實而 爭尚爭鬬之爭後皆同
損其名歸眞而忘其塗則大盜息矣
聖人不死大盜不止向云聖人不死言守故而不日新牽
名而不造實也大盜不止不亦宜乎
爲之斗斛以量之向云自此以下皆所以 權衡李云權稱
明苟非其人雖法無益

錘衡稱衡也錘音直僞反符璽音徙鐍之居表反竊鉤鉤謂帶也揭其謁
其列二反斧鉞音越能禁音今又居鴆反下不可禁同擿玉持赤反義與擲字同
崔云猶投棄之也郭都革反李云刻也殫音丹盡也鑠絕郭李詩灼反向徐音藥崔云燒斷之
也竽徐音于瑟本亦作笙塞瞽曠崔本塞作杜云塞也膠音交徐古孝反喪矣
息浪反攦郭呂係反又力結反徐所綺反李云折也崔云撕之也工倕音垂堯時巧者也一音睡
蜘音知蛛音誅蛣起一反蜣音羌之行下孟反鉗李巨炎反又其嚴反攘
如羊反之師本又作率同所類反不鑠朱灼反崔云不消壞也向音爚不僻匹亦
反爚徐音藥三蒼云火光銷也司馬崔云散也此數所主反容成氏司馬云此
十二氏皆古帝王驪徐力池反李音犂畜徐敕六反伏戲音義慊戶簟反
樂其音洛而不相往來一本作不相與往來檢元嘉中郭注本及崔向永和中本並無與字
至治直吏反注同頸如字李巨盈反贏音盈崔云裹也廣雅云負也糧音良而

趣 七于反徐七喻反 上好 呼報反注下皆同 弩 音怒 畢弋機變 李云兔網曰畢繳射曰弋弩牙曰機 之知 音智下及注并下知詐皆同 鉤餌 如志反 罔罟罾 音曾 笱 音鉤釣鉤也餌魚餌也廣雅云罟謂之罔罾魚網也爾雅云嫠婦之笱謂之罶 削 七妙反 格 古百反李云削格所以施羅網也 羅落罝 子斜反 罘 本又作罦音浮爾雅云鳥罟謂之羅兔罟謂之罝罬謂之罦罦覆車也郭璞云今翻車也 漸毒 李云漸漬之毒不覺深也崔云漸毒猶深害 頡 戶結反 滑 于八反頡滑謂難料理也崔云纏屈也李音骨滑稽也一云頡滑不正之語也 解 苦懈反 垢 苦豆反司馬崔云解垢隔角也或云詭曲之辭 每每 李云猶昏昏也 舍已 音捨下文同 上悖 李郭云必內反又音佩司馬云薄食也 下爍 失約反崔云消也司馬云崩竭也崔向本作櫟同徐音藥 中墮 許規反毀也 之施 始豉反 惴 本亦作蝡又作喘川兗反向音揣 耎 耳轉反崔云螺蠉蝡動蟲也一云惴耎謂無足蟲 肖翹 音消下音祁饒反崔云肖翹植物也李云翾飛之屬也 種種 向音章勇反李云謹愨貌一云淳厚也 而說 音悅下同 役役 李云鬼黠貌一云有為人

也　恬徒謙反　惔徒暫反徐大敢反　啍啍李之閏反又之純反郭音惇以己誨人之貌下同司馬云少智貌徐許彭反又許剛反向本作啍音亨崔本上句作啍啍少知而芒也一云啍啍壯健之貌

在宥第十一以義名篇

聞在宥音又寬也　則治直吏反下治亂同　欲惡烏路反　好欲呼報反

有治天下者哉崔本作有治天下者材失云強治之是材之失也　人樂音洛

恬徒謙反　瘁瘁在季反病也廣雅云憂也崔本作醉　愉音瑜徐音踰　故譽音餘

呲於如字司馬云助也一云弁也　思慮息嗣反　大過音泰　喬向欽消反或去夭反郭音矯李音驕　詰李去吉反徐起列反崔云喬詰意不平也　卓勑角反郭丁角反向音罩　鷙勑二反李豬栗反向豬立反又勑栗反崔云卓鷙行不平也　之行下孟反　能勝音升　匈音凶　而且如字徐子餘反　說明音悅下同　是悖必內反徐蒲沒反　是相息亮反助也下及注皆同　於技其綺反李音歧崔同云不端也　說知音智　於疵疾斯反

臠力轉反崔本作欒 卷卷勉反徐居阮反司馬云臠卷不申舒之狀也崔同一云相牽引也 獊音倉崔本作戕 囊如字崔云戕囊猶搶攘 乃復扶又反 而去起慮反 之邪崔本唯此一字作邪餘皆作咫 齊戒本又作齋同側皆反 跪其詭反郭音危 莅音利又音類 无解如字一音蟹散也 龍見賢遍反向崔本作晛向音見崔音晛 從容七容反 炊昌睡反又昌規反本或作吹同 累劣僞反司馬云炊累猶動升也向郭云如埃塵之自動也 崔瞿向崔本作臞向求朱反崔瞿人姓名也 老聃吐藍反 女慎音汝 攖於營反又於盈反司馬云引也崔云羈落也 排皮皆反崔本作俳 進上時掌反注及下同 其易以豉反 四殺如字徐所例反言四殺萬物也 淖昌略反又直角反 廉劌居衛反司馬云傷也廣雅云利也 琢丁角反 縣而天音玄向本無而字云希高慕遠故曰縣天 自見賢遍反下同 僨向粉問反廣雅云僨也郭音奔 驕如字又居表反郭云僨驕者不可禁之勢 股音古脛本曰股 胈畔末反向父末反李扶蓋反云白肉也或云字當作紱紱蔽膝也崔云胈脡也

脛刑定反　讙音歡　兜下侯反　崇山南裔也堯六十年放讙兜于崇山　投三苗崔本投作殺尚書作竄三苗者縉雲氏之子即饕餮也　三峗音危本亦作危三危西裔之山也今屬天水堯六十六年竄三苗于三危　共工音恭共工官名即窮奇也　幽都李云即幽州也尚書作幽州北裔也堯六十四年流共工于幽州　施及以智反崔云延也　大駭駭驚也　愈

粗音麤下同　愚知音智下及注同　好知呼報反注同　釿音斤本亦作斤　鋸音據　制焉釿鋸制謂如肉刑也　繩墨殺焉並如字崔云謂彈正殺之　椎直追反　鑿在洛反　決焉古穴反又苦穴反崔云肉刑故用椎鑿　脊脊音藉在亦反相踐藉也本亦作肴肴廣雅云肴亂也　以大山音泰亦如字　嵁苦巖反一音苦咸反又苦嚴反　巖音巖語銜反一音嵒語咸反

眩玄遍反　惡直烏路反　蕃徒音煩　殊死如字廣雅云殊斷也司馬云決也一云誅也字林云死也說文同又云漢令曰蠻夷長有罪當殊之崔本作殀死　相枕之鴆反　桁戶剛反司馬云脚長械也　楊向音陽崔云械夾頸及脛者皆曰桁楊　離力氏反又力智反　跂上氏

反又戉反上**攘**如羊反**桎**之實反**梏**古毒反**意**如字又音醫**无愧**崔本作醜**腐**音輔**方復**扶又反**椄**李如字向徐音變郭慈接反**槢**郭李音習向徐徒變反司馬云椄槢械楔音息節反崔本作䐑云讀爲牒或作謂字椄槢桎梏梁也淮南曰大者爲柱梁小者爲椄槢也**鑿**在洛反又在報反**枘**人銳反向本作內音同三蒼云柱頭枘也鑿頭廁木如柱頭枘**遠於**于萬反下同**而禦**魚呂反本又作御音同**焉知**於虔反**嚆矢**許交反本亦作嗃向云嗃矢矢之鳴者郭云矢之猛者字林云嗃大呼也崔本作蒿云蕭蒿可以爲箭或作矯矯梟也崔本此下更有有無之相生也則甚曾史與桀跖生有無也又惡得無相轂也凡二十四字**大治**直吏反**去**

其起呂反**廣成子**或云即老子也**空同**司馬云當北斗下山也爾雅云北戴斗極爲空同一日在梁國虞城東三十里**質也**廣雅云質正也**雲氣不待族而雨**司馬云族聚也未聚而雨言澤少**草木不待黃而落**司馬云言殺氣多也爾雅云落死也**益以**崔本作蓋以**佞人**如字郭音寧**翦翦**如字郭司馬云善辯也一曰佞貌李云淺短貌或云

狹小之貌　捐悅全反　閒居音閑下注同　復往扶又反　邀之古堯反要也

南首音狩　蹷其月反又音厥驚而起也　天下治直吏反　吾語魚據反下

同　女音汝後放此　窈窈烏了反　不邪似嗟反　我爲于僞反下同

物將自壯側亮反謂不治天下則衆物皆自任自任而壯也　之稱尺證反　百昌

司馬云猶百物也　當我如字　緡乎武巾反郭音泯泯合也　遠我于萬反　昏乎如字

晤也司馬云緡昏並無心之謂也　雲將子匠反下同李云雲主帥也　扶搖扶亦作夫音符

李云扶搖神木也生東海一云風也　鴻蒙如字司馬云自然元氣也一云海上氣也　拊孚甫反一

音甫　脾本又作髀音陛徐甫婢反又甫娣反　雀本又作爵同將略反　躍司馬云雀躍若雀浴也一云如雀之

跳躍也　倘尺掌反一音吐郎反李吐黨反司馬云欲止貌李云自失貌　贄之二反又豬立反又

魚列反李云不動貌　叟本又作傻素口反郭疏走反司馬云長者稱　不輟丁劣反李云止也

曰吁況于反亦作呼　鬱結如字崔本作綰音結　掉徒弔反　有宋如字國名

也本作宗者非同 止蟲 如字本亦作昆蟲崔本作正蟲 皆坐 才臥反 意 音醫本又作噫下皆同 鞅掌 於丈反毛詩傳云鞅掌失容也今此言自得而正也 之放 方往反效也注

僊僊 音仙 墮 許規反 涬 戶頂反又音幸 溟 亡頂反司馬云涬溟自然氣也 渾

渾 戶本反 沌沌 徒本反 不離 力智反下及注皆同 而惡 烏路反 因衆

以寧所聞 因衆人之所聞見委而任之則自寧安 不如衆技 其綺反 衆矣 若役我之知達衆人衆人之技多於我矣安得而不自困哉 此攬 音覽本亦作覽 僥 古堯反徐古了反字或作徼同 倖 音幸一云僥倖求利不止之貌 幾何 居豈反巨機反 不喪 息浪反下及注同

萬分 如字又扶問反 饕 吐刀反 盲 亡北反又亡報反 於嚮 許丈反本又作嚮注及下同 挈 苦結反廣雅云持也 撓撓 而小反 惡 音烏 足復 扶又反

則治 直吏反 匿而 女力反 中而不可不高者德也 中者順也順其性而高也 不易 以豉反下注同 應動 憶升反 物者莫足爲也

分外也**而不可不爲**分內也　**不與**音豫

天地第十二以事名篇

天地釋名云天顯也高顯在上也又坦也坦然高遠也地底也其體底下載萬物也禮統云天地者元氣之所生萬物之祖也易說云元氣初分清輕上爲天濁重下爲地　**其治**直吏反注同下官治幷注亦同

人卒尊忽反　**君原**原本也　**非邪也**似嗟反又作爲　**技也**其綺反注下同　**記曰**書名也云老子所作　**夫子**司馬云莊子也一云老子也此兩夫子曰元嘉本皆爲別章崔本亦爾　**覆載**芳富反　**洋洋**音羊又音詳　**不刳**口吳反又口侯反崔本作軒云寬悅之貌　**而去**起呂反　**循**音旬或作脩　**挫**作臥反　**韜**吐刀反廣雅云藏也　**沛**普貝反字林云流也　**物逝**崔本逝作啓云開也　**滂沛**普旁反　**不近**附近之近　**不樂**音洛　**縣解**上音玄下音蟹　**不以王**于況反下王德並同　**蛻然**始銳反又音悅　**漻**李良由反徐力蕭反廣雅下巧反云清貌　**非好**呼報反　**而知**

音智注同 **而供** 音恭本亦作恭 **確** 苦學反 **斯** 音賜又如字 **赤水** 李云水出崐崘山下 同 **還歸** 音旋 **玄珠** 司馬云道眞也 **使知** 音智注下皆同 **及索之** 所白反下同 **喫** 口懈反 **詬** 口豆反司馬云喫詬多力也 **王倪** 徐五兮反 **被衣** 音披 **要之** 一遥反注同 **坂** 本又作岌五急反又五合反郭李云危也 **給數** 音朔 **在去** 起呂反 **於強** 其丈反 **方且** 如字凡言方且者言方將有所爲也 **物絯** 徐戶隔反廣雅公才反云東也與郭義同今用廣雅音 **令應** 力呈反 **治亂** 直吏反注同 **之率** 色類反注同又色律反 **殺君** 音試本又作弑音同 **華** 胡化反又胡花反司馬云地名也 **封人** 司馬云守封疆人也 **曰嘻** 音熙 **請祝** 之又反又州六反 **女獨** 音汝後同 **鶉居** 音淳鶉居謂無常處也又云如鶉之居猶言野處 **鷇** 口豆反 **食** 爾雅云生哺鷇鷇食者言仰物而足也 **䖍閒** 音閑注同 **上僊** 音仙 **伯成子高** 通變經云老子從此天地開闢以來吾身一千二百變後世得道伯成子高是也 **闔** 本亦作盍胡臘反 **无落** 落猶廢也

俋俋徐於執反又直立反李云耕貌一云耕人行貌又音秩又於十反字林云勇壯貌　治成直吏反也

能閒閒廁之閒　不與音豫　侗音洞又音同　泰初易說云氣之始

有分符問反　无閒如字　留動留或作流　喙丁豆反又充芮喜穢二反

緡緡武巾反　夫子仲尼也　相方如字又甫往反本亦作放甫往反注同

強以其兩反　縣音玄　寓音宇司馬云辯明白若縣室在人前也　易見以豉反

技係其綺反　執留如字本又作貓音同一本作狸亦如字司馬云貓竹鼠也一云執留之狗謂有能故被留係成愁思也

猨音袁　狙七徐反　之便婢面反徐扶面反司馬云言便捷見捕

復何扶又反　將一本作蔣　閭力於反　葂字亦作菟音免又音晚郭音問將閭葂人姓名也一云姓將閭名葂或云姓蔣名閭葂也

季徹人姓名也蓋季氏之族　魯君或云定公　知

中丁仲反　不輯音集爾雅云和也又側立反郭思魚反　局局其玉反一云大笑之貌

螳蜋音堂郎　車軼音轍　不勝音升注同　自爲遽其據反本又作處

觀臺古亂反注同　覤覤許逆反又生責反或云驚懼之貌　汒若本或作芒武剛
反郭武蕩反　舉滅舉皆也　悶然音門　豈兄元嘉本作豈足　溟亡頂反
涬戶頂反　圃布戶反又音布園也李云菜蔬曰圃　畦戶圭反李云埒中曰畦說文云五十畝曰畦
隧音遂李云道也　甕烏送反字亦作瓮　搰搰苦骨反徐李苦滑反郭忽滑反用力貌一
音胡沒反　有械戶戒反字林作械李云器械也　浸子鴆反司馬云灌也　卬而音仰本又
作仰　挈水口節反　若抽敕留反李云引也司馬崔本作流　數如所角反徐所錄反　泆
湯音逸本或作溢李云疾速如湯沸溢也司馬本作佚蕩亦言其往來數疾如佚蕩佚蕩唐佚也　槔本又
作橋或作皋同音羔徐居橋反司馬李云桔槔也　吾師謂老子也　瞞武版反又亡安反字林云
目背平貌李天典反慙貌一音門又亡干反司馬本作憮音武崔本作撫　於于並如字本或作唹吁音同
司馬云夸誕貌一云行仁恩之貌　以蓋衆司馬本蓋作善　隓許規反　无乏乏廢也
卑陬走侯反徐側留反李云卑陬愧懼貌一云顏色不自得也　頊頊本又作旭旭許玉反李云

自失貌　向之許亮反本又作鄉音同後放此　復有扶又反　夫人音符下夫人同

汒乎莫剛反　之心心或作道　譽之音餘下同　謷然五羔反司馬本作警

儻然本亦作黨司馬本作儻同勑蕩反郭吐更反　渾胡本反　沌徒本反　背今音佩

之易以豉反　諄郭之倫反又述倫反　芒本或作汒武剛反李云望之諄諄察之芒芒故曰諄芒一云姓名也或云霧氣也

大壑火各反李云大壑東海也　苑風本亦作宛徐於阮反李云小貌謂遊世俗也一云苑風人姓名一云扶搖大風也

之濱音賓　酌焉一本作取焉

橫目之民李云倮蟲之屬欲令其治之也　願聞本或依司馬本作問下同　聖治直吏反下皆同

官施始支反又始智反司馬云施政布教各得其宜　手撓而小反又而了反司馬云動也一云謂指麾四方也

顧指如字向云顧指者言指麾顧眄而治也或音頤本亦作頤以之反謂舉頤指麾也

美惡烏路反　慆乎音超字林云悵也徐尺遙反郭音條　儻乎敕黨反司馬本作儻

德人之容羊凶反或云依注當作客　天地樂音洛注同　銷亡徐音消

混冥胡本反　門无鬼司馬本作无畏云門姓无畏字也　赤張滿本或作蒲稽

古兮反李云門赤張氏也无鬼滿稽名也　均治直吏反下及注均治並同　之與音餘本又作邪

復何扶又反下章注同　瘍音羊李云頭創也言創以喻亂求虞氏藥治之司馬云疕瘍也

患創初良反　禿吐木反　髢大細反司馬云髲也又吐帝反郭音毛李云髢髮也　操

藥七刀反　燋然將遙反又音樵　如標方小反徐方遙反又方妙反言樹杪之枝無心在上

也　校胡孝反李音較一本作枝　蠢郭處允反動也　无傳丈專反　不諛羊朱反郭

貽附反　不諂敕檢反　不肖音笑　之道音導下同　豈有背音佩

則勃步忽反　謂己諛人本又作衆人下同司馬云衆人凡人也　則佛符弗反郭敷謂

反　相坐才臥反注同　與夫音符　不解音蟹又佳買反　不靈本又作無

靈司馬云靈曉也　祈嚮許亮反司馬云祈求也　大聲司馬云謂咸池六英之樂也　折

楊之列反　皇荂況于反又撫于反本又作華音花司馬本作里華　嗑然許甲反李云折楊皇

華皆古歌曲也嗑笑聲也本又作謚烏邈反司馬本作榼　**嘖曲**仕責反本又作嗑　**以二缶**

鍾缶應作垂鍾應作踵言垂腳空中必不得有之適也司馬本作二垂鍾云鍾注意也　**所適**司馬云至

也　**而強**其丈反下注同　**比憂**毗志反司馬本作鼻云始也　**趣令**力呈反下同

令解音蟹　**厲**音賴又如字　**遽**巨據反本或作蘧音同　**汲汲**音急　**苛**

役音河　**儀**音義又素河反　**其斷**徒亂反下同本或作故　**困**如字本或作悃音同　**慢**

子公反郭音俊又素奉反李云困慢猶刻賊不通也　**中**丁仲反　**穎**桑蕩反　**濁口**本又作噣音同

滑心李音骨本亦作嗢　**離**力智反　**跂**上豉反　**鷸**尹必反徐音述本又作鷸音同

鳥名也一名翠似燕紺色出鬱林取其羽毛以飾冠　**笏**音忽　**紳**音申帶也　**柴柵**楚格反郭音策

外重直龍反　**纆**音墨　**繳**音灼郭古弔反　**睆睆**環版反又戶鰥反李云窮視貌一云眼目貌

交臂歷指司馬云交臂反縛也歷指猶歷樓貌　**檻**戶覽反

天道第十三以義為名

无所積積謂滯積不通　六通謂六氣陰陽風雨晦明　四辟毗赤反謂四方開也　脄音妹　淡徒暫反　鐃心乃孝反又女交反一音而小反　中準丁仲反　大匠或云天子也　淡徒暫反　巍巍魚歸反　不與音預　俞俞羊朱反廣雅云喜也又音喻　從容七容反　南鄉許亮反本亦作嚮　素王往況反注同　而閒音閑　人樂音洛下同　鼇子兮反　爲戾力計反暴也　長於丁丈反章末同　天樂音洛章內同　而王往況反注及下王天同　祟雖遂反徐息類反李云禍也　畜天許六反注同　知雖音智下愚知同　自說音悅　咎音羔　繇音遙　明斷丁亂反　本在於上末在於下李云本天道末人道也　之辟毗赤反　比詳毗志反下同一音如字云比校詳審　治之直吏反下治之至注至治之道同　衰音崔　經田結反　隆殺所界反　長先而少詩照反　萌區曲俱反　朝廷直遙反　原省所景反原除省廢也　必分方云反　知謀音智　大平音泰　迕

道音悟司馬云橫也**而說**徐音悅又如字**不敖**五報反**雨施**始豉反**膠膠**交卯反司馬云和也**擾擾**而小反司馬云柔也案如注意膠膠擾擾動亂之貌**之王**往況反**藏書**司馬云藏其所著書也**徵藏**才浪反司馬云徵藏藏名也一云徵典也**史**藏府之史**老聃**吐甘反或云老聃是孔子時老子號也**免而歸**言老子見周之末不復可匡所以辭去也**繙**敷袁反徐又音盤又音煩司馬煩冤也**十二經**說者云詩書禮樂易春秋六經又加六緯合爲十二經也一說云易上下經幷十翼爲十二又一云春秋十二公經也**以說**如字又始銳反絕句**老聃中**丁仲反**其說**如字絕句**曰大**音泰徐敕佐反**謾**末旦反郭武諫反**中心物**本亦作勿**愷**開待反司馬云樂也**曰意**於其反司馬云不平聲也下同**幾乎**音機司馬本作頎云頎長也後言長也**迂乎**音于**牧乎**司馬云牧養也**放德**方往反**偈偈**居謁反又巨謁反或云用力之貌**揭仁**其謁反又音桀**士成綺**如字又魚紙反士成綺人姓名也**願見**賢遍反下同**百舍**司馬云百日止宿也**重**直龍反**趼**古顯反司馬云胝也

胝音陟其反許慎云足指約中斷傷爲胝　**餘蔬**所居反又音所司馬云蔬讀曰糈糈粒也鼠壤內有遺餘之粒穢惡過甚也一云如鼠之堆壤餘益蔬外也　**棄妹**一本作妹之老　**不仁**釋名云妹末也謂末學之徒須慈誘之乃見棄薄不仁之甚也　**生熟**司馬云生膾也一云生熟謂好惡也　**而積**子亦反李子賜反　**斂**力檢反李狸豔反　**復見**扶又反　**有刺**于賜反　**正卻**去逆反或云息也　**夫巧**苦敎反又如字　**知**音智　**爲脫**徒活反注同　**毀譽**音餘下同　**容行**如字　**顙頯**上息黨反下去軌反本又作顯如字司馬本作題　**闞**郭許覽反又火斬反又火暫反　**虓**火交反　**豁**火括反　**踶**直氏反　**跂**去氏反　**邊竟**音境　**有人焉其名爲竊**邊垂之人不聞知禮樂之正縱有言語偶會墳典皆是竊盜所得其道何足語哉司馬云言遠方嘗有是人　**奮棅**音柄司馬云威權也李丑倫反一本作棟　**言傳**丈專反後同　**爲其**于僞反　**知者**如字下同或並音智　**去尚**起呂反　**桓公**李云齊桓公也名小白　**輪扁**音篇又符殄反司馬云斲輪人也名扁　**斲**陟角反　**椎**直追反

而上時掌反糟音遭李云酒滓也魄普各反司馬云爛食曰魄一云糟爛爲魄本又作粕音同許慎云粕已漉麤糟也或普白反謂魂魄也巳夫音符絕句或如字甘如字又音酣司馬云甘者緩也苦者急也有數李云色注反數術也人與如字又一音餘可傳直專反注同

天運司馬作天員第十四以義名篇

其運爾雅云運徙也廣雅云轉也推而如字一音吐回反司馬本作誰緘古咸反徐古陷反司馬本作咸云引也爲雨于僞反下及注同隆施音弛式氏反淫樂音洛又音獄而勸司馬本勸作倦云讀曰隨言誰無所作在隨天往來運轉無巳也有上時掌反彷徨薄皇反徨音皇司馬本作㚖皇云㚖皇飂風也噓音虛吸許急反披芳皮反拂芳弗反郭扶弗反披拂風貌司馬本作翇巫咸袑赤遙反郭音條又音紹李云巫咸殷相也袑寄名也吾語魚據反女音汝後皆同六極司馬云四方上下也商大音泰下文大息同宰蕩司馬云商宋也大宰官也蕩蕩字也府藏才浪反蕩聞之一本蕩作盈崔

本同或云盈大宰字　郢以井反又以政反楚都也在江陵北　冥山司馬云北海山名　愈

遠于萬反　孝易以豉反下皆同　濡沫音末　孝弟音悌　并焉必領反棄

除也注同　去華起呂反　北門成人姓名也　洞庭徒送反　之懼如字

或音句下同一本作儽音況縳反案說文懼是正字儽古文　復聞扶又反下注同　徵之如字古本

多作徽　大清音泰　迭起大節反一本作遞大計反　循生似倫反　蟄蟲

沈執反郭音執爾雅云靜也　霆音廷又音挺徒佞反電也　一僨方問反司馬云什也　在

阬苦庚反爾雅云虛也　塗郤去逆反與隙義同　其兌徒外反　爲量音亮

不離力智反　儻敕黨反一音敞　倚於於綺反　槁古老反　目知音智

齊限才細反　委於危反徐如字　蛇以支反又作施徐音絁　叢生才公反　林

樂音洛亦如字　布揮音輝廣雅云振也　於窈烏了反　稽於古兮反

心說音悅注同　焱氏必遙反本亦作炎　苞裹音包本或作包　祟雖遂反

師金李云師魯大師也金其名也　之行下孟反　芻狗李云結芻爲狗巫祝用之也

盛音成下同　篋苦牒反本或作筐　衍延善反郭怡面反李云笥也盛狗之物也司馬云合也

齊戒側皆反本亦作齋　蘇者李云蘇草也取草者得以炊也案方言云江淮南楚之間謂之蘇史

記云樵蘇後爨注云蘇取草也　爨之七丸反　將復扶又反　必且如字徐子餘反

數音朔　眯李音米又音美字林云物入眼爲病也司馬云厭也音一琰反　推之郭吐回反又如字下同

同　陸與音餘下同　今蘄音祈求也　无方之傳直專反下注同司馬云方常也

桔音結　槔音羔　於治直吏反注同　相側加反　柚由救反　猨狙上音袁下

七餘反　而衣於既反　齕音紇　挽音晚　盡去起呂反　慊苦牒

反李云足也本亦作嗛音同　而矉徐扶真反又扶人反通俗文云蹙頞曰矉　其里句絕　捧

心數勇反郭音奉　挈苦結反　之沛音貝司馬云老子陳國相人相今屬苦縣與沛相近

惡乎音烏下同　名公器也釋名云名鳴也公平也器用也尹文子云名有三科一曰命物之名

方圓是也二曰毀譽之名善惡是也三曰況謂之名愛憎是也今此是毀譽之名也 **蘧**音渠司馬郭云蘧廬

猶傳舍也 **覯**古豆反見也遇也 **之虛**音墟本亦作墟 **苟簡**王云苟且也簡畧也司馬

本簡作間云分別也 **不貸**敕代反司馬云施與也 **之圃**音補 **易養**以豉反注同

以爲物于僞反 **操之**七刀反 **舍之**音捨注同 **喪**息浪反 **湮者**

音因李云塞也亦滯也郭音煙又烏節反司馬本作歅疑也簡文作甄云隔也 **天門**一云謂心也一云大

道也 **播**甫佐反又彼我反 **穅**音康字亦作康 **蚊**音文字亦作蟁 **虻**音盲字亦作蝱 **噆**子盍

反郭子合反司馬云齧也 **通昔**昔夜也 **憯然**七感反 **乃憤**扶粉反本又作憒古內反

亦放方往反 **風而動**司馬云放依也依無爲之風而動也 **易持易行**並以豉反

傑然郭居竭反又居謁反巨竭反 **夫揭**其列反其謁二反 **鵠**本又作鶴同胡洛反

日黔巨淹反徐其金反司馬云黑也 **之觀**古亂反司馬本作讙 **泉涸**胡洛反 **相**

呴況付反又況于反 **相濡**如主反又如瑜反 **以沫**音末 **相忘**並如字 **不**

談本亦作不言　嗋許劫反合也　龍見賢遍反　賜亦本亦作賜也　倨
堂居慮反踑也　夫三王本或作三皇依注作王是也餘皆作三皇　余語魚據反下同
則強其丈反　爲其于僞反　殺其殺並所戒反降也注同　孕以證反
孩亥才反說文云笑也　別人彼列反下同　爲種章勇反注同　大駭胡楷
反　復言扶又反　之知音智下同　上悖補對反　下睽苦圭反又音圭
乖也　中墮許規反　之施式豉反　憯於七感反　蠆敕邁反又音例本亦作厲
郭音賴又敕介反　蠆許謁反或敕邁反或云依字上當作蠆下當作蠍通俗文云長尾爲蠆短尾爲蠍
鮮規之獸李云鮮規明貌一云小蟲也一云小獸也　蹵蹵子六反　奸音干三蒼云犯
也　鉤用鉤取　甚矣夫音符篇末同　難說始銳反　治世直吏反
白鶂五歷反三蒼云鶬鶂也司馬云鳥子也　之相視眸茂侯反　子不運而風
化司馬云相待風氣而化生也又云相視而成陰陽　蟲雄鳴於上風雌應於下風

而化一本作而風化司馬云雄者黿類雌者鼈類 類自爲雌雄故風化或說云方之物類猶如草木異種而同類也山海經云亶爰之山有獸焉其狀如狸而有髮其名曰師類帶山有鳥其狀如鳳五采文其名曰奇類皆自牝牡也 可勝音升 可壅於勇反 復見扶又反下賢遍反又如字 烏鵲孺如喻反李云孚乳而生也 魚傅音附又音付本亦作傅直專反 沫音末司馬云傳沫者以沫相育也一云傳口中沫相與而生子也 細要一遙反 者化蜂之屬也司馬云取桑蟲祝使似己也案即詩所謂螟蛉有子果蠃負之是 舍音捨 長張丈反

刻意第十五以義名篇

刻意司馬云刻削也峻其意也案謂削意令峻也廣雅云意志也 尚行下孟反 離世力智反 高論力困反 怨誹非謂反徐音非李云非世無道怨己不遇也 爲亢苦浪反李云窮高曰亢 枯槁苦老反 赴淵司馬云枯槁若鮑焦介推赴淵若申徒狄 所好呼報反下及注皆同 爲治直吏反下同 此朝直遙反 藪素口反 處閒音閑下同

鮒魚本亦作鮒同彫叫反 吹呴況于反字亦作煦 呼吸許及反 吐故納新李云吐故氣納新氣也 熊經如字李古定反司馬云若熊之攀樹而引氣也 鳥申如字郭音信司馬云若鳥之嚬呻也 道引音導下同李云導氣令和引體令柔 此數所主反 僅其靳反 焉能於虔反 澹大暫反徐音談 然一本作澹而 百行下孟反下及篇末百行同 恬惔大暫反徐音談下皆同 質也質正也 而喪息浪反下同 人休虛求反息也下及注同 平易以豉反下及注皆同 无難乃旦反下同 邪氣似嗟反下同 蚖然音悅又始銳反 去知起呂反 其覺古孝反 粹雖遂反 不罷音皮 悲樂音洛下同 好惡烏路反 於忤五故反 確苦角反 纖介音界 干越之劍司馬云干吳也吳越出善劍也李云干谿越山出名劍案吳有谿名干谿越有山名若耶並出善鐵鑄爲名劍也 柙而戶甲反 下蟠音盤郭音煩 倩乎七練反 之觀古喚反 鞟苦郭反

繕性第十六以義名篇

繕善戰反崔云治也或云善也　性性本也　滑音骨亂也崔云治也　思以李息吏反注役思同　方復扶又反下無復雖復同　必離力智反下文同　去欲起呂反　治道如字又直吏反　養知音智下以意求之　樂也音洛注同　信行下孟反注同下以行小行注行者行立皆放此　徧音遍　不冒莫報反崔云覆也　在混胡本反　芒莫剛反崔云混混芒芒未分時也　澹徒暫反　不擾而小反　燧人音遂　與治直吏反　濞古堯反本亦作澆　醇亦本作淳音純　之稱尺證反　心與心識如字衆本悉同向本作職云彼我之心競爲先職矣郭注既與向同則亦當作職也　博溺乃瀝反郭奴學反　世喪息浪反下及注皆同　弗見賢遍反　祇所音支　淡大暫反　泊音薄　危然如字郭云獨正貌司馬本作佹云獨立貌崔本作垝音如累垝之垝垝垝然自持安固貌　於坦敕但反　塊然苦對反　樂全音洛注下皆同　儻來吐黨反崔本作

黨云衆也　**可圉**魚呂反本又作禦　**不爲**于僞反下同　**倒置之民**崔云逆其性命而不順也向云以外易內可謂倒置

秋水第十七借物名篇

秋水李云水生於春壯於秋白虎通云水準也　**灌河**古亂反　**涇流**音經司馬云涇通也崔本作徑云直度曰徑又云字或作涇　**兩涘**音俟涯也　**渚**司馬云水中可居曰渚釋名云渚遮也體高能遮水使從旁回也　**崖**字又作涯亦作厓並同　**不辯牛馬**辯別也言廣大故望不分別也　**爲盡**津忍　**河伯**姓馮名夷一名冰夷一名馮遲已見大宗師篇一云姓呂名公子馮夷是公子之妻

反　**北海**李云東海之北是也　**面目盳**莫剛反又音旁又音望本亦作望　**洋**音羊司馬崔云盳洋猶望羊仰視貌　**向若**向徐音嚮許亮反司馬云若海神　**聞道百**李云萬分之一也　**今我睹**舊音覩案說文睹今字覩古字睹見也崔本作今睹我云睹示也　**大方之家**司馬云大道也　**理分**扶問反後同　**以語**如字下同　**於虛**音墟本亦作墟風俗通云

墟虛也崔云拘於井中之空也　夏蟲戶嫁反　曲士司馬云鄉曲之士也　尾閭崔云海東川名司馬云泄海水出外者也　泄之息列反又與世反　量數音亮注及下同　而縣音玄下同　怏然於亮反又於良反　之竟音境　罍力罪反向同崔音壘李力對反　空音孔罍孔小穴也李云小封也一云蟻冢也　稊米徒兮反司馬云稊米小米也李云稊草也案郭注爾雅稊似稗稗音蒲賣反　大倉音泰　人卒尊忽反司馬云衆也崔子恤反云盡也　五帝之所連司馬云謂連續仁義也崔云連續也本亦作五帝　所爭側耕反　任士之所勞李云任能也勞服也　證嚮許亮反崔云往也向郭云明也又虛丈反　掇專劣反郭云短也　而不跂如字一本作企下注亦然　坦吐但反　不說音悅　不愕五各反　舍故音捨　之倪五厓反徐音詣郭五米反下同　垺李普回反徐音孚謂盛也郭芳尤反崔音裒　之殷殷衆也　異便婢面反徐扶面反注皆同　精粗七胡反下同　能分如字　不能論本或作論　爲利于偽反　故措七故反　行殊

下孟反下堯桀之行同 **辟異**匹亦反 **无己**音紀 **惡至**音烏下同 **其稱**
尺證反 **可勝**音升 **自為**于僞反注內自為相為皆同餘如字 **之噲**音快又古邁反
又古會反之者燕相子之也噲燕王名也司馬云燕王噲拙於謀用蘇代之說效堯舜讓位與子之三年而國亂
而王往況反 **白公**名勝楚平王之孫白縣尹僭稱公作亂而死事見左傳哀公十六年 **梁**
麗司馬李音禮一音如字司馬云梁麗小船也崔云屋棟也 **窒**珍悉反爾雅云塞也崔李同說文都節反
騏音其 **驥**音冀 **驊**戶花反 **騮**音留李云騏驥驊騮皆駿馬也 **捕**音步本又作搏徐音付
狸力之反 **狌**音姓向同又音生崔本作鼬由又反 **殊技**其綺反 **鴟**尺夷反崔云鴟
鵂鶹與委梟同 **夜撮**七括反崔本作最音同 **蚤**音早說文跳蟲齧人者也淮南子鴟夜聚蚤察分豪
末許慎云鴟夜聚食蚤蝨不失也司馬本作蚉音文云鴟鵂鶹夜取蚤食今郭本亦有作蚤者崔本本作爪云鵂鶹夜
聚人爪於巢中也 **瞋**尺夷反向處辰反司馬云張也崔音眩又師慎反本或作瞋 **師是**或云
師順也 **師治**直吏反注皆同 **不舍**音捨下同 **篡夫**初患反取也下如字 **女**

惡 音汝後放此下音烏

反衍 如字又以戰反崔云無所貴賤乃反爲美也本亦作畔衍李云猶漫衍合爲一家

反覆 芳服反

與道大蹇 向紀輦反徐紀偃反本或作與天道蹇崔本蹇作浣云猶洽也

謝施 如字司馬云謝代也施用也崔云不代其德是謂謝施

參 初林反

差 初宜反

嚴乎 魚檢反又如字

繇繇 音由

泛泛 孚劒反字又作汎

畛 之忍反

域 于逼反舊于目反

令去 力呈反

五藏 才浪反

其薄 如字崔云謂以體著之

之行 如字

蹢 丈益反又持革反

躅 丈緑反又音濁

屈伸 音申

反要 於妙反

夔 求龜反一足獸也李云黃帝在位諸侯於東海流山得奇獸其狀如牛蒼色無角一足能走出入水即風雨目光如日月其音如雷名曰夔黃帝殺之取皮以冒鼓聲聞五百里

憐 音蓮

蚿 音賢又音玄司馬云馬蚿蟲也廣雅云蛆渠馬蚿

蚿憐蛇蛇憐風風憐目目憐心 司馬云夔一足蚿多足蛇無足風無形目形綴於此明流於彼心則質幽爲神遊外

趻 勅甚反郭菀減反一音初稟反

卓 本亦作踔同勑角反李云趻卓行貌

唾 吐臥反

噴 普悶反又芳奔反又孚問反

如霧

音務郭武貢反　可勝音升　悗然亡本反　蓬蓬步東反徐扶公反李云風貌

鰌音秋李云藉也藉則削也本又作䠓子六反又七六反迫也　折大之舌反　蜚大音飛

又扶貴反　孔子遊於匡宋人圍之數色主反　匝子合反司馬云宋當作衛匡衛邑也衛人誤圍孔子以爲陽虎虎嘗暴於匡人又孔子弟子顔剋時與虎俱後剋爲孔子御至匡匡人共識剋又孔子容貌與虎相似故匡人共圍之　不惙本又作輟同丁劣反　入見賢遍反　吾語魚據反

蛟音交　漁父音甫　兒徐履反　大難乃旦反　閒堂音閑

无幾居起反　將甲如字本亦作持甲　公孫龍問於魏牟司馬云龍趙人牟魏之公子　少學詩照反　長而張丈反　之行下孟反　之知音智

汒焉莫剛反郭音莽　論之力困反　及與音余下句放此　所開如字本亦作闕兩通本或作閡　吾喙許穢反又昌銳反　隱机於靳反　大息音泰　埳井音坎郭音陷

之鼃本又作蛙戶媧反司馬云埳井壞井也鼃水蟲形似蝦蟇　之鱉必滅反字

亦作鼃　**吾樂**音洛下之樂大樂同　**跳**音條　**井幹**古旦反司馬云井欄也褚詮之音西京賦作韓音　**甃**側救反李云如闞以塼爲之著井底闌也字林壯謬反云井甓也　**赴水**如字司馬本作踣云赴也　**蹶**其月反又音厥　**泥則沒足滅跗**方于反郭音附司馬云滅沒也跗足跗也李云言踊躍於塗中　**還**音旋司馬云顧視也　**虷**音寒井中赤蟲也一名蜎爾雅云蜎蠉郭注云井中小蛣蟩赤蟲也蜎音求兖反蠉音況兖反蛣蟩音吉厥　**蟹**戶買反　**科斗**苦禾反科斗蝦蟇子也　**夫擅**市戰反專也　**一壑**火各反　**已縶**豬立反司馬云拘也三蒼云絆也　**非樂**音岳又五教反　**逡**七旬反　**九潦**音老　**弗爲**于僞反下同　**頃久**司馬云猶早晚也　**適適**始赤反又丈革反郭菟狄反　**規規**如字又虛役反李徐紀睡反適適規規皆驚視自失貌　**之竟**音境後同　**蚉**音文　**商蚷**音渠郭音巨司馬云商蚷蟲名北燕謂之馬蚿一本作蜄徐市軫反　**不勝**音升　**可強**其丈反　**方跐**音此郭時紫反又側買反廣雅云蹋也蹈也履也司馬云測也　**大皇**音泰　**奭然**音釋　**四解**戶買反　**索之**

所白反　**壽陵餘子**司馬云壽陵邑名未應丁夫為餘子　**邯**音寒　**鄲**音丹邯鄲趙國都也

匍音蒲又音符　**匐**蒲北反又音服　**口呿**起據反司馬云開也李音袪又巨劫反　**濮**

水音卜陳地水也　**楚王**司馬云威王也　**先焉**先謂宣其言也　**巾笥**息嗣反或音司　**而**

藏之李云藏之以笥覆之以巾　**惠子相**息亮反下同　**梁**相梁惠王　**子恐**上勇反

捜字又作搜或作廋所求反李悉溝反云索也說文云求也　**鵷**於袁反　**鶵**仕俱反李云鵷鶵鸞鳳之

屬也　**醴泉**音禮李云泉甘如醴　**嚇**本亦作呼同許嫁反又許伯反司馬云嚇怒其聲恐其奪己也

詩箋云以口拒人曰嚇　**嗜**時志反　**好**呼報反　**豪梁**本亦作濠音同司馬云濠水名也石

絕水曰梁　**鯈魚**徐音條說文直留反李音由白魚也爾雅云鮂黑鰦郭注即白鯈也一音篠謂白鯈魚也

從容七容反　**魚樂**音洛注下皆同　**以難**乃旦反　**方復**扶又反

其處昌慮反

至樂音洛**第十八**以義名篇

至樂音洛篇內不出者皆同至極也樂歡也　奚惡烏路反　惛惛音昏又音門

蹲七旬反郭音存又趣允反　循音旬又音脣　勿爭爭鬭之爭下同　誙誙戶耕反徐苦耕反又胡挺反李云趣死貌崔云以是爲非以非爲是爲誙誙本又作脛脛　鏗苦耕反　鎗七羊反　近乎附近之近　芒乎李音荒又呼晃反下同　芴乎音忽下同　萬物職職司馬云職職猶祝祝也李云繁殖貌案爾雅職職主也謂各有主而區別　箕踞音據　瓮謂瓦缶也　長子丁丈反　无槩古代反司馬云感也又音骨哀亂貌　巨室巨大也司馬云以天地爲室也

噭噭古弔反又古堯反　將令力呈反　支離叔與滑音骨崔本作滑　介音界　叔李云支離忘形滑介忘智言二子乃識化也　冥伯之丘李云丘名喻杳冥也　崐崘力門反　之虛音墟　所休休息也　左肘竹九反司馬本作胕音趺云胕足上也

蹷蹷紀衛反動也　惡之烏路反後皆同　垢也音苟　之竟音境　髑音獨

髏音樓　髐苦堯反徐又許堯反李呼交反司馬李云白骨貌有枯形也　撽苦弔反又古的反說文作

孳云旁擊也　**馬捶**揣棻反又之睡反馬杖也　**傀遺**唯季反　**涷**丁貢反　**餧**奴罪

反　**援**音袁　**枕而**針鴆反　**見夢**賢遍反　**從然**七容反從容也李徐于用

反縱逸也　**復生**音服又扶又反　**深矉**音頻　**蹙**本又作顰又作蹴同子六反　**頞**於葛反李

云矉頞者愁貌　**而復**扶又反　**褚小**豬許反　**綆**格猛反汲索也　**汲**居及反

所適適或作通　**皇帝**謂三皇五帝也司馬本作黃帝　**而重**直用反　**舍內**

音捨　**且女**音汝後同　**海鳥**司馬云國語曰爰居也止魯東門之外三日臧文仲使國人祭之不

云魯侯也爰居一名雜縣舉頭高八尺樊光注爾雅云形似鳳皇　**御而**音訝　**觴**音傷　**于廟**

司馬云飲之於廟中也　**九韶**常遙反舜樂名　**眩**玄遍反司馬本作玄音眩　**視**如字徐市至反

臠里轉反　·**壇**大丹反司馬本作澶音但云水沙澶也　**食之**音嗣　**鰷**音條又音

攸李徐由反一音由　**隨行**戶剛反　**委**於危反　**蛇**以支反又如字　**譊譊**乃交反

咸池堯樂名　**之樂**如字　**人卒**寸忽反司馬音子忽反云衆也　**還而**音患又旋

面反**其好**呼報反**道從**如字司馬云從道旁也本或作徒**攓**居輦反徐紀偃反又
起虔反司馬云拔也或音厥**蓬**步東反徐扶公反**若果**一本作汝果元嘉本作汝過**養**司馬
本作暮云死也**予果**元嘉本作子過**歡乎**司馬本作讙云呼聲謂生也**種**章勇反注同
有幾居豈反**可勝**音升**得水則爲㡭**此古絕字徐音絕今讀音繼司馬本作繼**得水土之際則爲鼃**戶媧
云萬物雖有兆朕得水土氣乃相繼而生也本或作斷又作續斷
反**蠙**步田反徐扶賢反郭父因反又音賓李婢軫反**之衣**司馬云言物根在水土際布在水中就水上視
不見按之可得如張緜在水中楚人謂之鼃蠙之衣**生於陵屯**司馬音徒門反云阜也郭音純**則爲**
陵舄音昔司馬云言物因水成而陸產生於陵屯化作車前改名陵舄也一名澤舄隨燥溼變也然不知其祖
言物化無常形也人之死也亦或化爲草木草木之精或化爲人也**陵舄得鬱栖則爲烏足**
司馬云鬱栖蟲名烏足草名生水邊也言鬱栖在陵舄之中則化爲烏足也李云鬱栖糞壤也言陵舄在糞化爲烏
足也**烏足之根爲蠐**音齊**螬**音曹司馬本作螬蠐云蝎也**其葉爲胡蝶**音牒司馬

云胡蝶蛺蝶也草化爲蟲蟲化爲草未始有極胡蝶胥也一名胥化而爲蟲生於竈

下司馬云得熱氣而生也其狀若脫它括反司馬音悅云新出皮悅好也其名爲鴝其俱

反掇丁活反鴝掇千日爲鳥其名爲乾餘骨乾音干乾餘骨之

沫音末李云口中汁也爲斯彌李云蟲也斯彌爲食如字司馬本作蝕醯許兮反李音海

司馬云蝕醯若酒上蠛蠓也蠛音眠結反蠓音無孔反頤以之反輅生乎食醯輅音路一音洛

黃軦音況徐李休往反司馬云頤輅黃軦皆蟲名生乎九猷音由李云九宜爲久久老也猷蟲名

也瞀莫豆反又莫佳反又亡角反芮如銳反徐如悅反生乎腐音輔蠸音權郭音歡司馬云

亦蟲名也爾雅云一名守爪一云蚡鼠也羊奚比毗志反乎不箰息尹反司馬云羊奚草名根似

蕪菁與久竹比合而爲物皆生於非類也久竹生青寧司馬云蟲名青寧生程李云未聞

程生馬馬生人俗本多誤故具錄之

達生第十九以義名篇

達生達暢也通也廣雅云生出也　物稱尺證反　无離力智反下同　大甚音泰也　幾足徐其依反　常處昌慮反　相夭息亮反　關尹李云關令尹喜也　不窒珍悉反　蹈火徒報反　非知音智　之列音例本或作例

予語魚據反　女音汝後同　相遠于萬反　焉得於虔反　无郤去逆反

之隧字或作隊同直類反後皆同　乘亦音繩又繩證反　遻音悟郭音愕爾雅云遻迕也郭注云謂干觸

不慴之涉反懼也李郭音習　鏌音莫本亦作莫　干李云鏌耶干將皆古之利劍一名吳越春秋云吳王闔閭使干將造劍劍有二狀一曰干將二曰鏌耶鏌耶干將妻名也

忮心之跂反郭李音支害也字書云很也　飄瓦匹遥反郭李云落也　雖復扶又反下章同　中人丁仲反　不厭李於豔反徐於贍反　幾乎音機或音祈　痀郭於禹反李徐居具反又其禹反　僂郭音縷李徐良付反　承一本作美　蜩音條蟬也　猶掇丁活反拾也　五六

月司馬云黏蟬時也　累丸劣彼反下同司馬云謂累之於竿頭也　者錙側其反　銖音殊

若厥本或作橛同其月反株音誅拘其俱反郭音俱李云厥豎也豎若株拘也若槁苦老
反不分如字操舟七曹反下章同數能音朔注下同鶩音木鴨也
之覆芳服反注下同猶其車却也元嘉本無車字惡往音烏閒暇音閑
瓦注之樹反李云擊也憚徒丹反又音丹又丈旦反忌惡也一曰難也殙武典反又音昏
又音門本亦作殙說文云殙瞀也元嘉本作昏所要一遥反田開之李云開之其名也
周威公崔本作周威公竈祝腎上之六反下市軫反字又作緊音同本或作賢學生
司馬云學養生之道也務中丁仲反下章注而中適同吾子與祝腎遊司馬本以
吾子屬上句更云子與祝腎遊操七曹反拔蒲末反徐甫末反李云把也篲似歲反徐以醉反郭
矛稅反李尋恚反信醉反或蘇忽反帚也亦何聞於夫子絕句而鞭如字崔本作趣
云匿也視其羸瘦在後者匿著牢中養之也單豹音善李云單豹隱人姓名也而水飲
元嘉本作飲水縣音玄薄司馬云簾也无不走也司馬云走至也言無不至門奉貴富也李

云走往也　**去其**起呂反　**畏塗**司馬云阻險道可畏懼者也　**卒徒**子忽反

亦知音智　**衽**而甚反徐而鴆反李云臥衣也鄭注禮記云臥席也　**動皆之死地**一本

無地字　**不冒**音墨　**牢筴**初革反李云牢豕室也筴木欄也　說如字又始銳反　彘直例

反本亦作豕　**奚惡**烏路反　**豢**音患司馬云養也本亦作犧　**日齊**側皆反後章同

藉在夜反又在亦反　**尻**苦羔反　**彫俎**莊呂反畫飾之俎也　**爲彘**于僞反下自爲

爲彘同　**食以**音嗣　**糠**音康　**糟**音遭　**錯之**七故反置也又如字本又作措　**腞**音直

轉反又敕轉反　**楯**食準反徐敕荀反李敕準反司馬云腞猶篆也楯猶案也　**聚僂**力主反司馬云聚僂

器名也今冢壙中注爲之一云聚僂棺椁也一云聚當作菆才官反僂當作蔞力久反謂殯於菆塗蔞翣之中

去反一本作公反　**誒**於代反郭音熙說文云可惡之辭也李呼該反一音哀　**詒**吐代反郭音怡李音

臺司馬云懈倦貌李云誒詒失魂魄也　**數日**所主反司馬本作數月　**皇子告敖**如字

司馬云皇姓告敖字齊之賢士也　**鬼惡**音烏　**忿**拂粉反李房粉反　**滀**敕六反　**之氣**

散而不反則爲不足李云忿滿也滀結聚也精神有逆則陰陽結於內魂魄散於外故曰不足　上時掌反下同　而不下則使人善怒下而不上則使人善忘忘尚反李云陽散陰凝故怒陰發陽伏故忘也　不上不下中丁仲反　身當心則爲病李云上下不和則陰陽爭而攻心心精神主故病也　沈有履司馬本作沈有漏云沈水汙泥也漏神名　竈有髻音結徐胡節反郭音詰李音吉司馬云髻竈神著赤衣狀如美女　霆音庭又音挺又徒佞反　倍音裴徐扶來反　阿鮭本亦作蛙戶媧反徐胡佳反　蠪音龍又音聾　躍之司馬云倍阿神名也鮭蠪狀如小兒長一尺四寸黑衣赤幘大冠帶劒持戟　洸陽音逸司馬云洸陽豹頭馬尾一作狗頭一云神名也　罔象如字司馬本作無傷一云狀如小兒赤黑色赤爪大耳長臂一云水神名　峷本又作莘所巾反又音臻司馬云狀如狗有角文身五采　夔求龜反司馬云狀如鼓而一足　方音傍本亦作彷同　皇本亦作徨同司馬云方皇狀如蛇兩頭五采文　委於危反又如字　朱冠司馬本作俞冠云俞國之冠也其制似螺　惡聞雷烏路反　捧芳勇反　其首司馬本同一本

作手　辴敕引反徐敕一反又敕私反司馬云笑貌李云大笑貌　紀渻所景反徐所幸反人姓名

也一本作消　爲于偽反　王司馬云齊王也　虛憍居喬反又巨消反李云高也司馬云高仰

頭也　猶應應對之應下同　嚮許丈反本亦作響　景於領反又如字李云應響顧景行　呂

梁司馬云河水有石絕處也今西河離石西有此縣絕世謂之黃梁淮南子曰古者龍門未鑿河出孟門之上也

縣水音玄　三十仞音刃七尺曰仞　流沫音末　黿音元　鼉徒多反或音檀　鼈字又

作鱉必滅反　有苦如字司馬云病也　拯之拯救之拯　數百所主反　被髮

皮寄反　行歌司馬本作行道道常行之道也　長乎丁丈反下同　與齊司馬云齊向水

如磨齊也郭云磨翁而旋入者齊也　與汨胡忽反司馬云涌波也郭云回伏而涌出者汨也　梓

慶李云魯大匠也梓官名慶其名也　鐻音據司馬云樂器也似夾鍾　耗呼報反司馬云損也

氣李云氣耗則心動心動則神不專也　非譽音餘　輒然丁協反輒然不動貌　无公

朝直遙反注同　骨消如字本亦作滑消　成見賢遍反　材中丁仲反

是與音餘　東野稷李云東野姓稷名也司馬云孫卿作東野畢　以御見賢遍反下
同　莊公李云魯莊公也或云內篇曰顏闔將傅衛靈公太子問於蘧伯玉則不與魯莊同時當是衛莊公
中繩丁仲反同　文弗過也司馬云謂過織組之文也　使之鉤百而反
司馬云稷自矜其能圓而驅之如鉤復迹百反而不知止　顏闔戶臘反元嘉本作盧崔同　工倕
音垂又音睡　旋而蓋矩指與物化而不以心稽音雞司馬本矩作瞿云工倕堯
工巧人也旋圓也瞿句也倕工巧任規以見爲圓覆蓋其句指不以施度也是與物化之不以心稽留也　不
桎之實反司馬云閡也　之易以豉反　足屨九住反　要帶一遙反　踵
門章勇反司馬云至也　而詑敕駕反又呼駕反郭都駕反司馬云告也李本作託云屬也　子扁慶
子音篇又符殄反李云扁姓慶子字也　臨難乃旦反　賓於必刃反　惡遇音烏
下同　芒然武剛反　彷徨元嘉本作房皇音同　長而丁丈反注同　飾知音智
明汙音烏　若揭其列反又其謁反　九竅苦弔反　跛波我反　蹇紀輦

反又紀偃反徐其偃反 而比 如字又毗志反 說之 音悅 爲具 于僞反 奏九韶 元嘉本作奏韶武 以樂 音洛下同 食之 音嗣 委 於危反 蛇 如字李云大鳥吞蛇司馬云委蛇泥鰌 款啓 李云款空也啓開也如空之開所見小也 鷖 音奚 鷃 字又作鴳音晏

山木第二十 舉事以名篇

山中 釋名云山產也產生物也說文云山宣也謂能宣散氣生萬物也 大木 釋名云木冒也冒地而生也字林云木衆樹之總名白虎通云木木踊也 夫出 如字夫者夫子謂莊子也本或即作夫子 豎 市主反 烹之 普彭反煑也 无譽 音餘 无訾 音紫毀也徐音疵 一上 如字又時掌反 爲量 音亮 人倫之傳 直專反司馬云事類可傳行也 則剉 子卧反本亦作挫同 之鄉 如字一音許亮反 市南宜僚 了蕭反徐力遙反司馬云熊宜僚也居市南因爲號也李云姓熊名宜僚案左傳云市南有熊宜僚楚人也 无須臾離 力智反絕句崔本無離字 居然 崔讀以居字連上句 尚行 下孟反 豐狐 司馬云豐大也 胥疏

如字司馬云胥須也疏菜也李云胥相也謂相望疏草也　**機辟**婢亦反　**刳形**音枯廣雅云屠

也　**去皮**起呂反下去欲去君同　**洒心**先典反本亦作洗音同　**去欲**如字徐音慾　**欲**

令力呈反章末同　**可樂**音洛　**无形倨**音據司馬云無倨傲其形　**蹢**之實反又知吏

反　**礙**五代反　**无留居**司馬云無留安其居　**我无食**一本我作餓　**不與**

音預　**大莫**莫無也　**方舟**司馬云方並也　**偏心**必善反爾雅云急也　**則呼**

火故反下同　**張歙**許及反徐許輒反郭踈獵反張開也歙斂也　**北宮奢**李云衛大夫居北宮

因以爲號奢其名也　**爲衛**于僞反　**賦斂**力豔反　**爲壇**但丹反李云祭也禱之故爲壇

也　**上下之縣**音玄司馬云八音備爲縣而聲高下　**王子慶忌**李云王族也慶忌周大夫

也怪其簡速故問之　**泊然**步各反　**侗乎**吐功敕動二反無知貌字林云大貌一音慟

儻敕蕩反　**萃乎**在醉反　**芒乎**莫郎反　**欣說**音悅　**強梁**多力也

曲傳音附司馬云謂曲附己者隨之也本或作傳張戀反　**不挫**子臥反　**大**音泰　**公任**

如字李云大公大夫稱任其名　**子幾**音祈又音機　**子惡**烏路反注及下同　**於好**呼報反章內同　**翂翂**音紛字或作[illegible]　**翐翐**音秩徐音族字或作[illegible]司馬云翂翂翐翐舒遲貌一云飛不高貌李云羽翼聲　**迫脅而棲**李云不敢獨棲迫脅在衆鳥中纔足容身而宿辟害之至也　**從容**七容反　**其緒**緒次緒也　**行列**戶剛反下亂行同　**不斥**音尺　**卒不**子恤反終也又七忽反　**飾知**音智　**明汙**音烏　**揭**其列其謁二反　**爲迕**五故反　**者墮**許規反　**去功**起呂反　**居得行**如字又下孟反注同　**泊**步各反　**衣裘**於既反　**褐**戶割反　**杍**食汝反又音序　**子桑雽**音戶本又作雽音于李云桑姓雽其名隱人也或云姓桑雽名隱　**伐樹於衛**一本作伐樹於宋削迹於衛　**此數**所主反　**何與**音餘下放此　**假**古雅反李云國名　**林回**司馬云殷之逃民之姓名　**爲其**如字下同又皆于僞反　**布與**布謂貨財也　**淡**如字又徒暫反　**无挹**音揖李云無所執持也　**去飾**起呂反　**眞**司馬本作直　**泠**音零　**禹**司馬云泠禹曉也謂以

眞道曉語禹也泠或爲命又作令命猶教也 莊子衣於既反 大布司馬云麤布也 正

麋賢節反又苦結反司馬云帶也 係履李云履穿故係 而過古禾反 魏王司馬云惠王也

憊皮拜反又薄計反司馬本作病 騰音騰本亦作騰 枏音南木名 攬舊歷敢反 蔓音萬

郭武半反 而王往況反司馬本作往 長丁亮反本又作張音同司馬直良反云兩枝相去長遠也

羿音詣或戶係反 蓬蒙符恭反徐扶公反司馬云羿古之善射者蓬蒙羿之弟子 眄莫練反舊莫顯

反本或作睥普計反 睨音詣郭五米反李云邪視也 長技其綺反 柘棘章夜反 枳

吉氏反又音紙 枸音矩 悼如字又直弔反 不便婢面反注同 亂相息亮反

見心賢遍反 強爲其丈反 槁木苦老反下同 猋氏必遙反古之無爲帝

王也 犁然力兮反又力之反司馬云犁然猶栗然 有當丁浪反 還目音旋 而窺

徐起規反 造大司馬云造適也 損易以豉反注下同 窮桎之實反 運物

司馬云運動也 之泄息列反司馬云發也徐以世反 言與之言我也 莫知音智

鷾音意鴯音而或云鷾鴯燕也目之所不宜處昌呂反言不可止處目巳羅絡知之故棄之
其禪市戰反司馬云授予也焉知於虔反下同雕徐音彫本亦作彫陵之
樊音煩司馬云雕陵陵名樊藩也謂遊栗園藩籬之內也樊或作埜埜古野字翼廣光浪反
運寸司馬云可回一寸也感周之顙息蕩反李云感觸也翼殷不逝目大不
覩司馬云殷大也曲折曰逝李云翼大逝難目大視希故不見人蹇起虔反躩李驅碧反徐九縛反
司馬云疾行也案即論語云足躩如也執彈徒旦反留之力救反司馬云宿留伺其便也
螳音堂蜋音郎執翳於計反司馬云執草以自翳也搏之郭音博徐音付之見
乎賢遍反其眞司馬云眞身也怵然敕律反誶之本又作訊音信問也司馬
云以周為盜栗也三月不庭一本作三日司馬云不出坐庭中三月藺力信反一本作蔄
且子餘反司馬云藺且莊子弟子夷易以豉反不度直洛反自見賢遍反
上掊普口反陽子司馬云陽朱也而去起呂反之行下孟反

田子方第二十一以人名篇

田子方李云魏文侯師也名無擇 數稱雙角反又所主反下同 谿音溪又音兮司馬本作雞

工李云谿工賢人也 葆眞音保本亦作保 大絜音泰 物邪似嗟反 儻

然敕蕩反司馬云失志貌 而語魚據反 聖知音智 之行下孟反 形

解戶買反 口鉗其炎反徐其嚴反 直如字本亦作眞下句同元嘉本此作眞下句作直 蘄音祈

土梗更猛反司馬云土梗土人也遭雨則壞 温伯雪子李云南國賢人也

從容七容反 槃礴亦婢反 遺如字本又作遂於危反 蛇以支反 其

道音導 夫人音符 目擊而道存矣司馬云見其目動而神已著也擊動也郭云

目裁往意已達 奔逸司馬本又作徹 瞠敕庚反又尹郎反字林云直視貌一音杜哽反又敕孟反

不比而周毗志反 滔乎前吐刀反謂無人君之器滔聚其前也又杜高反 惡

可音烏 察與音餘下哀與同 自喪息浪反下章同 薰然許云反 日徂

如字司馬本作疽云病也能令力呈反下章注同女音汝殆著乎吾所以著也郭著音張慮反注同又一音張略反司馬云吾所以著者外化也汝殆庶於此耳吾一不化者則非汝所及也是求馬於唐肆也郭云唐肆非停馬處也李同又云唐亭也司馬本作廣肆云廣庭也求馬於市肆廣庭非其所也馬處昌慮反可復扶又反不舍音捨離俗力智反下章文同被髮皮寄反而干本或作乾慹乃牒反又丁立反司馬云不動貌說文云怖也泊步各反便而待待或作侍見曰賢遍反眩玄遍反與音餘下同掘若徐音屈槁木苦老反而欻訓弗反口辟必亦反司馬云辟卷不開也又婢亦反徐敷赤反嘗爲于僞反且孰如字舊子餘反至樂音洛下及注同行小下孟反又如字胥次李云次中也能滑古沒反所介音界解乎戶買反注同汋音灼又上若反李以略反李云取也醯雞許西反郭云醯雞甕中之蠛蠓也司馬云若酒上蠛蠓也甕中烏弄反蠛亡結反蠓無孔反莊子

見賢遍反亦如字魯哀公司馬云莊子與魏惠王齊威王同時在哀公後百二十年冠古亂反

圜冠音圓履句音矩徐其俱反李云方也屨徐居具反緩戶管反司馬本作綬佩玦

古穴反而斷丁亂反號於國號號令也故飯煩晚反忘其賤

與之政也謂忘其飯牛之賤也受揖而立司馬云受命揖而立也舐本或作䑛食紙

反儃儃吐祖反徐音但李云舒閒之貌般字又作槃礴傍各反徐敷各反司馬云般礴謂箕

坐也臝本又作臝同力果反司馬云將畫故解衣見形神閒音閑文王觀於臧李云

臧地名也司馬本作文王微服而觀於臧丈夫本或作丈人旦而屬音燭之夫夫

皆方于反司馬云夫夫大夫也一云夫夫古讀爲大夫顜而占反郭李而兼反又而銜反駁馬

邦角反偏朱蹄李云一蹄偏赤也瘳乎敕留反蹵然子六反本或作愀在

久七小二反先君王也司馬云言先君王靈神之所致之令本或作命王其无

它司馬云無違令列士壞音怪下同植音值散羣司馬云植行列也散羣言不養徒衆也一

莊子音義中

云植者疆界頭造屋以待諫者也　長丁丈反下同　官者不成德司馬云不利功名也𢮦斛

音庾李云六斛四斗曰𢮦司馬本作𢮦斞云𢮦讀曰鍾斞讀曰臾　四竟音境下同　大師音泰

昧然音妹　泛然徐敷劒反　夜遁徐困反　刺焉七賜反　爲伯

昏于僞反　盈貫古亂反司馬云鏑也　鏑丁歷反　措七故反　其肘竹九

反　如拒音矩本亦作矩字　適矢丁歷反　復沓扶又反注及下同　歃色洽

反又初洽反　逡巡七旬反　汗流戶旦反　揮音輝　斥音尺李音託郭云揮斥猶

放縱　怵然敕律反　有恂李又作眴音荀爾雅云恂慄也　目之志恂謂眩也欲以眩悅人之

目故怵也　於中丁仲反又如字中精神也　所喪息浪反後章同　栩栩況甫反

躊直留反　躇直於反　得刦居業反元嘉本作却　伏戲音羲　大山音泰　无

介音界　不憊皮拜反　以爲于僞反下同　凡君如字司馬云凡國名在汲郡共

縣案左傳凡周公之後也隱七年天王使凡伯來聘俗本此後有孔子窮於陳蔡及孔子謂顏回二章與讓王篇同

衆家並於讓王篇音之檢此二章無郭注似如重出古本皆無謂無者是也

知北遊第二十二 以義名篇

知北遊 音智又如字 於玄水之上 李云玄水名司馬崔本上作北 隱弅 符云反又音紛又符紛反李云隱出弅起巨貌 白水 水名 狐闋 苦穴反司馬李云狐闋丘名 而睹 丁古反 狂屈 求勿反徐又其述反司馬向崔本作詘李云狂屈佯張似人而非也 以之言 司馬云之是也 唉 哀在反徐烏來反李音熙云應聲 語若 魚據反 不近 附近之近下同 其易 以豉反注同 更相 音庚 所惡 烏路反注同 復化 扶又反下同

之標 必遙反 大美 謂覆載之美也 扁 音篇又音幡 未離 力智反 其內 謂不能出自化也 惛然 音昏又音泯 油然 音由謂無所給惜也 物畜 本亦作濇同敕六反注同 被衣 音披本亦作披 曈 敕紅反郭菟絳反李云未有知貌 齧缺 睡寐 體向所說畏其視聽以寐耳受道速故被衣喜也 大說 音悅 若槁 苦老反

媒媒音妹又武朋反 晦晦音誨李云媒媒晦貌 丞如字李云舜師也一云古有四輔前疑後丞蓋官名 有夫音符 塊然苦對反 委形司馬云委積也 委蛻吐臥反又音悅又敕外反又始銳反又始劣反 天地之強陽氣也郭云強陽猶運動耳案言天地尚運動況氣聚之生何可得執而留也 晏於諫反徐於顯反又於見反 閒音閑 齊戒側皆反

瀹音藥或云漬也 掊普口反徐方垢反 而知音智 窅然烏了反 將

爲于僞反 无形謂太初也 形本生於精謂常道也 九竅苦弔反

卵生力管反 易種章勇反 邀於古堯反 思慮息嗣反 恂達音荀

天不得不高謂不得一道不能爲高也 道與音餘下皆同 博之不必

知觀異書爲博 以斷端管反注同 魏魏魚威反 則復扶又反 運

量音亮 萬物而不匱求位反謂任物自動運物物各足量也 之贍涉豔反下同

直且如字舊子餘反 喑音蔭郭音闇李音飲一音於感反 醷於界反郭於感反李音意一音他感反

反李郭皆云唶醷聚氣貌　**幾何**居豈反　**果蓏**徐力果反　**白駒**或云日也　**過**

郤去逆反本亦作隙隙孔也　**勃然**步忽反　**油然**音由　**漻然**音流李音礫　**天**

弢敕刀反字林云弓衣也　**墮其**許規反　**天袠**陳筆反　**宛乎**於阮反　**絪**音因

本亦作烟音因　**縕**於云反本亦作熅音同　**則敗**補邁反　**悗然**亡本反　**東郭**

子李云居東郭也　**惡乎**音烏　**欲令**力呈反　**螻**力侯反　**蟻**魚綺反　**在**

苐大西反本又作稊　**薜**步計反本又作稗蒲賣反李云苐薜二草名　**瓦甓**本又作甓步歷反

屎尸旨反舊詩旨反本或作矢　**溺**乃弔反　**正獲之問於監**古銜反　**市履**

狶虛豈反　**每下愈況**李云正亭卒也獲其名也監市市魁也狶大豕也履蹋也夫市魁履豕履

其股脚狶難肥處故知豕肥耳問道亦況下賤則知道也　**瘦**色救反　**之處**昌慮反　**周**

徧音遍　**澹而**徒暫反　**而閒**音閑　**寥**音遼　**已鷙**如字本亦作鶩音務

彷音旁本亦作徬　**徨**音皇　**馮**皮冰反又普耕反又步耕反　**閎**音宏李云馮宏皆大也郭云虛廓之

謂也　衰殺色界反徐所例反下同　婀於河反　荷甘音河本或作苛　老龍吉李云懷道人也　隱机於靳反下同　闔戶戶臘反　晝瞑音眠　奓郭處野反又音奢徐都嫁反又處夜反司馬云開也　嚗然音剝又孚邈反又孚貌反李云放杖聲也　投杖本亦作放杖　偋陋匹亦反　慢武半反徐無見反郭如字　訑徒旦反徐徒見反郭音但　巳矣夫音符　弇音奄　堈音剛　弔李云弇剛體道人弔其名　繫焉謂爲物所歸投也　猶復扶又反　與無爲之知並如字　中而歎崔本中作卬　去斅起呂反　大初音泰　芠落力含反　窅然烏了反　搏之音博　大馬之捶鉤者年八十矣而不失豪芒捶郭音丁果反徐之累反李之睡反大馬司馬也司馬郭云捶者玷捶鉤之輕重而不失豪芒也或說云江東三魏之間人皆謂鍛爲捶音字亦同郭失之今不從此說也　玷丁恬反　捶丁果反　巧與音餘下同　而好呼報反　以長丁丈反　明日復扶又反　見賢遍反　又爲于僞反　未有子孫而有孫

子言其要有由不得无故而有傳世故有子孫不得無子而有孫也如是天地不得先無而今有也 有先悉薦反下及注同 之囿音又 之圃布五反又音布 相齏子兮反和也

義冠古亂反 山林與音餘下同 而樂音洛注下皆同 能禦魚呂反

強其丈反 齊知之才細反又如字

經典釋文卷第二十七

經典釋文卷第二十八

莊子音義下 雜篇十一

唐國子博士兼太子中允贈齊州刺史吳縣開國男陸德明撰

莊子雜篇庚桑第二十三 以人名篇本或作庚桑楚

老聃之役 司馬云役學徒弟子也廣雅云役使也 庚桑楚 司馬云楚名庚桑姓也太史公書作亢桑 偏得 向音篇 畏 本或作㟪又作猥同烏罪反向於鬼反 壘 崔本作纍同力罪反向良裴反李云畏壘山名也或云在魯又云在梁州 畫然 音獲 知者 音智注同 挈然 本又作契同苦計反向云知也又苦結反廣雅云提也 遠之 于萬反司馬云言人以仁智爲臣妾庚桑悉棄仁智也 擁 於勇反 腫 章勇反本亦作踵 鞅掌 於丈反郭云擁腫朴也鞅掌自得也崔云擁踵無知貌鞅掌不仁意向云二句朴纍之謂司馬云皆醜貌也 大壤 而掌反本亦作穰崔本同又如羊反廣雅云豐也 洒然 素殄反又悉禮反崔李云驚貌向蘇俱反 日計之而不足

向云無日夕小利也歲計之而有餘向云順時而大穰也正得秋而萬寶成
天地以萬物爲寶至秋而成也元嘉本作萬實大道已行矣本或作天道環如字廣雅
云圓也堵丁魯反司馬云一丈曰堵環堵者面各一丈言小也俎豆側呂反崔云俎豆食我於衆人
閒杓郭音的又匹幺反又音弔廣雅云樹末也郭云爲物之標杓也王云斯由己爲人準的也向云馬氏
作魡音的標必遙反一音必小反尋常之溝八尺曰尋倍尋曰常尋常之溝則周禮洫澮之
廣深也洫廣深八尺澮廣二尋深二仞也所還音旋回也崔本作逮鯢五兮反鰌音秋爲
之制廣雅云制折也謂小魚得曲折也王云制謂擅之也鯢鰌專制於小溝也步仞之丘陵六尺
爲步七尺曰仞廣一步高一仞也孔安國云八尺曰仞小爾雅云四尺曰仞蘖魚竭反狐爲之
祥李云祥怪也狐狸憙爲妖蘖言各有宜宜不失則大人有豐祿也王云野狐依之作妖祥也崔云蠱狐以小丘
爲善也祥善也函音含車之獸李云獸大如車也一云獸大容車介而音戒廣雅云獨也又古黠
反一本作分謂分張也元嘉本同離山力智反下注同呑舟敕恩反又音天碭而失

水 徒浪反謂碭溢而失水也崔本作去水陸居也 則蟻 魚綺反 苦之 如字向云馬氏作最又作窮 深眇 彌小反 則粗 七奴反後皆同 二子者 向崔郭皆云堯舜也 蓬 蒲空反 將令 力呈反 而抆 莊筆反又作櫛亦作楖皆同郭音節徐側冀反 數米 色主反 而炊 昌垂反向云理於小利也 竊竊 如字司馬云細語也一云計校之貌崔本作察察 軋 烏黠反向音乙 戾拂 符弗反 任知 音智注同 有殺 音試本又作弒下同 穴阫 普回反向音裴云阫牆也言無所畏忌 吾語 魚據反 女 音汝後皆放此 南榮趎 昌于反向音疇一音紹俱反徐直俱反又敕俱反又處由反李云庚桑弟子也漢書古今人表作南榮疇或作儔又作壽淮南作南榮疇云敹蹻趹步百舍不休亦作疇 蹵然 子六反 巳長 丁丈反 將惡 音烏 其分 扶問反後以意求之 思慮 息吏反下同 可強 其丈反下章可强同 亦辟 婢亦反開也崔云相著也音必亦反 或閒 閒廁之閒注同 勉聞道 崔向云勉強也本或作[足免] 達耳矣 崔向云僅達於耳未徹入於心也 奔蜂 孚恭反司馬云奔蜂小蜂也一

云土蜂 **藿蠋** 音蜀司馬云豆藿中大青蟲也 **越雞** 司馬向云小雞也或云荊雞也 **能伏** 扶又反 **鵠** 本亦作鶴同戶各反一音戶沃反 **卵** 力管反 **魯雞** 向云大雞也今蜀雞也 **贏** 音盈案方言贏儋也齊楚陳宋之閒謂之贏一音果 **曰唯** 惟癸反 **挾三** 音協 **懼然** 向紀俱反本又作戄音同又況縛反 **因失吾問** 元嘉本問作聞 **向吾** 本又作嚮同 **眉睫** 音接釋名云目毛也 **規規** 李云失神貌一云細小貌 **若喪** 息浪反注同 **揭** 其列其謁二反 **竿** 音干 **而求諸海也** 向云言以短小之物欲測深大之域也 **女亡人** **哉** 崔云喪亡性情之人也 **所好** 呼報反 **去其** 起呂反 **所惡** 烏路反注同 **復見** 扶又反 **洒濯** 大角反 **鬱鬱** 崔云孰洒貌 **津津** 如字崔本作律律云惡貌 **猶有惡也** 李云惡計、、未盡也 **外獲** 向音霍崔云恢郭也又如字本亦作矱音獲又乙虢反又烏邈反又音羈李云縛也三蒼云佩刀靶韋也 **而捉** 徐側角反崔作促云迫促也 **內揵** 郭其輦反徐其偃反關也向云閉也又音蹇下同 **繆** 莫侯反又音稠結也崔向云綢繆也 **放道**

云滅殄也盡也實塞也既殄塞純朴之道而外馳磽薄之境雖復行尸於世與鬼何別故云鬼一也 **出无**

本入无竅 苦弔反出生也入死也本始也竅孔也所以知有形累於無形者以其出入無本竅故也

欻然 訓勿反 **乎處** 昌據反下注同 **有長** 丁丈反增也又如字下注同 **本剽** 本亦作摽同甫小反崔云末也李怖遥反徐又敷遥反下同 **有所出** 夫生必有所出也 **而无** 此明所出是無也既是無矣何能有所出耶 **竅者有實** 既言有竅竅必有實求實不得竅竅亦無也 **有實而无乎處者宇也** 三蒼云四方上下爲宇宇雖有實而無定處可求也 **有長而无本剽者宙也** 三蒼云往古來今曰宙說文曰舟輿所極覆爲宙長猶增也本始也宙雖有增長亦不知其始末所至者也 **惡乎** 音烏 **爲喪** 息浪反注同 **融液** 音亦 **以分** 方云反注同 **爲尻** 苦羔反 **昭景也著** 丁略反又張慮反 **戴** 本亦作載 **也甲氏也著** 張慮反久也又丁略反 **封也非一也** 一說云昭景甲三者皆楚同宗也著戴者謂著冠世世處楚朝爲衆人所戴仰也著封者謂世世處封邑而光著久也昭景甲三姓雖異論本則同也崔云昭景二

姓楚之所顯戴皆甲姓顯封雖非一姓同出公族喻死生同也此兩說與注不同聊出之耳 **已復**扶又反 **有生黬**徐於減反司馬云烏簟反云黶有疵也有疵者欲披除之李烏感反字林云釜底黑也 **披**普皮反 **然曰移是**或云黬然聚而生披然散而死也 **臘**力闔反 **者之有**

膍音毗司馬云牛百葉也本或作𦟝音毘獋也 **胲**古來反足大指也崔云備也案臘者大祭備物而肴有膍胲此雖從散禮應具不可散棄也 **其偃**於晚反司馬郭皆云屏廁也又於建反 **屏廁**步定反又必領反下同 **爲是**于僞反 **溲**所留反 **因以死償節**常亮反廣雅云償報也復也案謂殺身以成名節成而身死故曰以死償節也 **爲知**音智 **蜩**音條 **學鳩**本或作鷽音同 **躧**女展反司馬李云蹈也廣雅云屨也 **驁**五報反廣雅云妄也 **嫗**於禹反注同

詡之況甫反 **未曾**才能反 **碎金**必領反除也又婢亦反 **之勃**本又作悖同必妹反 **之謬**如字一本作繆亡侯反亦音謬 **去德**起呂反 **惡欲**烏路反

哀樂音洛 **累德**劣僞反後注同 **知能**音智 **不盪**本亦作蕩徒黨反郭云動

也又徒涙反又吐涙反　德之光一本光字作先　睨也魚計反又五禮反視也　謂治直吏反　羿五計反徐又戶計反　中微丁仲反注同　己譽音餘後章同

而佷音艮崔云艮工也又音涙　唯蟲一本唯作雖下句亦爾言蟲自能爲蟲者天也　惡天烏路反下同　威也崔本作或也　之籠力東反　所好呼報反下及注文同

湯以胞本又作庖白交反　人籠伊尹伊尹好廚故湯用爲庖人也　秦穆公以五羊之皮籠百里奚百里奚好秦而拘於宛故秦穆公以五羊皮贖之於楚也或云百里好五色皮裘故因其所好也　介音界郭云刖也又古黠反廣雅云獨也崔本作兀　拸畫敕紙反又音他又與紙反本亦作移司馬云畫飾容之具無足故不復愛之一云移離也崔云移畫不拘法度也

不復扶又反　胥靡司馬云刑徒人也一云癃人也崔云腐刑也　夫復音服徐扶又反　謵音習　不餽其愧反廣雅云遺也一音愧元嘉本作愧　而忘人復者溫復之謂也謵讇也夫人謵習者雖復小事皆所至惜今溫復人之所習既得之矣而不還歸以餽遺之此至愚不獲人之所習者也無復相爲之情故曰忘

人侮之亡甫反

徐无鬼第二十四以人名篇

徐无鬼緡山人魏之隱士也司馬本作緡山人徐无鬼　女商人名也李云无鬼女商並魏幸臣

魏武侯名擊文侯之子治安邑　武侯勞之力報反唯山林之勞一字如字餘幷下章並力報反

盈耆時志反下注同　長丁丈反　好呼報反下注下章同　惡烏路反下注下章同

黜敕律反退也本又作出音同司馬本作咄　掔苦田反又口閑反爾雅云固也崔云引去也司馬云牽也

超然司馬云猶悵然也　不說音悅下文大說同　語君魚據反　吾相息亮反下皆同

下之質一本無質字　執飽而止司馬以執字絕句云放下之能執禽也　是

狸德也謂貪如狐狸也　示日音視司馬本作視云視日瞻遠也　若亡其一一身也謂精神不動若無其身也

直者中繩丁仲反下皆同司馬云直謂馬齒曲謂背上方謂頭圓謂目

成材字亦作才言自然已足不須教習也　若卹音恤　若失音逸司馬本作佚李云卹失皆

鶩竦若飛也　若喪息浪反下章注同　其一言喪其耦也　超軼李音逸徐徒列反崔云徹
也廣雅云過也　以說如字又始銳反下皆同司馬作悅　從說子容反　金版本又
作板薄版反又如字　六弢吐刀反司馬崔云金版六弢皆周書篇名或曰祕讖也本又作六韜謂太公六韜文
武虎豹龍犬也　樂音洛章末同　鴳一諫反　吾君說音悅　越之流人越遠
也司馬云流人有罪見流徙者也　數日所主反　及期音基　夫逃司馬本作巡也
虛空者司馬云故壞冢處爲空虛也　藜力西反　藋徒弔反本或作藋同　柱誅矩反司馬云塞也
乎鼪音生又音姓　鼬由救反　之逕本亦作徑司馬云徑道也本又作跡元嘉本作迭徐音逸崔云
迭跡　良位其空司馬云良良人謂巡虛者也位其空謂處虛空之閒也良或作踉音同　跫然
郭巨恭反李曲恭反又曲勇反悚也徐苦江反又祛局反司馬云喜貌崔云行人之聲　而喜矣李云喻武
侯之無人君之德而處在防衛之閒雖臨朝矯厲愈非其意及得其所思猶逃竄之閒人音安能不跫然改貌釋然
而喜也　謦苦頂反又音罄　欬苦愛反一音器李云謦欬喻言笑也但呼閒所好猶大悅況骨肉之情歡

之至也 久矣夫音扶後放此 食芧音序又食汝反本亦作芧栗 非音久或廿
下作者非也 以賓必刃反本或作擯司馬云擯棄也又必人反李云賓客也 欲干李云干求也
社稷之福邪李云謂善言嘉謀可以利社稷也 萬乘繩證反 不自許
司馬云許與也 夫姦病王云姦者以正從邪也謂病也 所病之何也李云服而無對
也或云養遼天地之平獨恣其欲自許不損於神而以姦爲病故不知所以以此爲病何爲乎 偃兵偃息
也 成固有伐變固外戰王云成功在己亦衆所不與欲無有伐其可得乎夫僞生形造
又伐焉非本所圖勢之變也既有僞伐得無戰乎 鶴列李云謂兵如鶴之列行司馬云鶴列鍾鼓也
麗如字又力智反力支反 譙本亦作嶕在道反司馬郭李皆云麗譙樓觀名也案謂華麗而嶕嶢
无徒司馬云徒步也 錙壇徐側其反錙壇壇名 无藏一本作臧司馬本同 逆於得
司馬本作德李云凡非理而貪貪得而居之此藏逆於德內者也孰有貪得而可以德不失哉固宜無藏而捨之又
云謂有貪則逆道也 惡乎音烏下同 勿攖一營反又一盈反 已脫音奪 大

隗五罪反司馬崔本作泰隗或云大隗神名也一云大道也　具茨一本作次同祀咨反又音資司馬本作疢山名也司馬云在滎陽密縣東今名泰隗山　昌寓音禹　驂乘繩證反驂乘車右也　謵音習元嘉本作謂崔同　扅舒氏反崔本作㢋本亦作朋蒲登反徐扶恆反　前馬司馬云二人先馬導也　昆閽音昏　滑音骨　稽音雞　後車司馬云二人從車後　襄城之野李云地名　七聖黃帝一方明二昌寓三張若四謵朋五昆閽六滑稽七也　予少詩召反　瞀莫豆反郭音務李云風眩貌司馬云瞀讀曰瞐謂眩瞐也　長者丁丈反　乘日之車司馬云以日爲車也元嘉本車作居　少痊七全反李云除也　且復扶又反　去其起呂反下注同　知士音智　不樂音洛下不樂及注同　察士李云察識也　淩李云謂相淩轢　誶音信廣雅云問也又音崇又音峻一本作說　皆囿音又　非強其丈反　興朝直遙反　中民李云善治民也　矜難乃旦反　枯槁苦老反後章同　宿名宿積久也王云枯槁一生以爲娛其所寢宿唯名而已　廣治直吏反　貴際謂盟會事　不比毗志

反下同 商賈 音古 則壯 李云壯猶疾也 則惰 徒臥反 所耆 時志反 而

樂 音洛 以要 一遥反 匍 音扶又音蒲 匐 音服又蒲北反 而中 丁仲反注同

復相 扶又反 魯遽 音渠又其據反李云魯遽人姓名也一云周初時人 爨 七亂反又

七端反 爲之 于僞反 廢一 廢置也 改調 徒弔反注皆同 无當 丁浪

反合也 相拂 扶弗反 蹢 呈亦反投也司馬云齊人憎其子蹢之於宋使門者守之令形不全

自以爲是 銒鍾 音刑徐戶挺反又字林云銒似小鍾而長頸又云似壺而大 以束縛 郭云

恐其破傷也案此言賤子貴銒自以爲是也 唐子 謂失亡子也 遺類 遺亡也亡其種類故

也惠施畔道而好辯猶齊人遠子而愛鍾也 遠索 所百反 而與舟人鬬 司馬云夜

上人船人必擠己於水也擠排也 未始離 力智反注同 於岑 七金反徐在林反又語審反謂崖岸

也 獨上 時掌反 從者 才用反 郢人 以井反楚都也漢書音義作獿人服虔云

獿人古之善塗塈者施廣領大袖以仰塗而領袖不汚有小飛泥誤著其鼻因令匠石揮斤而斲之擾音鐃韋昭乃

回反　**堊**烏路反　**慢**本亦作漫郭莫干反徐莫但反李云猶塗也　**爲寡人**于僞反　**大**

病謂死也　**惡乎**音烏　**屬國**音燭　**欲與**如字又音餘　**且鉤**鉤反也亦作拘

音同又音俱　**上忘而下畔**言在上不自高於下無背者也　**下人**遐嫁反　**所**

措七故反　**故僅**其靳反　**狙**七徐反　**恂然**音舜徐音荀又思俊反司馬云遽也

深蓁徐仕巾反一音側巾反　**委**於危反　**蛇**餘支反　**攫**俱縛反徐居碧反三蒼云搏也

郭又七段反司馬本作攫　**搽**本又作搔素報反徐本作採七活反司馬本作篠　**見**賢遍反　**巧**如字或苦

孝反崔本作攻　**王射**食亦反下同　**搏**音博　**相者**息亮反司馬云趨佐王獵者也

射音促急也　**執死**司馬云見執而死也　**之狙也**之猶是也本或作是　**其便**婢面

反　**以敖**司馬本作悖云佷也　**董梧**有道者也師其德以鋤色　**以助**士居反本亦作鋤

去樂起呂反　**隱**於靳反　**噓**音虛　**入見**賢遍反　**夫物之尤也**

音符一本作夫子則如字　**山穴之中**司馬本同李云齊南山穴也一本作之口　**田禾**齊君

也尊德故國人慶之 鬻之羊六反 彼惡音烏，下同 自喪息浪反 而泊步各反 鷊之音商，李云：酒器之總名也。 孫叔敖執爵案左傳孫叔敖是楚莊王相，孔子未生。哀公十六年，仲尼卒後，白公爲亂，宜僚未嘗仕楚。又宣十二年傳楚有熊相宜僚，則與叔敖同時，去孔子甚遠。又蓋寄言也。 兩家之難乃旦反，注同。 解音蟹，注同。司馬云：宜僚，楚之勇士也，善弄丸。楚白公勝將作亂，殺令尹子西、子期，石乞曰：市南有熊宜僚者，若得之，可以當五百人。乃往告之，不許也。承之以劒，不動，弄丸如故，曰：吾亦不泄子。白公遂殺子西、子期。歎息兩家而已，宜僚不預其患。 甘寢秉羽如字，又音翮。司馬本作虁，云：讀曰翮，或作翅，零舞者之所執。崔本作翼。 郢人投兵司馬云：言叔敖願安寢恬臥，以養德於廟堂之上，折衝於千里之外，敵國不敢犯，郢人投兵，無所攻伐也。郢，楚都也。 喙許穢反，又丁豆反，或昌銳反。 三尺三尺，言長也。司馬云：喙，息也。宜僚弄丸而弸難，叔敖除備以折衝，丘亦願有歎息其三尺。三尺，匕首劒。 彼之謂 此之謂郭云：彼謂二子，此謂仲尼也。司馬云：彼謂甘寢，此謂弄丸。 總音揔 不能同一本作相同 善吠伐廢反。司馬云：不別客主而吠不止。 善言司馬云失本逐末而言不止也　不舍音捨　循古而不摩一本作磨郭云摩摩拭也王云摩消滅也雖常通物而不失及己雖理於今常循於古之道焉自古及今其名不摩滅也　摩拭音式

九方歅音因李烏雞反又音煙善相馬人淮南子作九方皐　爲我于僞反　相吾子息亮反　悃音困又口本反子綦子名　瞿然紀具反司馬云喜貌本亦作矍吁縛反字林云大視貌李云驚視貌　索然悉各反又色白反司馬云涕下貌　禦福魚呂反距也逆也　未嘗如字本或作曾才能反　而牂子郎反爾雅云牝羊也　於奧烏報反西南隅未地也一曰豕牢也　好田呼報反　於宎字又作窔烏弔反徐烏了反司馬云東北隅也一云東南隅鶉火地生鶉也一云窟也郭徒忽反字則穴下犬　遊於天地司馬本地作汨云亂也崔本同　邀古堯反遇也　樂音洛　之償時亮反又音賞　怪行下孟反注同　无幾居豈反

於燕音煙　全而鬻之音育絕句一本作鬻之難　刖音月又五刮反　易以豉反注同　售也受又反　渠公或云渠公齊之富室爲衛正買悃自代終身食肉至死一云渠公屠

者與梱君臣同食肉也之街音佳一本作術然身食肉紾本或作身肉食者誤畜畜
許六反郭他六反李云行仁貌王云卹愛勤勞之貌其人與如字人相食與音餘言將馳走
於仁義不復營農飢則相食譽之音餘所惡烏路反之行下孟反且
假夫禽貪者器司馬云禽之貪者殺害無極仁義貪者傷害無窮覭郭薄結反云割也向
芳舌反司馬云暫見貌又莅反又普結反又初栗反齊子隨反暖呼爰反又呼晚反柔貌
姝昌朱反姝貌濡音儒又音如安也需音須濡需謂偷安須臾之頃卷音權婁音縷
卷婁猶拘攣也自說音悅之竟音境蝨音瑟奎苦圭反本亦作睽曲
隈烏回反向云股閒也暖室奴緩反又虛袁反一本作安室操七曹反羊肉不
慕蟻魚綺反李云年長心勞無憂樂之志是猶羊肉不慕蟻也羶也設然反羶行下孟
反至鄧向云邑名之虛音墟本又作墟童土如字又音杜向云童土地無草木也
齒長丁丈反注同若少詩召反惡衆烏路反非好呼報反不

比 毗志反下注同 煬 郭音羊徐餘亮反 和 李云煬炙也爲和氣所炙 於蟻棄知 音智 於魚得計於羊棄意 司馬云蟻得水則死魚得水則生羊得水則病一說云眞人無羶故不致蟻是蟻棄智也共處相忘之大道無沾濡之德是魚得計也羊無羶行而不致蟻是羊棄意也 能去 起呂反 或復 扶又反 堇 音謹郭音覲徐音靳司馬云烏頭也治風冷痺 桔 音結本亦作結 梗 古猛反司馬云桔梗治心腹血瘀瘕痺 雞廱 徐於容反本或作壅音同司馬云即雞頭也一名芡與藕子合爲散服之延年 豕零 司馬本作豕囊云一名豬苓根似豬卵可以治渴案四者皆藥草名 是時爲帝者也 司馬云藥草有時迭相爲帝謂其王相休廢各得所用也 勝言 音升 句踐 音鉤 甲楯 純尹反徐音尹 棲於 音西李云登山曰棲 會 古外反 稽 音雞 種 章勇反越大夫名也吳越春秋云姓文字少禽 所以存 本又作可以存言知越雖亡可以存也 鴟 尺夷反 脛 刑定反 解之 佳買反司馬云去也一音懈 有損 有形自然相累世能累物物能累人故大夫種所以不免也 不磷 鄰刃反 恃 本亦作持 源而往

者也水由源往雖遇風日不能損也道成其性雖在於世不能移也　之長丁丈反注同　茲

萃所巾反郭云聚也李云多也本又作萃　恃其所不踶女展反李云一足常不往故能行廣

遠也　解之音蟹下同又佳買反　令各力呈反下同　不撓乃孝反　樞尺朱

反　頡徐下結反　滑乎八反向云頡滑謂錯亂也　揚搉音角又苦學反三蒼云搉敵也許慎

云揚搉粗略法度王云搉略而揚顯之　惑解佳買反注同　復於音服又扶又反

則陽第二十五

則陽司馬云名則陽字彭陽也一云姓彭名則陽周初人也　夷節楚臣　王果司馬云楚

賢人　譚音談本亦作談李云說也郭徒堪反徐徒暗反　公閱休隱士也閱音悅　擉初角

反又敕角反司馬云刺也一音捉郭音觸徐丁綠反　樊音煩李云傍也司馬云陰也廣雅云邊也　予

宅司馬云以隱居山陰自顯也　有知音智注同　顛冥音眠司馬云顛冥猶迷惑也言其交

結人主情馳富貴　暍音謁字林云傷暑也　之施始豉反下同　能橈乃孝反又呼毛

反王云惟正德以至道服之佞人以才辯奪之故能泥橈之也　淡然徒暫反　而化卑居高而以卑爲本也本或作而化卑於人也　不喪息浪反　而飲於鴆反　一閒音閑

緺直周反　繆亡侯反緺繆猶纏緜也又云深奧也　周盡一體所鑒緺繆精麤洞盡故言周盡一體一體天也　復命搖作搖動也萬物動作生長各有天然則是復其命也　命之

也命名也　憂乎知音智　而所行恆无幾居豈反　時其有止也若之何王云憂乎智謂有爲者以形智不至爲憂也不知用智必喪喪而更以不智爲憂及其智之所行有弊無濟故其憂患相接無須臾停息故曰恆無幾時其有止也不能遺智去憂非可憂如何　則不知其

美於人生便有見物之美而爲無心人與作名言鏡耳故人美之若不相告即莫知其美於人　好之呼報反注同　暢然喜悅貌　之緡民忍反徐音昏郭云合也司馬云盛也　十

九謂見十識九也　見見聞聞見所見聞所聞　臺縣音玄　衆閒音閑注同元嘉本作閑　冉相息亮反注同郭云冉相氏古聖王　嘗舍音捨注同　皆殉辭俊反

所行之備而不洫音溢郭許的反李虛域反溢也王云壞敗也無心偕行何往而不至故曰皆殉也所行行備而物我無傷故無壞敗也　門尹登恆向云門尹官名登恆人名　爲之于僞反下同　傳之音付下同　不與音預　之名嬴音盈　法得其兩見賢遍反注同得其隨成之道以司其名名實法立故得兩見猶人鑑之相得也　寄治直吏反　容成老子師也

魏瑩郭本作罃音瑩磨之瑩今本多作瑩乙耕反司馬云魏惠王也　與田侯一本作田侯牟司馬云云田侯齊威王也名牟桓公子案史記威王名因不名牟　約徐於妙反又如字司馬云約誓在惠王二十六年　背之音佩　刺之七賜反　犀首魏官名也司馬云若今虎牙將軍公孫衍爲此官元嘉本作齒首　萬乘繩證反　爲君于僞反下請爲君同　忌也出走忌畏而走或言圍之也元嘉本忌作亡　扶敕一反三蒼云擊也郭云秩又豬栗反　折其之舌反　季子魏臣　又壞音怪　華子亦魏臣也　惠子惠施也　而見賢遍反下同　戴晉人梁國賢人惠施薦之於魏王　蝸音瓜郭音戈李云蝸蟲有兩角俗謂之蝸牛三蒼云小牛

螺也一云俗名黃犢　**數萬**色主反　**逐北**如字又音佩軍走曰北　**曰噫**於其反

言與音餘　**雖復**扶又反　**惝**音敞字林云惘也又吐蕩反　**筦**音管本亦作管

嗃許交反管聲也玉篇呼洛反又呼教反廣雅云鳴也　**劒首**司馬云謂劒環頭小孔也　**吷**音血又呼悅反司馬云吷然如風過　**所譽**音餘　**蟻丘**魚綺反李云蟻上山名　**之漿**李云賣漿家司馬云謂逆旅舍以菰蔣草覆之也　**登極**司馬云極屋棟也升之以觀也一云極平頭屋也

稯稯音總字亦作總李云聚貌本又作稯一本作稯初力反　**聖人僕**謂懷聖德而隱僕隸也司馬本僕作樸謂聖人坏樸也　**藏於畔**王云脩田農之業是隱藏於壠畔　**銷**音消司馬云小也　**捎其**本亦作捎　**不屑**屑絜也不絜世也本或作肖　**陸沈**司馬云當顯而反隱如無水而沈也　**長梧封人**長梧地名封人守封疆之人　**子牢**司馬云即琴牢孔子弟子

鹵音魯　**莽**莫古反又如字　**滅裂**猶短草也李云謂不熟也郭云鹵莽滅裂輕脫末略不盡其分也司馬云鹵莽猶麤粗也謂淺耕稀種也滅裂斷其草也　**芸**音云除草也　**變齊**才細反司馬如

字云變更也謂變更所法也齊同也　耰音憂司馬云鋤也廣雅云推也字林云摩田器也　厭滄

音孫本又作飧　離其力智反下同　以衆爲如字王云凡事所可爲者也遯離滅亡皆由衆

爲衆爲所謂鹵莽也司馬本作爲僞　欲惡烏路反注並同　之孽魚列反　萑音丸葦類　葦

于鬼反蘆也　蒹古恬反薕也　葭音加亦蘆也　並潰回內反　漏發李云謂精氣散

泄上潰下漏不擇所出也　漂本亦作瘭徐敷妙反又匹招反一音必招反　疽七餘反瘭疽謂病瘡膿出

也　疥音界　溲本或作廋所求反　膏司馬云謂虛勞人尿上生肥白沫也皆爲利欲感動失其正氣

不如深耕熟耰之有實　不齊才細反又如字　柏矩有道之人　辜辜罪也李云謂應死

人也元嘉本作幸人　強之其良反字亦作彊　朝服直遙反　幕音莫司馬云覆也

號天戶刀反　大菑音哉　離之離著也　所好呼報反　匿女力

反　爲物而愚一本作遇　不識反物性而強令識之　大爲難而罪不敢王云

凡所施爲者皆用物之所能則莫不易而敢矣而故大爲艱難令出不能物有不敢者則因罪之　所易

以豉反　不勝音升注同　民知音智下同　蘧其居反　詘起勿反廣雅云曲也郭音黜　然與音餘如字　又然乎言未然　大史音太　大弢吐刀反人名　伯常騫起虔反人名　狶本亦作俙同虛豈反又音希郭音郗李音熙　韋李云狶韋者太史官名　湛丁南反樂之久也李常淫反　樂音洛　不應應對之應　諸侯之際司馬云盟會之事　同濫徐胡暫反或力暫反浴器也　史䲡音秋司馬云史魚也　所搏音博郭作弊幣帛也徐扶世反司馬音蔽云引衣裳自蔽　而扶翼司馬云謂公及浴女相扶翼自隱也此殊郭義　故墓一本作大墓　沙丘地名　掘之其月反又其勿反　數仞所主反　洗而西禮反　不馮音憑　其子靈公郭讀絕句司馬以其子字絕句云言子孫不足可憑故使公得此處爲冢也　奪而里而汝也里居處也一本作奪而埋之　蒯起怪反　聵五怪反蒯聵衛莊公名　女處音汝下昌慮反　之見賢遍反　大公音泰下同　丘里之言李云四井爲邑四邑爲丘五家爲鄰五鄰爲里古者鄰里井邑土風不同猶今鄉曲各自有方俗而物不齊同

十姓百名一姓爲十八十姓爲百名則有異有同故合散以定之 積卑如字又音婢 天不賜

合水一本作合流 合并而爲公合羣小之稱以爲至公之一也 反覆芳服反 所拂扶弗反戾也又音弼

賜與也 國治直吏反 淳淳如字王云流動流貌

自殉殊面廣雅云面向也謂心各不同而自殉殊向自殉是非天隔故有所正者亦有所差 離也力智反 比于大澤本亦作宅 百材皆度度居也雖別區異所大澤爲居雖木石異端同以大山爲壇此可以當上里之言也 而讀李云讀猶語也

彊字巨丈反 惡起音烏 欲惡烏路反 橋起居表反下同又音羔王云高勁言所起之勁疾也

片合音判又如字 隨序謂變化相隨有次序也序或作原一本作享 所復扶又反

橋運之相使橋運謂相橋代頓至次序以相通理橋運以相制使也

季眞接子李云二賢人 孰徧音遍徐音篇 吠符廢反 大知音智

不可徂一本作阻

外物第二十六以義名篇

外物王云夫忘懷於我者固無對於天下然後外物無所用必焉若乃有所執爲者諒亦無時而妙矣

而化爲碧呂氏春秋藏其血三年化爲碧玉　孝己李云殷高宗之太子　曾參李云曾參至孝爲父所憎嘗見絕糧而後蘇　大絯音駭又音該又胡待反　水中有火乃焚大槐司馬云水中有火謂電也焚謂霹靂時燒大樹也　兩陷司馬云兩謂心與膽也陷破也畏雷霆甚憂心膽破陷也　憂樂音洛　螴郭音陳又楮允反徐敕晝反　蜳郭音惇又柱允反徐敕轉反李餘準反司馬云螴蜳讀曰忡融言怖畏之氣忡融兩溢不安定也　若縣音玄　慰暋武巾反李音昬又音泯慰鬱也暋悶也　沈屯張倫反司馬云沈深也屯難也　僓音頹又呼懷反郭云順也　貸粟音特或一音他得反　監河侯古銜反說苑作魏文侯　將貸他代反　而呼火故反　鮒音附廣雅云鰿也鰿音迹　波臣司馬云謂波蕩之臣　激西古狄反　早索所白反　枯魚李云猶乾魚也　任公子如字下同李云任國名

大鈎本亦作鈎 巨緇司馬云大黑綸也 犗郭古邁反云犍牛也徐音界說文云騬牛也司馬云犧牛也騬音繩犍紀言反 爲餌音二 蹲音存 會古外反 稽古兮反會稽山名今爲郡也 期年本亦作朞同音基言必久其事後乃能感也 錎沒音陷字林猶陷字也 鶩揚徐音務一本作鶩 鬐徐來夷反李音須 憚丹末反 赫火百反 千里言千里皆懼 若魚司馬云大魚名若海神也或云若魚猶言此魚 而腊音昔 制河諸設反依字應作浙漢書音義音逝河亦江也北人名水皆曰河浙江今在餘杭郡後漢以爲吳會分界司馬云浙江今在會稽錢塘 軨七全反又視專反又音權李云軨量八也本或作軨軨小也本又或作輕 諷說方鳳反 揭其列其謁二反 竿累劣彼反謂次足不得並足也本亦作纍司馬云力追反云綸也 趣本又作趨同七須反 灌瀆司馬云溉灌之瀆 守鯢五兮反 鮒音附又音蒲本亦作蒲李云鯢鮒皆小魚也 臚力於反一音盧蘇林注漢書云上傳語告下曰臚臚猶行也 傳治戀反又丈專反向云從上語下曰臚傳一音張戀反遽也 東方作矣司馬云謂日出也 襦而朱反 青青

之麥司馬云此逸詩刺死人也　陵陂彼宜反　布施始豉反　壓本亦作擪同乃
協反郭於琰反又敕頰反字林云擪一指按也　其顪本亦作嚛許穢反司馬云顪頤下毛也　金椎直追
反　控苦江反　徐別彼列反　老萊子楚人也　出薪出採薪也　趨
下音促李云下短也　末僂李云末上謂頭前也又謂背脊也　後耳司馬云耳却後
却近附近之近　視若營四海夫勞形役智以應世務失其自然者也故堯有亢龍之喻舜有
卷僂之談周公類之走狼仲尼比之逸狗豈不或信哉　傴律悲反舊魚鬼反又魚威反　去起吕
反注同　而本又作女　躬矜躬矜爲身矜脩善行　容知音智容智謂飾智爲容好　躄然
子六反　業可得進乎問可行仁義於世乎　令老力成反　而鶩本亦作敄
同五報反下同下或作騖　窶其矩反　之行下孟反　其易以豉反　相結
以隱郭云隱括也李云隱病患也雖相引以名聲是相結以病患　譽堯音餘　而閉一本
作門文注並　反无非傷也反逆於理　動无非邪也似嗟反動矜於是也　聖

人躊音疇躇直居反以興事以每成功每者每有成功也躊躇者從容也從容興事雖
有成功聖人不存猶致弊迹流毒百世況動矜善行而載之不已哉不逺于萬反宋元君
李云元公也案元公名佐平公之子阿門司馬云阿屋曲簷也宰路李云淵名龜所居
予爲如字又于僞反使河所吏反漁者音魚余音預且子餘反姓余名且也
覺古孝反令力成反會朝直遥反下同剞口孤反鑚左端反又左亂反
反遺筴初革反見夢賢遍反知能音智下及注同知有所困
一本作知有所不同至知音智下注皆同鵜徒兮反鶘鵜鶘水鳥也一名淘河去
小起呂反下注同不矯居表反石師石者匠名也謂無人爲師匠教之者也一本作所師致黃
又作碩師廁足音側又音測墊丁念反司馬崔云下也本又作塹七念反掘也
泉致至也本亦作至得強其丈反之行下孟反注同任與音餘覆
墜直類反所好呼報反豨虛豈反不波波高下貌不僻匹亦反

顫舒延反　哽庚猛反塞也　跈女展反郭云踐也廣雅云履也止也本或作蹍同

不般如字一音於靳反　其竇音豆　胞普交反腹中胎　有重直龍反　閬音浪郭云空曠也

勃谿音奚勃爭也谿空也司馬云勃谿反戾也無虛空以容其私則反戾共鬭爭也　六

鑿在報反　相攘如羊反郭云逆也司馬云謂六情攘奪　謚音賢郭音玄急也向本作茲云堅正也

柴柴積也郭云塞也　銚七遙反削也能有所穿削也又他堯反　鎒乃豆反似鋤田具也

到植時力反又音值立也本亦作置司馬云鋤拔反之更生者曰到植　眥子斯反徐子智反亦作揃子淺反三蒼云揃猶翦也玉篇云滅也　搣本亦作搣音滅又武齊反字林云批也批音千米反　非

佚音逸　以駴戶楷反王云謂改百姓之視聽也徐音戒謂上不問下也　演門以善反宋城門名

紀他徒何反　而踆音存字林云古蹲字徐七旬反又音尊　窾水音款又音科司馬云水名

弔之司馬云恐其自沈故弔之　踣徐芳附反普豆反字林云僵也李云頓也郭薄杯反

荃七全反崔音孫香草也可以餌魚或云積柴水中使魚依而食焉一云魚笱也　蹄大兮反兔

罥也又云兔弶也係其脚故曰蹄也罥音古縣反弶音巨亮反 **得夫**音符

寓言第二十七 以義名篇

寓言十九 寓寄也以人不信己故託之他人十言而九見信也 **重言** 謂爲人所重者之言也 **巵言** 字又作巵音支字略云巵圓酒器也李起宜反王云夫巵器滿即傾空則仰隨物而變非執一守故者也施之於言而隨人從變己無常主者也司馬云謂支離無首尾言也 **天倪** 音宜徐音詣 **藉** 郭云藉借也李云因也 **譽之** 音餘注同 **耆艾** 五蓋反 **曼衍** 以戰反 **復** 不扶又反下同 **惡乎** 音烏下同 **皆種** 章勇反 **才知** 音智 **而好** 呼報反注同 **惡** 烏路反注同 **蘁** 音悟又五各反逆也 **三釜** 小爾雅云六斗四升曰釜 **心** 樂音洛下注同 **不洎** 其器反 **參** 所金反 **无所縣** 音玄下同 **其罪乎** 縣係也心再化於祿所存者親也雖係祿而無係於罪也 **以爲** 于僞反 **以養** 羊尚反下同 **如鸛** 本亦作觀同古亂反 **蚊** 音文 **虻** 孟庚反司馬云觀雀飛疾與蚊虻相過忽然不覺也王云鸛

蚊取大小相縣以喻三釜三千鍾之多少元嘉本作如鸛蚊無虻字　**子綦**音其　**所復**扶又反

天籟力帶反　**則喪**息浪反　**惡乎**音烏下同　**天有歷**一本作天有歷

數　**景**音影又如字本或作影　**也括**古活反司馬云謂括髮也　**被髮**皮寄反

搜搜本又作叟同素口反又素刀反又音蕭向云動貌　**蜩甲**音條司馬云蜩甲蟬蛻皮也

蛇蛻音悅又吐臥反又始銳反　**吾屯**徒門反聚也　**陽子居**姓陽名戎字子居

之沛音貝　**邀**古堯反要也遇也玉篇云求也抄也遮也　**盥**音管小爾雅云澡也洒也　**漱**所又

反　**巾櫛**莊乙反　**不閒**音閑下同一音如字　**睢睢**郭呼維反徐許圭反　**盱盱**香于

反又許吳反又音虛廣雅云睢睢盱盱元氣也而汝也言汝與元氣合德去其矜驕誰復能同此心解異郭義

跋步末反　**畏難**乃旦反　**跳遠**于萬反　**蹙**子六反　**家公**李云主人

公也一讀舍者迎將其家爲句　**煬**羊尚反又音羊向反炊也　**去其**起呂反

讓王第二十八以事名篇

子州支父 音甫李云支父字也即支伯也 幽憂之病 王云謂其病深固也 善卷 卷勉反居阮反又音眷李云姓善名卷 衣皮 於既反下同 其處 昌慮反 石戶 本亦作后 之農 李云石戶地名農農人也 捲捲 音權郭音眷用力貌 葆力 音保字亦作保

以入於海 司馬云凡言入者皆居其洲島之上與其曲隈中也 大王 音太下同 亶 丁但反 父 音甫下同 邠 筆貧反徐甫巾反 不以所用養害所養 地所以養人也今爭以殺人是以地害人也人爲地養故不以地故害人也 因杖 直亮反 筴 初革反 相連 力展反司馬云連讀曰輦 岐山 其宜反或祁支反 不以養傷身不以利累

形 王云富貴有養而不以昧養傷身貧賤無利而不以求利累形也 弑其 音試 王子搜 素羔反又悉遘反又邀遘反李云王子名淮南子作翳 丹穴 爾雅云南戴日爲丹穴 以艾 五蓋反 王輿 一本作玉輿 援 音爰 而呼 火故反本或作歎 以舍 音捨

非惡 烏路反下及下章眞惡同 子華子 司馬云魏人也 昭僖侯 司馬云韓侯

攫俱碧俱縛二反又史號反李云取也　廢李云棄也司馬云病也一云攫者援書銘廢者斬右手

其輕於韓又遠絕句　魯君一本作魯侯李云哀公也　苴音麤徐七餘反李云有子麻也本或作麤非也　飯牛符晚反　之使所吏反下及下章同　家與音餘

而遺唯季反下皆同　復來音服或音扶又反下章皆同　緒餘並如字徐上音奢下以嗟反司馬李云緒者殘也謂殘餘也　土敕雅反又片賈行賈二反又音如字　苴側雅反又知雅反司馬云土苴如糞草也李云土苴糟魄也皆不眞物也一云土苴無心之貌

必察其所以之王云聖人眞以持身餘以爲國故其動作必察之焉所以之者謂德所加之方也所爲者謂所以待物也動作如此不必察也

所要一遙反　子陽鄭相　不好呼報反　即令力呈反　捬心徐音撫　得佚音逸　樂音洛　君過古臥反本亦作過　作難乃旦反下章同

殺子陽子陽嚴酷罪者無赦舍人折弓畏子陽怒責因國人逐猘狗而殺子陽　楚昭王名軫平王子　屠羊說音悅或如字　從者才用反　強之其丈反　見之

賢遍反下同　之知音智　入郢以井反　毀約如字徐於妙反　而見如字亦賢遍反　爲我于僞反　三旌三公位也司馬本作三珪云謂諸侯之三卿皆執珪也　妄施如字又始豉反　茨徐疾私反李云蓋屋也　蓬戶織蓬爲戶　桑以爲樞尺朱反司馬云屈桑條爲戶樞也　甕牖音酉司馬云破甕爲牖　二室司馬云夫妻各一室　褐下葛反郭音葛字或作褐　爲塞悉代反司馬云以褐衣塞牖也　匡坐而弦司馬云匡正也案弦謂弦歌　中紺古暗反李云紺爲中衣加素爲表　華冠胡化反以華木皮爲冠　縰履所倚反或所買反本或作縰并下曳縰同三蒼解詁作躧云躡也聲類或作屣韋昭蘇寄反通俗文云履不著跟曰屣司馬本作蹝李云縰履謂履無跟也王云體之能躡躡舉而曳之也履或作屨　杖藜以藜爲杖也司馬本作扶杖也　應門自對門也　嘻許其反　逡巡七旬反　希世而行司馬云希望也所行常顧世譽而動故曰希世而行　比周毗志反　爲人于僞反下爲己同　教以爲己學當爲己教當爲人今反不然也　仁義之慝吐得反惡也司馬云謂依託仁義爲姦惡　縕

袍 紵紛反司馬云謂麻縕爲絮論語云衣敝縕袍是也 **種** 本亦作腫章勇反 **噲** 古外反徐古活反司馬云種噲剃錯也王云盈虛不常之貌 **胼** 薄田反 **胝** 竹尼反 **胕** 竹久反 **見** 賢遍反 **餅** 之然反字或作饘廣雅云糜也一云紀言反家語云厚粥一音干謂干餅 **粥** 之六反又音育 **自樂** 音洛 **湫** 七小反徐在九反又七了子了二反又資酉反李音秋又七遥反一本作欣 **行脩** 下孟反 **不怍** 在洛反爾雅云慙也又音昨 **公子牟** 司馬云魏之公子封中山名牟 **瞻子** 賢人也淮南作詹 **魏闕** 淮南作魏司馬本同云魏讀曰魏象魏觀闕人君門也言心存榮貴許慎云天子兩觀也 **重生** 李云重存生之道者則名利輕輕則易絶矣此人身居江海心貪榮利故以此戒之 **能勝** 音升下同 **不能自勝則從** 絶句一讀至神字絶句 **无惡** 如字又烏路反 **乎** 絶句一讀連下不能自勝爲句 **重傷** 直用反下同 **萬乘** 繩證反 **不火食** 元嘉本無火字 **不糝** 素感反 **甚憊** 皮拜反 **伐樹於宋** 孔子之宋與弟子習禮大樹下宋司馬桓魋欲殺孔子伐其樹孔子遂行 **藉** 藉毀也又云陵藉也一云鑿也或云係也

喟去愧反又苦怪反 語之魚據反 臨難乃旦反 之隘音厄又於懈反

削然如字李云反琴聲亦作梢音消 扢許訖反又巨乙反魚乙反李云奮舞貌司馬云喜貌

執干干楯也 亦樂音洛下同 虞於潁陽廣雅云虞安也安於潁陽一本作娛娛樂也

共伯音恭下同 得乎共首司馬云共伯名和脩其行好賢人諸侯皆以為賢周厲王之難天子曠絕諸侯皆請以為天子共伯不聽即干王位十四年大旱屋焚卜於太陽兆曰厲王為崇召公乃立宣王共伯復歸于宗逍遙得意共山之首共丘山今在河內共縣西魯連子云共伯後歸于國得意共山之首紀年云共伯和即干王位孟康注漢書古今人表以為入為三公本或作丘首 眣古犬反 畝司馬云壟上曰畝壟中曰眣

辱行下孟反下章同 漫我武諫反徐武畔反下章同 清冷音零 之淵山海經云在江南一云在南陽郡西崿山下

瞀光音務又莫豆反本或作務 強力李云阻兵須力

忍垢司馬云垢辱也李云黙君須忍垢也 數閒音朔 椆水直留反本又作椆水徐音同又徒董反又音封本又作稠司馬本作洞云洞水在潁川一云在范陽郡界 知者音智 其難乃旦

反　**盧水**音閭司馬本作盧水在遼東西界一云在北平郡界　**淡然**徒暫反　**无槩**古代反　**孤竹**司馬云孤竹國在遼東令支縣界伯夷叔齊其君之二子也令音郎定反支音巨移反

血牲一本作殺牲司馬本作血之以牲　**嘻**許其反一音於其反　**祈喜**如字徐許記反

盡治直吏反　**揚行**下孟反下吾行戾行同　**以說**音悅　**以要**一遥反

故被皮義反　**貪冒**亡北反或亡報反下同　**稷契**息列反　**之噲**音快

篡初患反唐云或曰讓王之篇其章多重生而務光二三子自投于水何也荅曰莊書之興存乎反本反本之由先于去榮是以明讓王之一篇標傲世之逸志言在不降以厲俗無厚身以全生所以時有重生之辭者亦歸棄榮之意耳深於塵務之爲弊也其次者雖復被褐毀粥保身而已其全道尚高而超俗自逸寧投身於清泠終不屈於世累也此舊集音有聊復録之於義無當也

盜跖第二十九以人名篇

孔子與柳下季爲友柳下惠姓展名獲字季禽一云字子禽居柳下而施德惠一云惠謚也一

云柳下邑名案左傳云展禽是魯僖公時人至孔子生八十餘年若至子路之死百五六十歲不得爲友是寄言也 盜跖之石反李奇注漢書云跖秦之大盜也 從才用反 卒尊忽反下同 樞戶尺朱反徐苦溝反司馬云破人戶樞而取物也 入保鄭注禮記曰小城曰保 能詔如字敎也 竊爲于僞反下請爲爲我竊爲使爲皆同 說之始銳反 飄風婢遙反徐扶遙反 易辱以豉反 大山音太 膾古外反 餔布吴反徐甫吴反字林云日申時食也 髮上時掌反 此夫音符又如字 冠古亂反 枝木之冠如字司馬云冠多華飾如木之枝繁 帶死牛之脅許劫反司馬云取牛皮爲大革帶 繆說音謬 孝弟音悌本亦作悌 而傲古堯反 復通扶又反下同 願望履幕下司馬本幕作綦云言視不敢望跖面望履結而還也 瞋赤眞反徐赤夷反廣雅云張也 如乳如樹反 少長詩召反下丁丈反 反走小却行也 皆說音悅下同 知維音智 勇悍戶旦反 激丹古歷反司馬云明也 齊貝一本作含貝 音中丁仲反

南使所吏反下三字同　數百所主反下同　罷兵如字徐扶彼反　共祭音恭

之行下孟反下同　恒民一本作順民後亦爾　吾譽音餘下同　好面呼報

反下同　背音佩下同　橡音象　煬羊亮反　蚩尤神農時諸侯始造兵者也神農

之後第八帝曰榆罔世蚩尤氏強與榆罔爭王逐榆罔榆罔與黃帝合謀擊殺蚩尤漢書音義云蚩尤古之天子一

曰庶人貪者　涿鹿音卓本又作濁司馬云涿鹿地名故城今在上谷郡西南八十里　武王

殺音試下同　摓衣本又作縫扶恭反徐扶公反又音馮　淺帶縫帶使淺狹　矯言紀表反

說子路始銳反又如字　去其起呂反　危冠李云危高也子路好勇冠似雄雞形背負

豭牛用表己強也　其卒子恤反　身菹莊居反　以爲于僞反下同　堯

不慈不授子也　文王拘羑里紂之二十年囚文王　而強其丈反　可羞

如字本又作惡烏路反　負石自投於河申徒狄將投於河崔嘉止之曰吾聞聖人仁士民父

母若濡足故不救溺人可乎申徒狄曰不然昔桀殺龍逄紂殺比干而亡天下吳殺子胥陳殺泄冶而滅其國非聖

人不仁不用故也遂沈河而死　**以食**音嗣　**燔死**音煩燒也　**尾生**一本作微生戰國策作尾生高高誘以爲魯人　**磔**竹客反廣雅云張也　**操**七曹反　**瓢**婢遥反　**而乞者**李云言上四人不得其死猶豬狗乞兒流轉溝中者也乞或作走　**離名**力智反　**念本**本或作卒　**剖心**普口反　**以說**如字又始銳反　**上壽**音受又如字下同　**瘦**色又反　**能說**音悅　**亟去**紀力反急也本或作極　**死復**扶又反　**狂狂**如字又九況反　**汲汲**本亦作伋音急又音及　**詐巧**苦孝反又如字　**上車**時掌反　**三失**息暫反又如字　**芒然**莫剛反　**有行**如字　**自灸**久又反　**疾走料**音聊　**扁虎**音鞭又蒲顯反徐扶顯反本或作編音同　**頚**一本作料頭編虎須　**幾不**音祈　**可去**起呂反　**滿苟得**人姓名　**盍**胡臘反　**爲行**下孟反下注同盍何不也勸何不爲德行　**臧聚**司馬云謂臧獲盜濫竊聚之人　**有作**音昨　**宰相**息亮反下相而同　**入嫂**先早反司馬云以嫂爲室家　**爲臣**臣或作相　**殺君**申志反　**論則**力頓

反　**悖戰**布內反　**亦拂**扶弗反　**長幼**丁丈反　**五紀**司馬云歲日月

星辰曆數　**六位**君臣父子夫婦　**爲別**彼列反下同　**堯殺長子**崔云堯殺長子考監

明　**舜流母弟**弟謂象也流放也孟子云舜封象於有庳不得有爲於其國天子使吏治其國而封納貢

稅焉故謂之放也　**爲適**丁歷反　**且子正爲名**假設之辭也爲音于僞反下爲利同

不監本亦作鑑同　**吾日**人實反　**无約**如字徐於妙反　**抉眼**烏穴反

鮑子立乾司馬云鮑子名焦周末人汙時君不仕採蔬而食子貢見之謂曰何爲不仕食祿荅曰無

可仕者子貢曰汙時君不食其祿惡其政不踐其土今子惡其君處其土食其蔬何志行之相違乎鮑焦遂棄其蔬

而餓死韓詩外傳同又云槁洛水之上也　**勝子自理**一本理作俚本又作申子自埋或云謂申徒狄抱甕

之河也一本作申子不自理謂申生也　**孔子不見母**李云未聞　**匡子不見父**司馬

云匡子名章齊人諫其父爲父所逐終身不見父案此事見孟子　**所傳**丈專反　**无足**一本

作無知　**則下**遐嫁反下同　**樂意**音洛下同　**知不**音智下知謀同　**故推**

正不忘邪忘或作妄言君臣但推尋正道不忘故不用富貴邪爲智力不足故不用邪過世之士焉言人心易動但人與賢人俱生便自謂過於世人況親自爲富貴者乎慘七感反怛丹曷反之恐丘勇反窮美窮猶盡也究埶音勢本亦作勢一音藝究竟也俠人音協欲惡烏路反要名一遙反長阨音厄又烏賣反筦音管本亦作管籥音藥一本筦籥作壎篪口嗛苦簟反醪力刀反佁溺徐音礙五代反又戶該反飲食至咽爲佁一云偏也於馮氣馮音憤憤滿也下同言憤畜不通之氣也而上時掌反取慰慰亦作畏不舍音捨下同戚醮在遙反李云顦顇也又音子妙反疑刦許業反又曲業反內周樓疏李云重樓內匝疏軒外通謂設備守具財單音丹本或作蘄音祁繚音了又魚弔反理也

說劍第三十以事名篇

趙文王司馬云惠文王也名何武靈王子後莊子三百五十年洞紀云周赧王十七年趙惠文王之元年一

云案長歷推惠文王與莊子相值恐虒之言誤**喜劍**許紀反下同**夾門**郭李音協又古洽反

好之呼報反下同**无厭**於鹽反又於豔反**悝**苦回反太子名**募**音慕又音務

說王如字解也又音悅**與使**所吏反**以幣從**才用反一本作以幣從者**上**

說如字又始銳反下同**蓬**步公反本或作縫同**頭**蓬頭謂著兜鉾也有毛故如蓬**突鬢**必刃反司

馬本作賓云賓讀爲鬢**垂冠**將欲鬬故冠低傾也**曼胡**莫干反司馬云曼胡之纓謂麤纓無文理也

短後之衣爲便事也**於****瞋目**赤夷赤眞二反**語難**如字艱難也勇士憤氣積於心

胷言不流利也又乃旦反旣怒而語爲人所畏難司馬云說相擊也**乃說**音悅下大說同**與見**

賢遍反下劍見同又如字**王脫**一本作說同土活反**千里不留行**司馬云十步與一人

相擊輒殺之故千里不留於行也**乃校**司馬云考校取其勝者也校本或作教**士敦**如字

司馬云敦斷也試使用劍相擊斷截也一音丁回反**御杖**直亮反**所奉**司馬本作所奏

燕音燕谿地名煙谿在燕國**石城**在塞反**鍔**五各反司馬云劍刃也一云劍稜也**鐔**

音淫三蒼云徒感反劍口也徐徒南反又徒各反謂劍鐶也司馬云劍珥也 爲夾古協反司馬云把也

一本作鋏同一云鐔從稜向背鋏從稜向刃也 裹以音果 行以秋冬隨天道以行止也

芒然莫剛反 肝肺芳廢反 竊爲于僞反 而上時掌反下同

三環如字又音患繞也聞義而愧繞饌三周不能坐食 服斃婢世反司馬云忿不見禮皆自殺也

漁父第三十一以人名篇

緇帷司馬云黑林名也本或作惟 杏壇司馬云澤中高處也李云壇名 有漁父者

音甫取魚父也一云是范蠡元嘉本作有漁者父則如字 須眉本亦作鬚眉 交白如字李云俱也

一本作皎 揄音遙又音俞又褚由反謂垂手衣內而行也李音投投揮也又士由反 袂面世反李音芮

以上時掌反 距陸李云距至也 飾禮如字本又作飭音敕 下以化齊

民李云齊等也許愼云齊等之民也如淳云齊民猶平民元嘉本作化於齊民後句如無於字 君與

音餘下同 以危危或作僞 其分如字本又作介音界司馬云離也 杖直亮反 挐

女居反司馬云橈也音鐃　鄉而香亮反或作嚮同　緒言猶先言也　竊待待或作侍

咳苦代反　唾吐臥反　相巨息亮反　曰嘻香其反　之好呼報反下

同　巨少詩召反下同　而經子之所以經經營也司馬云經理也　正治

直吏反下官事不治同　不屬音燭　長少丁丈反後遇長同　不勝音升　行

不下孟反　工技其綺反　貢職職或作賦　春秋後倫朝覲不及等比也

不飭音敕　不泰本又作大音同徐敕佐反後同　八疵祀知反　之揔李云

謂監也　道言音導　稱譽音餘　以敗補邁反　惡人烏路反下同　之

慝他得反　善否悲美反惡也又方九反　兩容頰適善惡皆容顏貌調適也頰或作顏

以挂音卦別也又音圭　之叨吐刀反　很胡懇反　能去起呂反

愀然在九反又七小反又　難語魚據反下同本或作悟　愈數音朔　不離力智

反　故強其丈反下同　歡樂音洛下同　祿祿如字又音錄謂形見爲禮也司馬云

錄領錄也　蚤音早字亦作早　湛丁南反下同　上得過也謂得過失也過或作遇

而比如字謂親見比數也又毗志反　乃刺七亦反　波定李云謂戢如波也案謂船行故水波去遠則波定　旁車步浪反　萬乘繩證反下同　倨音據　敖五報反

曲要一遥反　磬折之設反　湛於湛或作其　下人遐嫁反下及注同　而

閒音閑　蝡如充反

列禦寇第三十二以人名篇或無列字

瞀人音茂又音務　奚方李云方道也　吾驚焉李云見人感己即遠驚也　惡

乎音烏　十饗子祥反本亦作漿司馬云饗讀曰漿十家並賣漿也　五饗先饋饋遺也謂十家中五家先見遺王云皆先饋進於己　不解音蟹司馬音懈　形諜徒協反郭云便辟也說文云閒也　成光司馬云形諜於衷成光華也　便辟婢亦反　貴老謂重禦寇過於老人

而鼇子兮反亂也　為食音嗣　贏音盈　萬乘繩證反　而效如字

本又作校古孝反**保女**司馬云保附也**无幾**居豈反**敦杖**音頓司馬云豎也**暨乎**

蹙之子六反**賓者**本亦作儐同必刃反謂通客之人**跣而**先典反

其器反**發藥**如字司馬本作廢云置也**而焉**於虔反**搖而本才**一本才作

性**又无謂也**動搖本才以致求者又非道德之謂也**小言**言不入道故曰小言**人**

毒以其多患故曰人毒**莫覺莫悟何相孰也**彼不敢告汝汝又不自覺何期相孰哉王

云小言爲毒曾無告語也孰誰也謂誰相親愛者既無告語此不相親愛之至也**而知**音智**食**

而一本作飽食而**敖遊**本又作遨五刀反下同**汎若**芳劒反**緩也**司馬云緩名也**呻**

音申謂吟詠學問之聲也崔云呻誦也本或作呻吟**裘氏**地名崔云裘儒服也**之地**崔本作之地蛇云地

蛇者山田荼種也**祇**音支郭李云適也言適三年而成也司馬云巨移反謂神祇祐之也**河潤**

九里河從乾位來乾陽數九也**使其弟墨**謂使緩弟翟成墨也**闔胡嘗視其**

良闔語助也胡何也良者良人斥緩也言何不試視緩墓上已化爲秋柏之實良或作埌音浪冢也**而**

見賢遍反 令墨力呈反 相捽才骨反言穿井之人爲己有之天然也喻緩不知翟天然 捽造泉之功而捽飲者不知泉之墨而忿之捽一音子晦反 不知音智注同 學父本或作久 仍自而證反本又作認同 道易以豉反 知雖音智 應其如字當也 朱泙李音平郭敷音泙反徐敷耕反 漫末旦反又末干反司馬云朱泙漫支離益皆人姓名 屠音徒 單音丹盡也 千金之家如字本亦作賈又作價皆音嫁 三絕句崔云用千金者三三也一本作三年則上句至家絕 技戚其綺反 愼於兵愼或作順 恬徒謙反 惔徒暫反本亦作淡 之知音智注及下爲知同 不離力智反 苞苴子餘反司馬云苞苴有苞裹也 竿音干 牘音獨司馬云謂竹簡爲書以相問遺脩意氣也 以遺唯季反下同 敝精神郭婢世反一音必世反 道物音導注同 甘冥如字本亦作瞑又音眠 發泄息列反徐以世反 泊然步各反 悲哉乎一本作悲哉悲哉 爲于僞反 宋王司馬云偃王也 使秦所吏反 數所主反 乘繩證反下同 王說音悅 阨於懈反 窘與隕

反又巨韻反槁苦老反又祛矯反本亦作矯居表反項李云槁項羸瘦貌司馬云項項槁立也黃馘古獲反徐況璧反爾雅云獲也司馬云謂面黃熟也秦王司馬云惠王也痤徂禾反舐字又作䑛食紙反痔治紀反愈下本亦作俞同瘳敕由反汲魚及反又五臘反危也令飾力呈反下同以視音示下同能復扶又反女與音餘又如字下順與同之見賢遍反離實力智反施於始豉反下注同而識如字又申志反商賈音古鋸音據戉音越捶之蘂反桎之實反梏古毒反宵人王云非明正之徒謂之宵夜之人也訙之本又作訙音信問也愿音願廣雅云謹愨也有長丁丈反若不肖外如長者內不似也有順王作慎懁音環又許訟反徐音絹三蒼云急腹也王云研辨也外慎研辨常務質訥縵武半反又武諫反李云內實堅外如縵也釬胡旦反又音干急也一云情貌相反卒然寸忽反其知音智其側側不正也一云謂醉者喜傾側冠也王云側謂凡為不正也側或作則易觀以豉反搜之

所求反反
正考父音甫宋湣公之玄孫弗父何之曾孫　而傴紆矩反　而僂力矩反
三命公士一命大夫再命卿三命　而夫郭云凡夫也　呂鉅矯貌　孰恊
唐許恊同也唐唐堯許許由皆崇讓者也言考父與而夫誰同於唐許也　睫音接　探射食亦反
自好呼報反注同　吡匹爾反又芳爾反郭云訾也　訾也子爾反　皆
思奉之矣本或作皆畢事也　美髯八鹽反　未曾才能反　傴佒於丈反本亦作央同傴佒守分歸一也　杖物直亮反　知慧音智　乃厚其身耳
元嘉本厚作後一本作乃後恒無怨也　傀郭徐呼懷反字林公回反云偉也　恬解音蟹
於知音智　者肖音消郭云釋散也　十乘繩證反下同　驕穉直吏反又池夷反李云自驕而穉莊子也　緯蕭如字緯織也蕭荻蒿也織蕭以爲畚而賣之本或作葦音同　鍛之丁亂反謂槌破之
九重直龍反　驪龍力馳反驪龍黑龍也　頷下戶感反　韲子兮反
粉夫音符　若挾戶牒反　僉曰七潛反　其使所吏反　衣

以於既反食以音嗣芻叔初俱反芻草也叔大豆也大廟音太髑音獨髏音樓矉毗人反䁘子六反珠璣音祈又音機一音其既反齎音資本或作濟子詣反鳶以全反螻音樓蟻魚綺反

天下第三十三以義名篇

惡乎音烏不離力智反下注不離離性下章離於同兆於本或作逃爲行下孟反章內同薰然許云反溫和貌崔云以慈仁爲馨聞也之粗七奴反卷內皆同以參本又作操同七曹反宜也以稽音雞考也蕃息音煩畜敕六反又許六反藏如字又才浪反醇順倫反四辟婢亦反本又作闢鄒莊由反孔子父所封邑道志音導下以道皆同名分扶問反尚復扶又反下章不復同未易以豉反得一偏得一術自好呼報反注及下同好惡烏路反淡本又作澹徒暫反漠音莫衆技其綺反不徧音遍稱神尺證反下章同哀矣如字

本或作喪息浪反　不侈尺紙反又尺氏反　不暉如字崔本作渾　則瘁在醉反

自矯居表反　墨翟宋大夫尚儉素　禽滑音骨又戶八反　釐力之反又音熙禽滑釐墨翟弟子也不順五帝三王之樂嫌其奢　而說音悅下注同後聞風而說皆同　大過音太舊敕佐反後大過大多大少放此

大順順或作循　度衆徒各反　非樂節用墨子二篇名　氾芳劍反　愛兼利化同己儉爲氾愛兼利　令百力呈反下同　有

夏戶雅反　有濩音護　有辟音壁　作武武樂名　七重直龍反下同

未敗敗或作毁　墨子是一家之正故不可以爲敗也崔云未壞其道　非歌生應歌而墨以歌爲非也　樂而音洛下及注同　觳郭苦角反徐戶角反郭李皆云無潤也　其行下孟反下注以成其行同

能任音王　湮洪水音因又音煙塞也沒也掘地而注之海使水由地下也引禹之儉同己之道　支川本或作支流　自操七曹反　槀舊古考反崔郭音託字則應作槖崔云囊也司馬云盛土器也　耜音似釋名耜似也似齒斷物三蒼云耒頭鐵也崔云梩也司馬云盛水器

也**而九**音鳩本亦作鳩聚也**雜**本或作朶音同崔云所治非一故曰雜也**腓**音肥又符畏反**无胈**步葛反又甫物反又符蓋反**脛**刑定反**甚雨**如字崔本甚作湛音淫**櫛**側筆反**裘褐**戶葛反**跂**其逆反**蹻**紀略反李云麻曰屩木曰屐屐與跂同屩與蹻同一云鞋類也一音居玉反以藉鞋下也**相**息亮反**里勤**司馬云墨師也姓相里名勤**苦獲己齒**李云二人姓字也**而倍**郭音佩又裴罪反**譎**古穴反崔云決也**相訾**音紫**以觭**紀宜反又音寄**不作**音誤徐音五作同也**巨子**向崔本作鉅向云墨家號其道理成者爲鉅子若儒家之碩儒**治之**直吏反**之好**呼報反注同**爲其**于僞反**枯槁**苦老反**不舍也**音捨下章同**忮**之豉反逆也司馬崔云害也字書云很也又音支韋昭音泊**白心**崔云明白其心也白或作任**宋鈃**音形徐胡泠反郭音堅**尹文**崔云齊宣王時人著書一篇**華山之冠**華山上下均平作冠象之表己心均平也**以別**彼列反又如字**宥****爲始**始首也崔云以別善惡宥不及也**聏**崔本作聏音而郭音餌司馬云色厚貌崔郭王云和也聏

和萬物物合則歡矣一云調也合驩以道化物和而調之合意則歡強以其丈反下皆同令
合力呈反下同上說音悅又如字下教上謂國主也悅上之教下也一云說猶教也上教教
下也聒古活反謂強聒其耳而語之也見厭於豔反徐於贍反爲人于僞反下自爲
同圖傲五報反苛察音河一本作苛其行下孟反又如字不當丁浪
反崔本作黨云至公無黨也易而以豉反於知音智下棄知同田駢薄田反齊人也
遊稷下著書十五篇愼子云名廣不徧音遍不至一本作不王无遺如字本又
作貴去己起呂反章內注同泠音零汰音泰徐徒蓋反郭云泠汰猶聽放也一云泠汰猶沙
汰也謂沙汰使之泠然也皆泠汰之歸於一也以此爲道理也或音裔又音替謑胡啓反又音奚又苦迷反
說文云恥也五米反髁戶寡反郭勘禍反謑髁訛倪不正貌王云謂謹刻也无任無所施任也王云雖謹刻
於法而猶能不自任以事事不與衆共之則無爲尚賢所以笑也横復扶又反无行下孟
反下人之行同椎直追反拍普百反輐五管反又胡亂反又五亂反徐胡管反圓也斷丁管

反又丁亂反方也王云椎拍輐斷皆刑截者所用　不師知音智　魏然魚威反李五回反

若飄婢遙反一音必遙反爾雅云回風爲飄　之還音旋一音環　若磨末佐反又

如字　石之隧音遂回也徐絕句一讀至全字絕句　全而无非磨石所剴鑢細全在人言德全無見

非責時言其無心也　不離力智反　夫塊苦對反或苦偎反　欲令力呈反

竄字亦作罭又作闞況遍反又火麥反向郭云逆風聲　惡可音烏　不見觀一本作不

聚觀　於魭五管反又五亂反　又斷丁管反郭云魭斷無圭角也一本無斷字　韙于鬼反是也

槩乎古愛反　澹然徒暫反　關尹關令尹喜也或云尹喜字公度　老聃他甘反

反即老子也爲喜著書十九篇　以濡如兖反一音儒　謙下遐嫁反　若響許丈反

芴音忽　谿苦兮反　之垢音苟　沖泊步各反　歸去軌反又去類反本

或作魏　不費芳味反　蜘音知　蛛音誅　工倕音垂　大初音泰　去

甚起呂反　迕逆五故反　无軟如兖反本或作濡音同　挫作臥反　芴

元嘉本作叔漢音莫死與音餘下同芒乎莫剛反下同謬悠謂若忘於情實
者也荒唐謂廣大無域畔者也而儻丁蕩反徐敕蕩反觭音羈徐起宜反莊
語並如字郭云莊莊周也一云莊正也一本作壯側亮反端大也以巵音支不敖五報
倪音詣不譴遣戰反瓌古回反瑋瓌瑋奇特也連犿本亦作抃同芳表反
又音獲又敷晚反李云皆宛轉貌一云相從之貌謂與物相從不違故無傷也參初林反注同差初宜
反諔尺叔反而𥓨婢亦反深閎音宏稠適稠音調本亦作調不
蛻音悅徐始銳反又敕外反汪汪烏黃反惠施施惠子名五車尺蛇反又音居
舛川兗反徐尺允反駁邦角反不中丁仲反厤古歷字本亦作歷物之意
分別歷說之至大无外謂之大一至小无內謂之小一司馬云無
外不可一無內不可分故謂之一也天下所謂大小皆非形所謂一二非至名也至形無形至名無名无厚
不可積也其大千里司馬云物言形為有形之外為無無形與有相為表裏故形物之厚盡於

無厚無厚與有同一體也其有厚大者其無厚亦大高因廣立有因無積則其可積因不可積者苟其可積何但千里乎**天與地卑**如字又音婢**山與澤平**李云以地比天則地卑於天若宇宙之高則天地皆卑天地皆卑則山與澤平矣**日方中方睨**音詣**物方生方死**李云睨側視也謂日方中而景已復昃謂景方昃而光已復沒謂光方沒而明已復升凡中昃之與升沒若轉樞循環自相與爲前後始終無別則存亡死生與之何殊也**大同而與小同異此之謂小同異萬物畢同畢異此之謂大同異**同體異分故曰小同異死生禍福寒暑晝夜動靜變化衆辨莫同異之至也衆異同於一物同之至也則萬物之同異一矣若堅白無不合無不離也若火含陰水含陽火中之陰異於水水中之陽異於火然則水異於水火異於火至異異所同至同同所異故曰大同異**南方无窮而有窮**司馬云四方無窮也李云四方無窮故無四方上下皆不能處其窮會有窮耳一云知四方之無窮是以無無窮無窮也形不盡形色不盡色形與色相盡也知不窮知物不窮物知與物相盡也獨言南方舉一隅也**今日適越而昔來**智之適物物之適智形有所止智有所行智有所守形有所從故形智往來相爲逆

旅也鑒以鑒影而鑒亦有影兩鑒相鑒則重影無窮萬物入於一智而智無閒萬物入於一物而物無眹天在心中則身在天外心在天內則天在心外也遠而思親者往也病而思親者來也智在物爲物物在智爲智司馬云彼日猶此日則見此猶見彼也彼猶此見則吳與越人交相見矣**連環可解也**司馬云夫物盡於形形盡之外則非物也連環所貫貫於無環非貫於環也若兩環不相貫則雖連環故可解也**我知天之中央燕之北越之南是也**司馬云燕之去越有數而南北之遠無窮由無窮觀有數則燕越之閒未始有分也天下無方故所在爲中循環無端故所行爲始也**氾**芳劍反**愛萬物天地一體也**李云日月可觀而目不可見愛出於身而所愛在一物天地爲首足萬物爲五藏故肝膽之別合於一人人之別合於一體也**爲大觀**古亂反**於天下**所謂自以爲最也**曉辯**字林云辯慧也**樂之**音洛**卵有毛**司馬云胎卵之生必有毛羽雞伏鵠卵卵不爲雞則生類於鵠也毛氣成毛羽氣成羽雛胎卵未生而毛羽之性已著矣故鳶肩蜂目寄感之分也龍顏虎喙威靈之氣也神以引明氣以成質質之所剋如戶牖明暗之懸以晝夜性相近習相遠則性之明遠有習於生**雞三足**司馬云雞兩足所以

行而非動也故行由足發動由神御今雞雖兩足須神而行故曰三足也**郢有天下**郢楚都也在江陵北七十里李云九州之內於宇宙之中未萬中之一分也故舉天下者以喻盡而名大夫非大若各指其所有而言其未足雖郢方千里亦可有天下也**犬可以爲羊**司馬云名以名物而非物也犬羊之名非犬羊也非羊可以名爲羊則犬可以名羊鄭人謂玉未理者曰璞周人謂鼠腊者亦曰璞故形在於物名在於人**馬有卵**李云形之所託名之所寄皆假耳非眞也故犬羊無定名胎卵無定形故鳥可以有胎馬可以有卵也一云小異者大同犬羊之與胎卵無分於鳥馬也**丁子有尾**李云夫萬物無定形形無定稱在上爲首在下爲尾世人爲右行曲波爲尾今丁子二字雖左行曲波亦是尾也**火不熱**司馬云木生於水火生於木木以水潤火以木光金寒於水而熱於火而寒熱相兼無窮水火之性有盡謂火熱水寒是偏舉也偏舉則水熱火寒可也一云猶金木加於人有楚痛楚痛發於人而金木非楚痛也如處火之鳥火生之蟲則火不熱也**山出口**司馬云形聲氣色合而成物律呂以聲兼形玄黃以色兼質呼於一山一山皆應一山之聲入於耳形與聲並行是山猶有口也**輪不蹍**本又作跈女展反**地**司馬云地平輪圓則輪之所行者跡也**目不見**

司馬云水中視魚必先見水光中視物必先見光魚之濡鱗非曝鱗異於曝鱗則視濡也光之曜形異於不曜則視見於曜形非見形也目不夜見非暗晝見非明有假也所以見者明也目不假光而後明無以見光故目之於物未嘗有見也**指不至至不絕**司馬云夫指之取物不能自至要假物故乖然假物由指不絕也一云指之取火以鉗刺鼠以錐故假於物指是不至也**龜長於蛇**司馬云蛇形雖長而命不久龜形雖短而命甚長**矩不方規不可以為圓**司馬云矩雖為方而非方規雖為圓而非圓譬繩為直而非直也鑿曹報反**不圍枘**如銳反司馬云鑿枘異質合為一形鑿積於枘則鑿枘異圍鑿枘異圍是不相圍也**飛鳥之景**音影**未嘗動也**司馬云鳥之蔽光猶魚之蔽水魚動蔽水而水不動鳥動影生影生光亡亡非往生非來墨子曰影不徙也**鏃**子木反郭音族徐朱角反三蒼云矢鏑也**矢之疾而有不行不止之時**司馬云形分止勢分行形分明者行遲勢分明者行疾目明無形分無所止則其疾無間矢疾而有間者中有止也質薄而可離中有無及者也**狗非犬**司馬云狗犬同實異名名實合則彼所謂狗此所謂犬也名實離則彼所謂狗異於犬也**黃馬驪**力智反又音梨**牛三**司馬云牛

馬以二爲三曰牛曰馬曰牛馬形之三也曰黃曰驪曰黃驪色之三也曰黃馬曰驪牛曰黃馬驪牛形與色爲三也故曰一與言爲二二與一爲三也

白狗黑司馬云狗之目眇謂之眇狗狗之目大不曰大狗此乃一是一非然則白狗黑目亦可爲黑狗

孤駒未嘗有母李云駒生有母言孤則無母孤稱立則母名去也母嘗爲駒之母故孤駒未嘗有母也本亦無此句

一尺一本無一字

之棰章蘂反

日取其半萬世不竭司馬云棰杖也若其可析則常有兩若其不可析其一常存故曰萬世不竭

桓團李云人姓名徐徒丸反

之囿音又

其柢丁計反

天地其壯乎司馬云惠施唯以天地爲壯於己也

施存雄而无術司馬云意在勝人而無道理之術

倚人本或作畸同紀宜反李云異也

黃繚音了李而小反云賢人也

不墜直類反

霆音廷又音挺

偏爲音遍下于僞反

隩烏報反李云深也謂其道深

一蚉音文

一蝱孟庚反

愈貴羊主反李云自謂所慕愈貴近於道也

駘李音殆

蕩駘者放也放蕩不得也放

悲夫音符

論者力困反

較音角

評音病

不中丁仲反

或

倦本亦作勌同 **其思**息嗣反 **不邪**似嗟反 **好事**呼報反子玄之注論其大體眞可謂得莊生之旨矣郭生前歎膏粱之塗說余亦晚覩貴遊之妄談斯所謂異代同風何可復言也或曰莊惠標濠梁之契發郢匠之模而云其書五車其言不中何也豈契若郢匠褱同寢斤而相非之言如此之甚者也荅曰夫不失欲極有教之肆神明其言者豈得不善其辭而盡其喻乎莊生振徽音於七篇列斯文於後世重言盡涉玄之路從事發有辭之敘雖談無貴辯而教無虛唱然其文易覽其趣難窺造懷而未達者有過理之嫌袪斯之弊故大舉惠子之云辯也

經典釋文卷第二十八

經典釋文卷第二十九

爾雅音義上

唐國子博士兼太子中允贈齊州刺史吳縣開國男陸德明撰

爾雅序

夫音符爾字又作邇雅字亦作疋詁音古又音故興許應反揔子孔反

鈐其廉反鍵字又作楗其展反字林巨偃反鋭也一曰鍩也廣雅云鍵牡也小雅云鍵謂之鑰方言云鑰也自關而東陳楚之間謂鑰為鍵或一音巨言反潭徒南反奧烏報反摛勑知反說文云舒也翰寒半反華胡瓜反苑於阮反莫近如字又音附近之近中古丁仲反又如字中古謂周公也豹百教反瞻時豔反玩五貫反耽丁南反璞普剥反

不揆巨癸反檮徒刀反檮檮杌也少而詩照反沈直金反研五堅反鑽子官反註之戍反紛芳云反謬靡幼反鄭注禮記云誤也方言云詐也本或作繆音同

以復扶又反綴丁衛反又丁劣反會古外反周禮注云計也本又作[扌會]音同廣雅云[扌會]收也捽子外反又子骨反聚也謠音遙錯綜子宋反剟丁悅反說文云刊也廣雅云削也又都活反瑕戶加反玉翳也礫力的反說文云小礓石搴字又作攓居展反又去虔反拔也蕭先遼反稂音郎稂童粱穖禾草也詩云不稂不莠隱於謹反滯直例反援音袁引也所易以豉反了本亦作憭音同照察也祛去魚反痦五故反篲字又作彗似稅反又四醉反一音息遂反說文云掃竹也企上豉反躅本又作蹢直錄反漢書音義躅迹也韋昭音擢云三輔謂牛蹄迹為躅鄭氏音拘[扌屬]案字林[扌屬]音竹足反

釋詁第一

音古又音故樊光李巡本作故說文云詁故言也字林同張揖雜字云詁者古今之異語也

哉子來反亦作裁肇音趙胎天才反孫炎大才反本或作台俶字又作俶尺叔反權巨員反輿音余令力政反胚字又作衃同普才反又匹尤反淮南子及文子並云婦孕三月而胚說文云胚婦孕一月也胚凝血烝本又作蒸同之仍反辟必亦反壬而心反

通見賢遍反下迄卷終注悉放此　宏戶萌反　溥音普　介音界　夏戶雅反　憮
火吳反下同　庬亡江反又亡項反方言云庬深之大也　墳符云反　嘏古雅反　丕字又作丕同普
悲反　奕以昔反　誕音但　駿子浚反又荀閏反　假古雅反　濯直角反　訏本又
作盱同香于反　穹起弓反　壯側狀反　箌郭陟孝反顧野王都角反說文云草大也孫都
耗反　昄沈旋蒲板反此依詩讀也孫郭方滿反字林方但方旦二反施乾蒲滿反顧音板又普姦普練二反　晊
舊音之日反本又作至又作脛顧音充尸反　蓆音席　謨亡乎反　迄許訖反　臻側巾
反　弔如字又音的　艘郭音屆孫云古屆字顧子公反　格更伯反字或作格　戾力帝反
擢昨雷反又祖雷反　詹音占　屆音界　適傷亦反　賚力代反又力臺反　貢字或
作贑同　畀必寐反下及注同　予羊汝反下同　貺許誑反本或作況　淑市六反　鮮
息淺反又音仙本或作誓沈云古斯字郭音義云本或作尠非古斯字案字書誓先奚反亦訓善　省先郢反
臧子郎反　令力政反　綝勑金反郭勑淫反　彀古豆反一音古侯反　徽音暉

藩方元反　大姒音泰　怡以之反　懌音亦　衎苦旦反　愉羊朱反　愷苦在反　妉丁含反　般蒲安反　樂也音洛　協胡頰反　適孫云古述字讀聿亦音橘　率所律反　循音旬　循行下孟反　竫音靜　漠孫音莫舍人云心之謀也　度徒洛反注同　諏子須反　猷音猶　肇音趙　究九又反　謨亡胡反　基本或作諆音同　謀莫浮反　虢古伯反　閎夭音宏下於兆反　原音元　彝以而反　範音犯字或作范同　戛居黠反郭苦八反　職之力反　秩長栗反　柯古河反　辟婢亦反下同　踰以朱反　矩俱宇反　辜古胡反　辠古罪字秦始皇以其字似皇字改從罒非　皃本今皆作覬五兮反一音如字　鮐天才反一音夷　背博內反　耇音苟　𦓃音壽本又作壽　更古孟反　隋徒火反又作隨同　細先計反　耆巨伊反　通稱尺證反　允音尹　孚音敷　亶丁但反　諶甚針反　淮汭仁銳反　岱音待　謔許虐反　笑蘇誚反　敖五報反　戲

虛寄反　調徒弔反　粵音越　爰音袁　稼古乍反　穡音色　征之成反

那乃河反　繇除又反注同孫音由又音遙　於也音烏注同　皋陶音遙　欱古荅反　郃音合又音洽　盍胡臘反　翕許急反　仇音求　偶五口反　妃音配又芳非反下同

雠市周反　樂子音洛　馮身皮冰反　媲普計反郭音譬字林匹地反

紹市小反　肖羊忍反又以刃反　纂子管反　綏汝誰反　續子狄反　係戶帝反

繼音計　氣本或作氣同許氣反　謚時至反　溢以日反　蟄直立反　貉莫白反又武博反

謐彌畢反　顗魚豈反又五愷反　頠魚毀反沈五罪反孫郭五果反　隕于閔反　磒于敏反石落也　湮郭音因又音烟又音翳　降古巷反　墜本又作隊同直類反　摽婢眇反又普交符表二反　蘦力丁反字或作苓說文云草曰苓木曰落　沈直今反　令力政反說文云發號也　禧許其反　眕之忍反　誶沈音粹郭音碎告也本作訊音信　誥羔報反又古酷反　告古篤反

悠音由　迥戶頂反　逷說文云古逖字他歷反郭湯革反　闊苦活反　虧字又作虧

祛危反郭又許宜反 **壞** 音怪說文云敗也籀文作敳字林云壞自敗也下怪反敳毀也公壞反 **圮** 孫房美反岸毀也 **垝** 古委反 **垣** 音袁 **戾** 本作矢同失耳反 **繹** 音亦 **旅** 音呂 **尸** **寀** 李孫郭並七代反下句及注同樊七在反 **寮** 字又作僚同力彫反 **采** **業** 七在反 **服** 本或作艘同符福反又作般字 **貫** 古玩反 **羕** 羊讓反字從永說文云水長也 **引** 以忍反 **駿** 本或作俊又作峻同子閏反 **長** 直良反 **喬** 郭音橋或音驕 **嵩** 宿忠反 **惈** 音果本今作果 **捷** 才接反 **肩** 音堅 **堪** 字又作戡同苦含反 **勝** 尸證反注及下同 **夸** 口花反或作誇非 **[illegible]** 郎兮反國名本作黎 **殺** 所黠反舊所例反說文云弒也 **獮** 息淺反說文或作[illegible] **刺** 七賜反說文云君殺大夫曰刺刺直傷也周禮司刺掌三刺之法以聽獄訟或七亦反 **應** **殺** 應對之應 **亹亹** 字或作亹同亡匪反 **蠠** 彌畢反又亡忍反本或作蠠說文曰蠠古蜜字 **敦** 丁門反本今作敦 **勖** 許玉反 **釗** 古堯反又之遙反 **茂** 字又作懋亦作[illegible]同亡候反 **劭** 上照反或上遙反 **勔** 字本作偭又作黽或音泯又彌兗反 **偭** 字又作黽亡忍反又亡衍反 **茂** **哉** 或作茂才

鶩音務　暋音閔或作旻　強也其丈反注同　卬五剛反　台孫羊而反下同　子

余並羊如反　妜烏郎烏黨烏浪三反說文云女人稱我曰妜　任而鴆反　眕之忍反

某音畝　躬音弓　畀必二反　陽音賜又如字本或作賜　予羊汝反　巴

伯家反　濮音卜　誘余九反　餤沇大甘反徐仙民詩音閻餘占反郭持鹽反　晉本又作晋

藎本又作燼同徐刃反　餞徂淺反　迪大的反　烝之仍反　左右音佐佑下同

相息亮反下文同　道徒報反本或作導注及下同　勴力庶反　介音界　反覆芳服

反　緝七入反　熙許其反　晧胡老反　頞古迴反　劼苦黠反郭苦八反或作硈

字古黠反　鞏九勇反　篤丁毒反　掔音牽又却閑反郭音義本與搤指物同　虔音乾　膠音交

疇本又作𠷎直留反　祉音恥　睢于况反又于柄反　藐亡角反　禕於宜

反　懿音意　鑠舒灼反　巳上時掌反　美盛或作晠同　諧下階反　輯音集

又七入反　噰噰於恭反　勰本又作協同戶牒反　燮蘇頰反　弼白筆反　重

也直龍反注同　疊音牒　𣪍胡角反又胡谷反　卒子恤反字或作猝　泜巳忍反

磬苦定反　罄苦計反說文口地反云器中盡也本或作罊字音同廣雅云罊劇也　殲子廉反

拔步八反　殄大典反　厭一豔反　苞百交反　蕪音無或巳甫反蕃滋生長也古本作

隸　豐敷馮反　孳孫子由反郭音遒案遒音子由徂秋二反　斂力儉反　屈巳勿反

戢側立反　蒐所求反　裒古字作褏蒲侯反下同字本或作捊　鳩居牛反說文作勼音九尤反　摟

力侯反從手本或作樓非　隰音習　拘古侯反　遄市專反　亟欺冀反又居力反

屢力具反　數色角反　迅信峻二音　徂才孤反　疌本或作寁同子感反　肅亟

字又作苟同居力反經典亦作棘同　壑本或作叡同許各反郭胡郭反　阬阬苦衡反　滕徒登反

隍音皇城池也　㵪字又作歉同苦郎反說文云水之空也方言作康亦空也郭云本或作荒荒亦巳墟

之空無　虛也許居反　谿音溪　塹七豔反　墟去魚反　烝之仍反

洋音羊洋溢多貌讀羊者或爲詳非也　觀顧謝音官施古喚反注同　那奴多反本或作𠕎　差

楚佳反　柬音簡　慄六日反　驩女版反　竦息勇反　恐丘勇反　慴之涉反

痡普胡芳膚二反詩作鋪　瘏音徒詩作屠　虺虎回反又呼懷反　穨徒回反　劬土于反

咎音臼　顇字或作悴在醉反　瘽音勤字亦作懃　瘉羊朱反又羊主反　鰥古頑反注瘝同

癙傷汝反舍人云癙癵瘇痒皆心憂憊之病也孫炎云癙者畏之病也字林音恕詩作鼠　癵郭作拘攣同力專反

瘇音里　痒音羊　疷祈支反或丁禮反本作疲字書云疲病也聲類猶以爲疷字又音支孫炎云滯之病也

疵音慈　疚音救　痗音昧一音晦　瘥徂何反又子裒反　痱符非反又符佛反說文蒲愷反風病也

癉丁但反又徒丹反孫炎云疲病　瘵側界反字林側例反　瘼音莫　癠徂細反或徂犂反

瘣呼回反字林云病也今經注無此字　恙羊讓反　寫悉冶反　悝音里　盱本或作忓同香于反

繇音遙　慘七感反　罹力知反　勩字或作勣與世反郭音謚字亦作肆　邛巨凶反　敕本又作飭竝恥力反案說文字林來旁作力是勞來之字束旁作攵是始音丑力反　愉羊主反又羊朱反

癉丁賀反本或作憚音同　窳羊主反字林云汙也音烏說文云汙窬也案汙窬猶汙邪也　勞

力報反注同　來本又作勑力代反本或作賚　強其丈反注同　翦子淺反　篲本又作彗同息遂反又祖歲反　迨其音待　悠傷字書作傷尸羊反　憂思司嗣反注同　惄乃歷反　如調竹留反毛詩傳云朝也　祉音恥　戩音翦又章善反孫音箭　祓音廢又音拂又方妹反　禧許其反　禠音斯郭常支巨移二反　祜音戶　俾必爾反　禋音因注同　祀音似　祠音詞周春祭名　蒸之升反冬祭名　嘗字又作常秋祭名　禴字又作礿同餘若反夏祭名　儼魚儉反　恪口各反　祗旨夷反　諲音因又音眞　熯而善反郭音罕說文蒼頡篇皆同　晙子峻反又音峻　須音須　竢音仕字又作俟亦作戺音同　替他計反　戾音麗　底之視反字宜從厂或作底非也底音丁禮反　徯胡禮反　嗃郭音聿施音述　幾音祈又音機　譏音祈又音沂郭音剴案剴音公哀反說文云摩也　汽古愛反施音旣樊孫虛乞反　摩莫河反　近附近之近　治如字施直吏反　肆音四　惇字又作憻丁門反　亶多但反　祜音戶　掔却賢反又苦閑苦忍二反　仍本或作扔同汝烝反　肶音毗本或作膍同　埤避支反又音婢

竺字又作篤同丁毒反 腹分伏反 皆重直龍反 謨亡胡反郭音慕 詐側駕反

謀亡侯反 話胡快反 猷音由字亦從犭 載行下庚反郭下孟反注同 訛字又作吪

亦作譌同五戈反 盟音明 詛側慮反 祇於喬反本又作妖同 遘古豆反 遌

也字又作迕同五故反 轉復扶又反 釗工堯反又章堯反 覿見也賢遍反注同

監音鑒又工杉反字又作監 涖音利又音類 覞他弔反 相施息亮反又息良反 訩

音凶 閒古閑反隙也舊音閑 隙去戟反 瘞猗例反郭音翳 匿女力反 蔽必曳

反 竄麤亂反 妥孫他果反郭他回反又他罪反劉昌宗音儀禮同字林亦同 按一旦

底丁禮反 厎之視反 尼施女乙反謝羊而反 曷何末反 遏烏割反 抑於力

反 射羊石反字又作斁同 厭於豔反 梏古沃反郭音角 梗古杏反 較古學反 顥

他鼎反 密亡筆反 易也以豉反注同 弛也尸紙反 弛易施李音尸

紙反下音亦顧謝本弛作施并易皆以豉反注同 鮮息淺反下同 罕火旱反 酢才各反

侑本或作宥同于救反　眦如字樊光本作庇云瘞也　暴本又作爆同邦角反　樂也本又作爍

郭音洛又力角反　瘱於禁反又作瘞同　覭郭亡革反又莫經反　髳音蒙　茀音弗　叢才工反　茸如容反或如融反　薈烏會反　蠱音古　諂郭音縚他刀反字或作慆沈勑檢反

楨音貞　榦本又作幹胡旦反又作翰　棐音匪　比毗志反注同　俌音輔郭方輔反字林音甫　諶市林反本今作忱　壃字又作畺音姜經典作疆假借字　圉魚呂反

埸羊石反廣雅云界也　旁步郎反　聊音遼　敵音狄　彊巨良反下注同　應本或作膺同於矜反　耆好呼報反　浡步忽反　蠢尺允反　俶昌育反　呰子爾反或子移反郭音些薺廣雅些辭也息計反又息賀反謂語餘聲也　已此音以　䰍本或作[illegible]字林云皆古嗟字　罝音嗟　狎乎甲反　串郭音五患反沈謝古患反　慣本又作貫又作遦同古患反

厭於豔反　怢音逝又時設反張揖雜字音曳云狃忕過度　曩奴黨反　逮音代

一音大計反　暨其器反　隲之實反又音陟　假音遐　躋子兮反　陞音升

揮許韋反 盝音鹿 歊虛謁反 涸戶各反 渴音竭本或作竭 毋音無本今作無 漉音鹿
去水起呂反 拒音震 拭音式 刷字又作㕞所劣反說文云刮也廣雅云削也 清也
如字劉音儀禮慈性反 抆亡粉反 埽素老反 閒古莧反注同謝古閑反郭古鴈反施
胡瞎反 饁于輒反字林于怯反 饟式亮反 饋也本或作餽同巨愧反 遷七延反注同
徙斯介反 拱九勇反 廞郭音歆又音欽字林火欽反 興也如字又許應反
蹶居衛反下同 假戶嫁反 廢字亦作癈同甫穢反 稅始銳反 舍音捨注同
棲音西 遟直夷反 憩起例反本或作愒同 㱙苦怪反又墟季反字林以爲喟巨愧反孫本作快郭
音苦槩反又作嘳墟愧苦怪二反 齂郭施謝海拜反孫虛貴反顧乎被反 呬郭許四反孫許器反施火季反
供如字又居用反 峙直紀反 共音恭 惈亡矩反又音無 憐力田反 娠指慎反又
音身 蠢尺允反 戁奴板反 妯顧依詩勑留反郭盧篤反又徒歷反 騷蘇刀反 訛五禾
反 帨始銳反毛詩傳云佩巾也 覆芳福反後注同 副音赴 校音教 長丁丈

反下文并注同　諦音帝　契郭苦計反字又作挈顧苦結反注同左傳云盡借邑人之車契其軸是也

殄大典反　刻音克　斷大管反　迪音狄　繇音由　道也如字或徒報反非

僉七廉反　胥息廬反　耆巨之反禮記云六十曰耆　艾五蓋反下同禮記曰五十曰艾

多更音庚　秭音姊　算字又作筭素緩反郭息轉反　數也色具反注同謝色主反

傅也符付反注同　覛字又作脈亡革反　相息羊反讀者或息亮反今不用　乂字又

作燮亦作刈同魚廢反　漏郭古沒反又胡忽反　治直吏反謝如字　作汨古沒反　頤

以之反　汱姑犬反施胡犬反顧徒蓋反字宜作汏　渾胡本反　隕于敏反　墜也直類反

翜所甲反　捷才接反　毖音祕　溢音逸　陶徒刀反　繇音由一音遙

馘古獲反本又作聝音同　穧本或作齊同才細反依注字宜從禾　穫禾一本作獲禾戶郭反

難奴旦反注同一音如字　剡羊冉反　䂮力約反詩本作畧　耜音似　允任而鴆

反又而淫反注同　壬而今反注同　俾必尒反　拼北萌反以利使人曰拼從手　抨普耕反案

字書拼抨並音普耕補耕二反訓義亦同今既二字相隨故多互其讀也亦從手彈也字又作伻音同使人也

使令力呈反　儴樊孫如羊反引論語其父攘羊釋之作攘注云因來而盜曰攘施息羊反　督多毒反　享虛丈反下注同　縱于用反　縮所六反　掣昌世反　探吐南反

篹初患反　俘音孚　摸亡各樓胡二反　爲治直吏反　曩乃朗反　爲嚮許亮反本今作鄕

省息井反　璿音旋又作璇　栫五割反本或作栓又作不注作蘖並同說文作巘以栓不爲古文蘖爲或體云伐木之餘　訶五駕反本又作迓　跛布我反　軫之忍反

蔫遭練反　摯之二反　臻則巾反　賡古孟反沈孫音庚說文以爲古文續　續似欲反

祔音附郭音付　祪俱毀反　尼本亦作昵同女乙反謝羊而反顧奴啓反下同

幾音機又音祈　暱女乙反　妥郭他回反沈他果反　傳命直攣反　貉亡白反下同施胡各反

綸音倫　繩音乘　嘆音莫本亦作莫　卒子恤反又作碎下同　猷音由

假古雅反　輟丁劣反　已音以　棶巨牛反又作求　酉在由反又子由反郭音遒　就如字

或作䝔子六子合二反又作䝔同 **殄**音終本又作終 **薨**火弘反 **殂**音徂本又作徂 **𣧞**音落本又作落 **殪**於計反 **同稱**尺證反

釋言第二魚韃反詩傳云直言曰言書傳云言辭章也東方朔云誦詩九萬言謂一字爲一言也說文從口從䇂聲左傳云介之推曰言身之文也仲尼曰言以足志文以足言廣雅云言從也此釋言篇者釋古今之訓義

中如字又音仲又知衆反 **距**又作歫同音巨 **斯**私貲所宜二反 **誃**尺氏反 **謖**所六反 **還**音旋 **復**音服 **返**音反說文同云春秋傳作𢓜從彳 **徇**本又作徇樊本作徇並辭峻反郭音巡張揖字詁云徇今巡施音詢進本又爲均序 **徧**古遍字 **駲**而實反郭音義云本或作遷聲類云亦駲字同 **遽**其據反 **傳也**張戀反注同 **車**音居 **蒙**莫公反小爾雅云覆也 **覆**音副 **告**古毒反 **噰**於容反 **徠**音來本今作來 **眕**之忍反 **底**之視反

侈音是 **怙**音戶 **恃**音市 **適**古述字一音餘橘反 **俞**羊朱反 **畣**古荅字一本作荅

男 **唯**維癸反 **者** **應**音譍 **臚**呂居反 **幾**音機 **觀**施音館謝音官注同

肯口等反　敖五刀反　幠郭火孤反沈亡甫反　傲也五報反　稺也直利反又音稚

諐去虔反　戾力細反　壯阻亮反　悈本或作極又作亟同紀力反或音戒　褊必淺反說文云小衣也廣雅云褊狹陋也　狹戶甲反　貿音茂字又作貿同　賈音古　厞符沸反字又作陫同　側音仄　遾嘗例反　逮音代一音徒帝反　圮皮美反　覆芳服反注同　荐徂薦反又徂遜反郭徂佷反　原舍人本作蠠音同　再子代反　重直用反又直龍反　憮亡甫反　敉亡婢反郭敷靡反孫敷是反　臞字又作癯同求俱反　脙音求

瘠秦昔反　桄孫作光古黃反　頠古迴反　婁本又作屢同力住反　暱女乙反　亟墟記反　亦數色角反　忒他得反或作⿰亻忒　佴而志反　劑即隨反　翦子淺反

饋方云反字又作餴同說文作饎云滫飯也饋餴並同饎也字書云一蒸米　餾力又反　稔字又作餁同而審反　餐音脩又西九反又所九反一音孫廣雅饋謂之餐也蒼頡篇云餐饋也　飰字又作餅俗作飯同符萬反字林云飯食也扶晚反飤也　媵以證反又繩證反方言云媵寄也記也送也　造才早

反 餈音非 餱音侯 呼或作評同 鞫居六反字又作鞠同 究音救 滷音魯 齡

音矜本又作矜 鹹音咸 粦力田反本今作憐同 覃徒南反本又作燖字孫叔然云古覃字同

蔓音萬 莚以戰反相連不斷又音延本今作延 佻他雕反郭唐了反 偷他侯反 潛捷鹽

反 深如字又尸鴆反 測初力反 鞠居六反 畟常悅反郭音銳顧豬芮反施丑衛尺銳二反說文云畟嘗也廣雅云食也 茹也音汝食也 茹藘如庶反注同 度也待各反注及下

同 強巨丈反注同本或作彊字又其良反 禦圉本或作御同俱魚呂反 窒豬乙反又

丁栗反 蘵己皆反 黼字或作䋐同音甫白與黑曰黼爲斧形 黻字或作紱同音弗青與黑曰黻

黻戾也 己音紀 膺於矜反 愷苦亥反 悌徒禮反 髦音毛毛中之長豪曰

髦士之俊傑者借譬爲名 令居力呈反 晙子峻反主田大夫嗇夫也 嗇音色 蓋

古害反舍人本作害 裂音列 邕字又作擁 諈謝之睡反郭置睡反 諉郭女睡反顧汝恚反

謝音痿孫云楚人曰諈秦人曰諉 累也本又作纍劣僞反字又作絫同注同 屬之欲反 漠

音莫樊光云漠然淸貌　庇必寐反又音祕　庥字又作休虛求反郭許州反　廕字亦作蔭於鴆反

度大各反　憯七感反　寠貧也求矩反毛詩傳云寠者無禮　薆僾皆音

愛烏槩反　邑烏合反　祺音其下同　先見賢遍反　兆廣雅云葬地也本又作垗

音同　塋音營　挾戶牒反　浹子協反郭音接　徹直列反　霑竹簾反　琛

勑金反郭舒金反　探吐南反　刺七亦反　選也宣戀反　俾必爾反沈方寐

反　紕婢寐反謝房彌反郭方寐反　飾申職反　緣悅面反　淩力升反案郭注意當

作倰埤蒼云倰慄也樊注作凌冰凜也力膺反　慄音栗　懅舊音遽其據反亦謂戰慄也　慼字又

作戚七歷反　蠲古玄反又音圭　稱尺證反　好呼報反又如字注同　坎字又作欿苦感

反　銓七全反銓即稱　舫方訪反又音方　併步項反字又作並　泳音詠　底

丁禮反　迨音待　冥覓經反字林已經已定二反　降下古巷反下音如字一讀降音戶

江反下音戶嫁反　傭勑恭反　均音鈞　暴字又作虣同蒲報反　窕吐彫反　好

放呼報反　**俅**音求　**弁**音卞　**瘞**於例反又於計反或作瘗同　**薶**莫皆反

犛力知反又力才反李本作氂呂銳反　**厲**居例反　**烘**沈顧火公反郭巨凶反孫音恭字林巨凶甘凶二反

燎力皎反又力召力弔二反　**煁**市針反　**烓**郭音恚字林口穎反說文云行竈也顧口井烏攜二反

隅音虞　**竈**則到反　**陪**蒲回反　**朝也**直遙反注同　**苛**音何　**樊**音煩

藩方元反　**籬**力支反　**量**音良一音亮　**以評**音病　**粻**音張字林又丈庚反

糧音良　**侈也**昌氏反又尸氏反　**幾**音機　**僥**古堯反　**倖**胡耿反與幸通用　**筑**

音竹　**掇**丁活反說文云拾取　**奘**徂朗反秦晉謂大為奘　**駔**在魯反又子朗反沈集注本作⿱將豆音

同孫樊二本並作將且而無奘駔沈集衆本合為一字　**評**火乎反或作呼同　**舫**謝音方詩亦作

方施甫訪反樊本作坊符方反又音方　**泭也**郭音孚字或作⿰氵符同樊本作坿沈音附　**箄**皮佳反本

又作簰同　**筏**音伐方言云泭謂之箄箄謂之筏秦晉通語　**洵**郭音巡注同謝音荀下句放此　**龕**

苦南反字或作含本今作龕　**逮**音代一音大計反下同　**遝**孫郭徒荅反　**沓**與上同亦徒荅

反　畫胡卦反　賑之忍反又之人之刃二反字林云富也刃引反　局彊六反　分也

符問反注同　擠才計反　僁音屑動草聲也郭音與稧契同施私秩反字又作偰　葵求維

反　揆其水反　度也徒各反注同　愵本又作惄同奴歷反　眕之忍反　別

二彼列反　戍式喻反　寇苦候反　硈苦角反　鞏九勇反　棄丘異反

忌音己　囂五刀反又許嬌反　襄四羊反或而羊反　懟直類反　縭力知反

介也音界李孫顧舍人本並云緉羅也介別也　鬩五代反　號戶羔反又胡到反　謼也

火故反又如字又作呼　咎求九反　苞補茅反　稹謝之忍反郭振眞二音　緻直吏

反　迕五故反孫本吾字作午吾補反　寤五故反　頲丁佞反字又作定注同　題徒兮反

麟力仁反　肯苦等反或作古肎字字林作肎並同　侮亡甫反　貽以之反　遺

也唯季反注反　歸丘位反　貿音茂　賄火罪反　狎乎甲反　菼字又

作䓥他敢反或待感反　騅章誰反如騅馬色也　虦五患反　毳昌銳反　粲七旦反

飧謝素昆反說文云餔也字林云水澆飯也本又作餐施七丹反字林作飧云吞食　渝音榆舍人作濡同　肴音爻　夷本又作夷音同　顛丁田反　耊田結反孫他結反云老人面如鐵色

輶由久反又餘周反　倓慈瞞反　綯徒刀反　絞古卯反　糾吉黝反

索悉各反　跋蒲末反郭音貝又補葛反　躐力輒反　狼音郎　疐竹利反又得異反又竹季反說文云礙足不行與躓同　跲其業反又居業反郭又音甲廣雅云跲代也　烝之仍反

埃音哀　戎如字本或作搣顧如勇反沈如升反　相也如字又息亮反　飫於庶反　[illegible]如戎反本今作孺　屬雛欲反　幕音莫　煽音扇　熾昌至反　晠市正反本作盛同

柢謝音帝　窕郭徒了反舍人本作跳云跳者躍之間　閒也音閑或如字　窈音杳

隙去逆反　罹力知反　憂思息吏反　慘七感反　檢李郭居儉反

模亡胡反　郵音尤　過古臥反　遯字又作遁又作逯同徒頓反　獘字亦作弊又作斃婢世反又婢設反郭步計反　踣蒲北反又音赴或孚豆蒲侯二反　前覆芳服反　僨甫問

反**僵**居良反**眕**之引反又之人反**殄**大典反**盍也**戶臘反**虹**音洪顧作訌音同李本作降下江反**潰**乎內反**隌**字林或作晻同烏感反**闇**音暗**冥**莫定反**䵒**字又作紉同女乙反郭音駉**膠**音交**黏**女廉反字林云相著也字書云糊也**戛**居八反**闍**丁胡反**拘**音俱**休慶**虛虯反下注同**叫**古弔反**呼**火故反**濬**音峻**整**之領反**之令**力呈反**愧慙**九位反本亦作媿小爾雅云不直失節謂之慙慙愧也面慙曰戁心慙曰恧體慙曰逡方言云挴㥏赧愧也晉曰挴或曰㥏秦晉之間凡愧而見上謂之赧梁宋曰㥏又云㥦恧慙也荊揚青徐之間曰㥦若梁益秦晉之間言心內慙矣山之東西自愧曰恧趙魏之間謂之𦕏㥏音匿㥦音腆恧女六反𦕏音密亦音祕**殛**紀力反**鯀**古本反**乃寥**勑留反**訩譊**音凶許容反說文作詾同譊即讙字**冥也**亡定反**逡**七旬反**外傳**直戀反下左傳皆同**已復**韋昭云巳畢也復芳福反**疐**都麗反一音致**什也**音赴**頓躓**音致**諗**音審相思念也說文式荏反**屆**音戒**弇**於簡反音揜**謂覆**敷救反

恫音通　握李本作幄云居位處之具也郭云謂備具　訊也音信　閴呼歷反　恨

也孫炎作很云相很戾也很音戶墾反　燬音毀李巡云燬一音火孫炎云方言有輕重故謂火爲燬郭云

燬齊人語　曩本亦作曏乃黨反　曏也許亮反音向　偟音皇　不遑音皇呼王反或

作偟通作皇　宵音消舍人云陽氣消也　懊忨烏報反下五館反　愒苦蓋反杜預注

左傳云忨愒皆貪也　搘音枝說文作榰　拄也音注說文作柱皆從木旁　倂必頂反　卒

子忽反　慒音四字書作悰　黹致耻反　紩也音抶郭云今人呼紩衣爲黹　縫奉容

反　遞音悌他計反一音待結反　迭也待結反音經　更迭音庚　矧詩忍反

辟況本亦作譬同　廩力錦反　廯也息淺反廣雅云廯倉也孫炎云廯藏穀鮮絜也舍人云廩

少鮮也郭云或說云即倉廩所未詳　逭音換　閒音諫　俔也胡典反　之諜徒協反杜

預注左傳云諜伺也說文云軍中反閒也　沄音云　沆也胡黨反說文云沄轉流也一曰沆　漭

沆莫廣反一音莫郎反大水貌　扞戶旦反　趾音止　䠊本亦作剕同扶味反又枝迷反

刖足曰刵**刖也**音月鄭注周禮云斷足也**忝**他簟反**燠**於六反**塊**本作凷說文云塊俗凷字也凷一名塧**塧也**孚逼反**齊也**才細反郭云謂分齊王肅云分齊其肉所當用也分如字**餬**戶吳反說文云寄食也**饘**之然反**糜也**靡爲反粥之稠者曰糜**跪**求委反**小跽**渠几反說文云長跪也莊子云擎跽曲拳臣之禮也**瞯**武延反郭云謂緻密**謂緻**之侍反一音智又音至**闢**本亦作辟婢亦反又甫亦反**袍**包毛反**襺**古典反本亦作繭緜衣也禮玉藻云纊爲襺縕爲袍鄭注云衣有著之別名也**重襺**直龍反**衣裘**於既反**障**知亮反說文云隔也又界也蔽也亦作鄣**畛**之忍反田間道**謂壅**於勇反**靦**他典反舍人云擅也一曰面貌也謂自專擅之貌**姡**戶刮反又戶括反孫李云靦人面姡然也方言云楚鄭或謂狡獪爲姡姡猶獪也凡小兒多詐謂之姡郭注言黠姡也獪音古外反又音夬**鬻**之六反字林亦作粥云淖糜也又與六反**淖**奴孝反又丈卓反字林云濡甚也**翿**徒刀反又徒報反**纛**字又作翿徒報反鄭衆云羽葆幢也蔡伯喈云以旄牛尾爲之大如斗在左騑馬軛上所謂黃屋左纛**葆**音保**幢**丈江反

鑿火各反　芼莫報反　搴也九輦反取也與攓同郭又音騫音義云本又作毛蹇　拔

步八反　苛胡柯反　妎胡計反又胡界反又音害說文云妎妬也　芾芳味反又方蓋反

狃女九反　復也扶又反注同孫郭云狃忕復爲也李音服云狃能屈申曰復　忕石世反

逼彼力反本又作偪　迫音百　般郭音班左傳云役將般矣是也一音蒲安反周易云般桓是也說文

云般辟也　還音旋或音環　濟子細反下同　谥於亦反　縉巳巾反　綸音倫

繩音乘　辟婢亦反一音壁　漦仕其反又呂其反郭音牛齝反又丑之反李云吐沫漦也　盝音鹿

漉音鹿　唌四延反字當作㳄又作涎字林云口液　沫音末　綽昌斫反　裕音喻

衮古本反說文云從衣從谷也谷羊兗反或云從公衣　黻音弗　華胡瓜反　皇胡光反

彌巳移反

釋訓第三休運反張揖雜字云訓者謂字有意義也案釋詁已下三篇皆釋古今之語方俗之言意義不同故立號亦異至於訓釋墳典其實一焉

斤斤樊居覲反舍人云明明甚明也斤斤物精詳之察孫云斤斤重慎之察也　聰七公反　條舍人本作攸攸沈亦音條　秩秩直栗反　智思息嗣反下文并注同　便便婢緜反　廱廱於容反　優優音憂　和樂音洛　兢兢音矜　繩繩本或作憴同食蒸反　戒音界　蹌蹌七羊反　皆恐丘勇反　趨七俞反　業業魚怯反郭五荅反　翹翹巨遥反　皆縣音玄　惴惴之瑞反　憢憢許堯反本又作嘵音同字林云懼也案詩云予維音嘵嘵是也　番番布何反詩云申伯番番　矯矯居兆反舍人云矯矯得勝之勇也詩云矯矯虎臣　洸洸女皇反舍人本作僙音同　赳赳居黝反說文云輕勁有才也詩云赳赳武夫　倮音果本亦作果同　藹藹烏害反　濟濟咨禮反　悠悠音由　洋洋音羊　蹶蹶居衛反　踖踖音夕又音藉　皆便婢面反　捷才接反　薨薨虎弘反顧舍人本作雄雄　衆諸仲反　夥戶果反漢書云楚人謂多爲夥　蒸蒸諸仍反本今作烝烝　作也子洛反　委委於危反詩云委委佗佗如山如河是也諸儒本並作禕於

宜反舍人云褘褘者心之美引詩云亦作褘 **佗佗** 本或作它字音徒河反顧舍人引詩釋云褘褘它它如山
如河謝羊見反 **怟怟** 郭徒啓反與愷悌音同顧舍人渠支反李余之反怟怟和適之愛也 **惕惕** 他狄
反 **偁偁** 尺仍反本亦作稱同 **蓁蓁** 郭側巾反又子人反 **孽孽** 魚謁反又五葛反
懕懕 於占反說文云安靜也 **媞媞** 徒低反 **祁祁** 巨移反 **丕丕** 本或作丕同普
悲反 **萌萌** 郭武耕反施亡朋反字或作蔄 **懋懋** 古茂字 **慔慔** 音暮亦作慕 **強** 其
丈反 **庸庸** 音容 **慅慅** 郭騷草蕭三音 **赫赫** 郭音釋舍人本作奭失石反說文云奭盛
也謝許格反 **躍躍** 余斫反樊本作濯引詩釋云濯濯厥靈 **重語** 直用反又直龍反 **坎**
苦感反 **壿壿** 七旬反舍人云舞貌毛傳同郭云謂鼓舞歡喜也說文云壿士舞也宜從士尊也本或作
蹲同 **瞿瞿** 居具反 **休休** 虛求反又虛虯反 **旭旭** 謝許玉反郭呼老反 **蹻蹻** 郭居
夭反案詩小雅小子蹻蹻音巨虐反今依詩讀 **憍** 九苗反 **夢夢** 亡工亡棟二反沈施亡增反 **訰**
訰 之閏之屯二反或作諄音同顧舍人云夢夢訰訰煩懣亂也 **紃** 四春昌沿二反本無此字 **爆**

懪本又作曓蒲卓反又布卓反說文云大呼也自冤也　邈邈亡角反　儚儚字或作懜孫亡崩亡冰二反　洄洄沈音回郭音韋音義云本或作襇音韋案字林襇重衣皃于回反　惛音昬　版版亦詩作板並如字李云版版者失道之僻也　蕩蕩本或作盪徒朗反李云蕩蕩者弗思之僻也　僻也匹亦反　皆衺本又作邪似嗟反　爞爞郭徒冬反又直忠反　炎炎于廉反　熏本亦作燻或作薰許云反　灸之石反　究究九又反　仇仇音求　敖敖本又作謷又作嗷同五高反　傲本或作慠同五報反舍人本傲作毀譯云仇仇無倫理之貌謷謷衆口毀人之貌李同　佌顧音此郭音徒謝音紫舍人云形容小貌　瑣瑣星果反亦作璅　悄悄七小反　慘慘七感反　慍也於問反　痯痯郭古卵反又古玩反　瘐瘐羊主反又羊朱反本今作庾庾　慇慇於斤反樊光於謹反本今作殷殷　惸惸本或作煢巨營反　忉忉都勞反　慱慱徒端反施逋莫反郭祖宄徂沿二反　忡忡耻忠反　惙惙丁劣反　怲怲彼病反　奕奕音亦　畇畇本或作[田+旬]郭音巡沈居賓反謝蘇旬反字林云均均田也又羊倫反　墾苦很反蒼頡篇云耕也廣

雅云治也 辟婢亦反開也 旻旻楚力反字或作稷 秙音似 郝郝音釋又呼各反

士解音蟹 繹繹音亦 種之用反 穟穟郭音遂說文云禾垂之貌 緜緜彌延反 穮字書作穮同方遙反秐也字林云耕禾間也左傳云譬如農夫是穮是蓘是也說文云穮耨鉏田也

秐字亦作芸同音云 挃挃郭丁秩反小雅云截穎謂之挃 穫也戶郭反 刈魚廢反 眾諸仲反 緻直吏反 溞溞郭蘇刀反詩云浙之溞溞謝所留反 浙蘇歷反

洮徒刀反洮猶浙也 烰烰郭呂並音浮又符彪反詩作浮 蒸之升反本今作烝 俅音求本亦作絿同 載丁代反本今作戴 弁音卞 璋音章 諻諻詩作喤喤華盲反字書鍠鍠樂之聲也又作鍠一音胡光反 樂如字 穰穰而羊反本今作穰 引余忍余愼二反引長多也

顒顒魚恭反 卬卬五剛反郭魚殃反 丁丁豬耕反 嚶嚶烏耕反 斫音灼 切磋七何反 藹藹於蓋反 萋萋七西反 盡力苦忍反 噰噰本或作雝又作廱同於恭反 喈喈古諧反 應德音膺 佻佻徒彫

反詩云佻佻獨行歎息也　契契苦結反詩云契契字又作口苦計反　愈本或作俞同瑜庾二音　竭本又作渴巨列反　燕燕字又作宴烏殿烏顯二反　綮綮七旦反　尼女乙反謝羊而反又奴啓反　飾音式　處音杵　閒音閑本今作閑　悽悽郭本或作萋同古兮反　苦如字又立故反　思息嗣反郭音如字　儵儵郭徒的反顧舒育反樊本作攸引詩云攸攸我里　嘒嘒虎惠反　罹力支反　悼音盜　己音紀　旦旦本或作悬同都歎反　忒佗得反　皋皋古豪反樊本作浩古老反　琄琄胡犬古犬二反　鞙音與琄同　贙胡犬反本今無鞙贙二字　刺字又作諫同七賜反　灌灌本或作懽同古玩反　愮愮音遙本又作搖樊本作遙又作佻佻與愮同訓也書云愮愮憂無告也廣雅云愮亂也　告如字又古毒反　訴音素　泄泄余哲反或作呭同　謔謔虛虐反　謞謞郭虛各反或火角反　慝謝切得反諸儒並女陟反言隱慝其情以飾非　熇許各火沃二反本今無此字　樂如字又音洛　譖側禁反　訿訿子爾反字林云不思稱乎上之意　供音恭　熾尺志反　背公音佩

蹙蹙子六反 惟逑巨鳩反郭云迫也字林云斂聚也本亦作求 鞫居六反 迫音伯

抑抑音億 諦音帝 秩直乙反 泠郎丁反 甹普經反 夆孚逢反 掣本或作瘳同充世反說文云引而縱之 曳餘世反 抴本或作拕同泰何達可二反廣雅云引也說文云曳也 朔所角反 不俟事巳反待也宜從來本今作俟字 不來本或作徠逨同力胎反

不復如字 不遹古述字一音聿 不蹟子亦反詩云念彼不蹟傳云不循道也

循音巡 徹直列反 忌音己下同 萲施音表謝許表反郭云義見伯兮詩云焉得萲草毛傳云萲草令人善忘則謝讀爲是 諼許爰反 考槃步干反本又作盤 饎尺志反字林云熟食也又充之反舍人本作喜釋云古曰饎 饌乳戀反 號戶高反孫炎云雩之祭有舞有號

雩音于祭名 吁許于反 曁其器反 巳音以 蠢昌允反 磋七何反

琢丁角反治玉也本或作琢非也 僩本或作撊同下板反郭音簡 恂音荀郭音峻鄭玄注禮記同云謂嚴慄也謝私尹反 慄音栗 竦思勇反 赫火格反 烜吁遠反烜者光明宣

著今並作恆字音同　斐孚尾反　旣微如字字書作瘢三蒼云足創　尰本或作尰同並
籀文尰字也蜀勇時踵二反　骭下諫反郭作扞音古案反謂脚脛也　瘍音羊　腫足之勇反
脛戶定反　創初良反　是乂音刈本亦作刈　鑊又作濩同戶郭反　煮之與
反　絺丑尼反　綌去逆反　敏如字舍人本作畝釋云古者姜嫄履天帝之迹於畎畝之中而
生后稷　拇音畝足大指　指處昌慮反　宿先六反　重言直用反
媛爲眷反　好呼報反　援音媛本今作媛　喭音彥本今作彥　猗嗟於宜反
眼五限反或作目　斥音尺　挽本亦作輓同亡遠反聲類云引也　車音居　襢本或
作袒同徒坦徒丹二反下同　裼蘇歷反　脫他活反　見體賢遍反　暴步報反
搏連莫反郭音付　馮河字又作憑皮冰反依字當作淜說文云無船渡河　檝本或作楫
又作接同子葉才入二反方言曰檝橈也說文云檝舟棹也釋名曰在旁撥水曰櫂又謂之檝檝捷也　籧
本或作篆同巨居反　篨直閭反舍人云籧篨巧言也李云籧篨巧言辭以饒人謂之口柔孫郭並云籧篨之疾不

能俯口柔之人覩人顏色常亦不伏因以名云**戚施**七歷反下式支反舍人曰令色誘人李曰和顏悅色以誘人是謂面柔也賈逵注國語曰僂也孫郭並云戚施之疾不能仰面柔之人常俯似之因以名云字書作規頓同**夸毗**苦瓜反下鼻尸反舍人曰卑身屈己也樊引詩云無爲夸毗李孫郭云屈己卑身以柔順人也字書作⿰身夸⿰身矣**己**音紀**娑**素河反**辟**婢亦反字宜作擗詩云寤擗有摽**拊心**本亦作撫同芳武反**椎**本或作槌同直追反字林云擊也**胷**音凶**矜**几陵反**憐**力堅反**拍**普伯反**緎**許域反又音域**縫**扶用反**殿屎**丁練反下虛伊反或作欿吹又作殿脲說文作唸吚郭音香惟反又上音丁念反下許利反**呻也**音申**幬**本或作㡮同直留反**帳**陟亮反**侜**本或作倜同張留反**誑**俱放反**幻**胡辦反**罶**本或作⿱罒卯同力九反**薄**蒲博反本今作簙**筍**音荀

釋親第四說文云親至也蒼頡篇云親愛也近也禮記云親親以三爲五以五爲九尚書云以親九族親者通謂五服九族之親也

妣必里反　嬪毗真反　厥長丁丈反下皆同　彝音夷　喪息浪反又如字

頡戶結反　異稱尺證反　昆音昆本亦作昆下同　娟于貴反廣雅云娟妹也說文云楚人謂女弟爲娟纂文云河南人云妹娟也　重也直龍反下皆同　而別彼列反又如字下皆同　適者本或作嫡同丁歷反　徠音來本亦作來　汲居及反　冢竹奉反　窋丁律反又丁滑反不窋后稷之子　從舅才用反下注娣從同下音臼　甥音生　呼壻音細　帝館古半反　更相音庚　譚大南反　姪大結反字林云兄女又丈乙反

姒音似　娣大計反　娶七具反　媵以證反　嫂素早反本今作嫂

穉直吏反又作稚　先蘇練反　後胡遘反廣雅云先後妯娌韋昭云先謂姒後謂娣　妯娌音逐下音里廣雅云先後也郭注方言云今關西兄弟婦相呼爲妯娌　稱如字　少姑證照反

兄伀音鍾本今作公　之轉丁戀反又如字　姻音因　亞一駕反又作婭　瑣桑果反　僚力彫反

爾雅音義中

釋宮第五

世本云禹作宮室呂氏春秋云高元作宮室尚書云王徂桐宮左傳云虢公爲王宮于玤又云作王宮于踐土又云季平子立煬宮詩云作于楚宮又云作于楚室傳曰室猶宮也禮云由命士以上父子皆異宮又云杜氏葬入季武子宮不敢哭此文云宮謂之室室謂之宮郭云皆所以通古今之語明同實而兩名案古者貴賤同稱宮秦漢以來唯王者所居稱宮焉

牖 羊九反 扆 於宜反郭音依又意尾反 窻 楚江反 別 彼列反 奧 本或作隩同於耗反尚書并說文皆云奧室也孔注論語云內也鄭注禮記云主也廣雅云藏也 媿 居位反 宧 音怡李云東北者陽氣始起育養萬物故曰宧宧養也說文訓同與周易頤卦養義同 見禮 賢遍反他皆放此 窔 烏叫反字林同郭又音杳說文云深皃本或作窅又作窔同 埽 素老反

柣 郭千結反顧丈乙反呂伯雍大一反廣雅云砌也 閾 域洫二音 棖 直庚反 楔 古黠反李謂閾上兩旁木 旁 步郎反 楣 忘悲反或作楣已報反埤蒼云梁也呂伯雍云門樞之橫梁說

文云楣秦名屋櫋聯也齊謂之檐楚謂之梠　樞昌朱反　椳烏回反鄭又吾回反呂沈一罪反
達火末反　檼於靳反字林云棼也廣雅云棟也下同　㞅本或作戺同音俟廣雅云兩砌
也本或作扈同音戶　垝居毀反本又作庋同　坫丁念反說文云屏牆　墆達結達計二反高貌
也或作埵丁果反本或作端　墉音容或作牗同　垣音袁　鏝本或作槾又作墁同亡旦武安
二反說文云鐵杇也　杇音烏又音胡李云泥鏝一名杇塗工之作具說文云所以塗也秦謂之杇關東謂之
槾　椹本或作砧同張林反　榩音虔本亦作虔詩云方斲是虔　斫音灼　櫍音質
黝於糾反郭殃柳反　飾音式　堊於故反又於各反　樴音特又之力反　杙羊式
羊特二反下句雞棲於弋音同　橜其厥反後注同　楎許韋反　縣於音玄　箷羊支
反字林云竿也本或作椸音同字林云榻前机也　臬魚列反　栱九勇反郭又音邛　閣
音各　闍音都徐持遮反　榭音謝　栖音西下同又作棲　櫟巨列反字林云弋也
鑿在各反　塒音時　穿音川　植音殖　傳音椽下同　突本又作楑徒忽反

鏁本又作瑣桑果反　堁課移反　杗音亡　廇力又反　棳之劣反本或作棁音

同　侏音朱　儒日朱反　閞皮彥反本亦作弁同　槉音疾　欂皮麥反字林云櫨也

又平各反　枅音雞字林音肩云柱上方木也　楷達合反　栭音而　楶作截反又音節

本或作格同字林云欂櫨也舊本及論語禮記皆作節也　櫨力奴反即欂也字林云柱上柎也　楝

多洞反　桴郭音浮又音孚字林云極也楝也　檼於靳反　桷音角　榱疏追反說

文云秦名屋椽也周謂之榱齊魯謂之桷字林云周人名椽曰榱齊魯名榱曰桷　椽直專反　閱

音悅　檐餘占反下同　樀丁狄反字從木旁作啇郭又他赤反字合手旁作適　梠音呂

牀助良反　屏步形反　簃丈知反　廚本或作躕丈誅反　筄音曜又羊昭反

𨗨阻格反本或作笮　鄉本又作鄉許亮反注同　屏卑并反　朝直遥反

宁音佇　閍補耕反說文作鬃云或作祊門內祭先祖所彷徨也　祊音同閍　觀古玩反

闈音韋劉昌宗儀禮音揮　衖戶絳反廣雅云道也聲類猶以爲巷字　謂之閎獲耕

反左傳云高其閈閎 僖 許其反 塾 音熟劉儀禮又音育 夾 古合反 橛 其月反

闑 魚列反 閾 說文作梱同苦本反鄭注禮記云閾門限也 闔 胡臘反 扉 音非

著乎 直略反 所以止扉謂之閎 音宏本亦作閣音各郭注本無此字 辟

匹亦反 閈 戶旦反說文云閭也汝南平輿里門曰閈 瓴 力丁反詩傳作令音陵 甋 丁歷反詩

傳作適音同 甓 蒲覓反 甗 力觧反 甎 章沿反字林作塼同 壼 本或作壺苦本反郭

呂並立也反或作韋 隚 音唐本今作唐 徑 古定反 旅 音呂 場 直良反字從易易音

陽 歧旁 郭如字樊本作技音支 劇 巨戟反 冠軍 古亂反 樂鄉 音岳又音

各 數道 色主反 康 苦郎反 莊 側良反 車 昌蛇反 驂 七南反

復有 扶又反下同 逵 求追反本或作馗字林云隱也與逵同 趨 七朱反 走 徂口

反 隄 都奚徒雞二反 橋 音喬 杠 音江 徛 郭居義反顧丘奇反說文云舉脚有度也

廣雅云步橋也案今關西呼徛與郭同 彴 音斫廣雅云獨梁也案今江東呼彴音約沈徒的反 廇

音相 **寑** 七甚反 **埕** 音皇 **陜** 戶夾反說文云隘也從𨸏夾聲俗作狹或作狎字下甲反今人以陜弘農縣字書陜之字音失冉反狹代陜行之久矣

釋器第六 祛記反說文云器皿也飲食之器從犬從㗊聲也㗊莊立反衆口也

豆 如字本又作梪 **籩** 音邊 **瓦** 五寡反 **登** 本又作鐙 **膏** 音高 **盎** 烏浪反 **缶** 方九反 **甌** 烏侯反 **瓿** 步口步侯二反 **瓵** 弋之反 **甊** 路口反方言云罃也 **甖** 乙耕反字亦作罃 **康** 孫郭如字字書埤蒼作㼘音同李本作光字林作甈口光反 **瓠** 音護 **甈** 丘例反 **壺** 音胡 **斪** 郭巨俱反謝古侯鳩于二反本或作拘非 **斸** 本或作欘同丁錄反說文云齊謂之茲箕一曰斤柄自曲李云斪斸鋤也 **定** 多佞反或作錠郭云鋤屬李云鋤別名 **鋤** 士魚反 **屬** 音蜀 **斫** 音灼 **鐯** 字又作櫡直畧反字林竹畧反郭云钁也 **钁** 九縛反字林云大鋤也 **斛** 郭云古鍬字並七遙反 **疀** 本或作䟕郭云古鍤字並楚洽反 **緵** 子弄子公二反緵罍也 **罟** 音古 **罭** 音域 **囊** 乃當反 **罍** 力回反 **嫠** 字亦作釐力其反杜

注左傳云寡婦爲嫠 筍音狗 罶力九反字書作罶 薄步各反 罺側交反

汕所諫反 撩郭力堯反取也又力弔反沈力到反 籗郭七角反又捉廓二音 罩陟孝陟角二反字林云竹卓反字又作篧 捕魚音步 槮沈桑感反謝背寢反郭霜甚蹏磣二反爾雅舊文并詩傳並米旁作小爾雅木旁作其文云魚之所息謂之楷楷槮也積柴水中而魚舍焉郭因改米從木字林作罧山沁反其義同 涔郭岑潛二音詩作潛字小爾雅作槮字亦音潛又時占反猶取積柴之義 絡音洛 兔又作菟同土故反 罝子邪反說文子余反 遮之蛇反 麋亡悲反

罞本或作茅同亡包反又音蒙 冒莫報反 羸直例反 羉力端反又莫潘反本或作罠亡巾反字林云罠民鈞也 幕音莫 罛工胡反 繴郭畢覓反孫芳麥反或彼麥反 罿昌凶反字林上凶反 罬謝丁劣反郭姜惙反或九劣反 罦浮孚二音 覆音副又孚福反 車也

尺蛇反 翻孚袁反 罥古縣反又古犬反廣雅云罥也 解古買反 約謝其俱反 孫九遇反施苦侯反 版布綰反 幞音業本或作業 繩音乘 縮所六反 卣

由酉二音下同罍音雷盛音成尊本又作罇酒器也又作樽同案曹憲文字指歸檢字無此從缶
從木者說文云字從酋寸酒官法度也今之尊甲從此得名故尊亦爲君父之稱揔尊董反坎
口感反斛乎卜反旒力求反本又作流䖵五兮反又五啓反又五結反俱謂旒也
縷又作褸洛侯反攣力專反袿音圭重繒爲飾飾音式黼音甫衿本又
作領音同襮音搏又方沃反刺七亦反褗音偃又作偃衣領也緣悅絹反注同
純之閏反又章允反袉胡決反一音術褮胡扃反又於營反眥才細反又子
移反衱居怯反裾郭居渠二音衿謂又音給郭同今鉗二音頷渠鴆渠金二反
袸郭辭見反孫音荐謝徂悶反褑子眷反埤蒼云佩紋也上屬音燭後注同上持掌反
執至入反衽而甚反杜預云裳際袺音結郭居黠反扱楚洽反襭胡結反廣
雅云懷也蔽必袂反幨本或作襜方言作袡郭同昌占反膝音悉幃本或作褘
又作徽同暉韋二音縭本或作褵同力知反緌汝誰反邪字亦作衺似嗟反削息略

反幅甫服反纀音卜殺所例反又色戒反輿音余革姑麥反鞎胡根
反靶音霸字林云轡革也本或作鞔已安反次句同車音居軾音式第音弗禦魚呂
反篔衣於既反下皆同捐呂沈因絹反顧辭玄反郭與專反著車直略反
鑣表驕反钀郭魚謁反沈魚桀反旁鐵他結反轡音祕轙郭音儀施音蟻
軛於革反首本或作古𦣻字餀呼蓋苦蓋二反字林火刈反郭呼帶反餯許穢
反李云餀餯皆穢臭也臭昌又反饐於器反葛洪音懿釋云饐餲臭也餲色留反字林云飯傷
熱濕也央例央莫二反餲於介反字林乙例反一音於葛反食敗也飯扶萬反饖於吠反說
文云飯傷熱也字林乙大反蒼頡篇云食臭敗也摶徒端反糷郭音蘭謝力丹反沈力旦反字
林力但反李云糷飯淖糜相著也著直略反檗郭普厄反施孚八反李云米飯半腥半熟名檗
腥音星餒奴罪反說文云魚敗曰餒字書作鮾同脫吐奪反麋音眉靳
莊略牀略二反字林云斬也鮨巨夷反子虛賦云鮨捷鮨掉尾是也或作鱗冰彼麥反說文云水堅

也孫本作凝牛烝反膏凝曰脂**羹**又作臐同古衡下庚二反**臛**火各火沃二反字林云肉羹也

湆上及反汁也**鮨**巨伊反字林止尸反**鮓**側下反**公食**音嗣又作飤音同

醢虎改反**臡**本又作臡同奴黎反字林作腝音人兮反謂有骨醢也**康**說文作穅或省禾口

郎反**盬**音古**澱**徒薦反**垽**魚靳反**滓**側里反**鼐**沈奴戴反郭音乃

圜音員**弇**古奄字於檢反**鼒**音咨施音災郭音才字林音載**釴**音弋**款**本或作窾

苦管反闊也**鬲**力的反**腳**居略反**䰝**本或作甑即凌反又子孕反**鬵**徐林

反又詞廉反郭財金反**溉**古代反**釜**音父**鉹**昌紙反**璲**音遂**鞙鞙**

胡犬反又作琄同**區**羌于反又烏侯反**瑴**本或作珏古學反說文云二玉相合爲珏**翮**

戶革反羽本**箴**章諶反案周禮羽人職云十羽爲審百羽爲搏十搏爲縛鄭注云審搏縛羽數束名也爾

雅曰一羽謂之箴十羽謂之縛百羽謂之緷其名音相近也一羽則有名蓋失之矣孫同鄭意云蓋誤郭云凡物數

無不從一爲始以爾雅不失周官未爲得也**縳**音篆又竹眷反**緷**古本反又戶本苦本二反埤蒼

云大東也　別羽彼列反　虡音巨　縣鍾音玄　植直吏反　旄音毛

龍方皮方賜二反　蔌速藪二音詩云其蔌維何維筍及蒲　茹如庶反　蓋音盍　苫

失占反　璗徒黨反說文云金與玉同色也　鏐方幽其幽力幼三反　鐐力彫反說文云白金

也字林力召反云美金也　磨莫佐反　鉼必領反　鈑音版本亦作版　鈏余緊弋刃

常刃三反　鑞力盍反周禮職方氏揚州之利金錫鄭注云錫鑞也字或作鑞　鵠胡酷古毒二反白也

本亦作⿰齒告同廣雅作⿰角告　觷五角反沈音學　犀蘇齎反　斮本或作厝同七各反　剫

徒各反　雕丁胥反　璞字又作樸丕角反　鏤字又作鏞音漏　切本或作⿰齒肖同千

結反　磋七何反　琢丁角反　璆音虯本或作球字渠周反　畢如字禮記云呻其佔

畢謂呻吟佔視簡畢之文也李本作篳同　不律說文云吳謂筆爲不律　點丁簟丁念二反李本

作沾孫本作坫　銑蘇典反　決作玦反　鏃作木反　鍭侯候二音　錍匹迷

反方言云箭廣長而薄廉者謂之錍　骲火交反埤蒼云骨鏃也沈五爪反顧蒲交反　有綠悅絹

反下同　緻韋羽反字林云生絲縷也　纏直連反　宛於阮反　弭亡婢反　鞭

卑緜反　銑蘇典反　蜃市忍反　珧余招反蜯屬也案以蜯飾弓弭　蚌本作蜯又

蒲項反　玠音介　珬昌育常育二反　宣如字本或作瑄音同　肉倍如字又如授反

璧邊也注及下同　好如字又音耗璧孔也注及下同　瑗爲眷反蒼頡篇云玉珮名　繸音遂　綬

音受　組音祖　染如琰反下同　縓七絹反說文云帛黃赤色　赬恥貞反　纁

許云反說文云淺絳也字林同　蔥七公反　黝於糾反　邸丁以反　柢丁計

反　孶音孶　玆子斯反　屬之欲反　竿乾幹二音　箷李本作篦同羊支反字林

上支反　架音駕　簀音責　笫側士反　辨郭普遍反下同孫蒲莧反釋云辨半分也

斷都管反　鏊音眷又九萬反　復扶又反　鏤音漏　鋑字又作鎪同蘇婁反

又色留反字書云鎪鍬也鍬音速　卣酉由二音

釋樂第七五角反說文云揔五聲八音之名象鼓鞞之形木其虡也周禮有大司樂職掌六代之樂尚書

云帝曰夔命汝典樂是也

宮謂之重 直冢反劉歆云宮中也居中央暢四方唱始施生爲四聲綱也孫云宮音濁而遲故曰重也

商謂之敏 亡謹反疾也成也審也達也劉歆云商章也物成孰可章度也白虎通云商強也案商爲臣而佐君成政故曰敏敏成也

角謂之經 經常也劉歆云角觸也物觸地而出戴芒角也

徵 知里反

謂之迭 大結反劉歆云徵祉也物盛大而繁祉也白虎通云徵止也

羽謂之柳 劉歆云羽宇也物聚藏宇覆之也白虎通云羽舒也鄭注禮云柳聚也

大瑟 字林云庖羲作瑟

灑 所蟹所綺二反又所買反孫云音多變布出如灑也

長八尺 直亮反又如字下放此

廣一尺 古曠反

琴 字林云神農作琴

鼖 扶云反

應 音膺注同李云小者音聲相承故曰應應承也孫云和應大鼓也

𨍏 本亦作𨍏余刃反詩云應𨍏縣鼓是也案𨍏引也謂擊小鼓引樂聲

縣 音玄

磬 口定反

囂 虛嬌反又音喬孫云囂喬也喬高也謂其聲高也李云大磬聲清燥也故曰囂囂燥也

犂 郭奚反

錧 古緩反沈古亂反字林云田器也江南人呼犂刃爲錧本亦作貫同

笙 世本云隨作笙

巢孫顧並仕交莊交二反孫又徂交反巢高也言其聲高　瓠胡故反　簧音黃　和胡戈反下同李云小者聲少音相和也郭引儀禮云三笙一和而成聲鄭注云三人吹笙一人吹和又胡臥反孫云應和於笙　篪字又作䶵同直知反管有七孔世本云蘇成公所作長一尺二寸　沂郭魚斤反又魚靳反李孫云篪聲悲沂悲也或作䶵又作箎音宜肌反　翹巨遙反　埴本或作壎字同許袁反說文云壎樂器名從土熏聲釋名云埴喧也聲濁喧喧然案世本云暴辛公所作也圍五寸半長三寸半六孔也　䚰本或作叫字同居弔反李云大壎也　鷲如字　銳余祭反　似稱尺證反　錘直危直僞二反廣雅云錘謂之權　鍾章容反說文作鐘云樂器也字林同世本云垂所作以此鍾爲酒器今經典通爲樂器　鏞音容　以間間廁之間　鑮音博字林云匹各反又音薄字書云大鍾也　剽郭音飄孫匹妙反釋云剽者聲輕疾李云其中微小故曰剽剽小也　棧郭側簡反李云淺也東晉太興元年會稽剡縣人家井中得一鍾長三寸口徑四寸上有銘古文云棧鍾之小者既長三寸自然淺也或助板反　言如字本或作管音同　編畢縣反又方千反或音步典反　筊本或作笅字戶交反　籟

音賴 **篘** 九遙反 **併** 步頂反又并之去聲 **漆** 音七 **篞** 乃結反 **篎** 郭音妙又亡小

反 **籥** 羊灼反管三孔也本或作龠 **簅** 音產字又作產 **笛** 徒歷反字或作篴 **仲**

或作篩同 **箹** 烏角反又音約 **徒吹** 本或作歈字同昌睡反 **咢** 五各反字林或作噩又本

作鄂 **修** 如字本作脩字 **寋** 李云罝擊衆聲寋連也本或作謇字同紀展反或作蹇字非郭云未見義 **柷**

所出未知李何所據上重敵經迭柳郭云皆五音別名其義未詳諸家或有音訓亦可爲義上下皆類此

昌熟反 **桶** 音動又音甬甬即斛也 **深** 尸鴆反或如字 **椎** 直追反下同 **柄** 兵命反

底 丁禮反 **挏** 大孔反 **令左** 力呈反 **敔** 魚呂反鄭衆云木虎 **甄** 郭之仁反

又音戰謝居延反郭云以木長尺櫟之名甄字林云以竹長尺也 **鉏** 事呂反又作鋤 **鋙** 魚呂反

櫟 力的反廣雅云櫟擊也漢書音義云櫟捎也 **鼗** 徒刀反本或作鞀同說文云鞀遼也或作鞉又作鼗

籀文作磬同 **麻** 如字 **料** 力彫反 **㮣** 居器反

釋天第八 土堅反釋名云天豫司兗冀以舌腹言之天顯也在上高顯也青徐以舌頭言之天坦也坦然

高遠也說文云天巔也至高無上從一大禮統云天之爲言鎮也神也陳也珍也施生爲本運轉精神功效列陳其道可珍重也春秋說題辭云天之言鎮也居高理下爲人經緯故其字一大以鎮之也

穹起宮反 **蒼**且剛反 **蒼天也**郭以穹及蒼蒼俱爲天稱毛詩傳則以蒼天釋穹蒼 **隆**呂宮反

夏胡駕反下同 **昊**胡杲反 **晧**胡老反本亦作昊光明也日出也 **旰**古案反日光出也

旻巳巾反 **愍**巳忍反 **彫**都聊反 **上**時羕反 **藏**徂倉反

英於京反 **玉燭**李云人君德美如玉而明若燭 **長**謝丁兩反李云萬物各發生長也施直良反

嬴本或作嬴以征反 **大平**音泰或作太 **醴**本或作澧字音禮 **鐖**居疑反本或作飢又作古餼字說文字林皆云鐖穀不熟飢餓也

蔬音疏 **饉**巨靳反 **荐**李本作薦字音同在見反

大歲音泰下放此本今作太 **閼**烏割反又於歇反又於虔反 **逢**符隆反

旃之然反 **蒙**莫東反 **強**本或作彊字音同渠良反 **圉**魚呂反 **戊**音茂

著施直魚反孫直略反又陟慮遲慮二反本或作祝字宜章六反 **廱**字又作雍同於恭反本或作黎字宜力低

反 己音紀 重光直龍反 默余職反 提徒兮反 卯亡巧反 單音丹李云盡也又音蟬或音善 閼於葛反李云上也又於虔反 執徐此二字依文讀李云執蟄也徐舒也言蟄物皆敷舒而出故曰執徐也 在巳音祀 敦如字韋昭音頓 牂子郎反 協音叶 洽戶夾反 涒湯昆反 灘本或作攤郭勑丹勑旦二反字林大安他安二反 噩本或作咢字同五各反漢書作詻韋昭音圻堮案聲類詻音五格反 戊先律反 閹於檢反漢書作掩同 困敦都鈍反 奮方問反 夏曰胡雅反 歲胤征云每歲孟春 祀太甲云惟元祀 年見春秋尚書 載堯典云朕在位七十載 橘均筆反 修本亦作脩 圉音語 己音紀 窒知乙反 塞先北反 正音征 陬側留子侯二反隅也又子瑜反 寎本或作窉字同郭孚柄反又況病反又匡詠反李陂病反 余餘舒二音孫作舒李云余舒也萬物生枝葉故曰舒也 皋或作高同 且子余反 相息亮反 壯側亮反 陽本或作霷字同詩云日月陽止是也 辜音姑 涂音徒 颽口海反又作凱

涼 本或作古飆字同力張反 **隧** 音遂 **棼** 符云反本或作焚 **穨** 本或作積隤同徒回反 **扶** 如字字林作颫同 **搖** 音遙字林作飖同 **猋** 必遙反字林作飆音同 **下上** 時掌反 **庵** 徒袞徒昆二反本或作炖字同 **熾** 尺志反 **飄** 音瓢 **暴** 薄報反 **雨土** 音芋下雨霓注雨雪同 **霾** 亡皆反字林云亡戒反本今作霾 **曀** 於計反 **不** **應** 於證反下同 **雺** 或作霧字同亡公亡侯二反 **霧** 亡弄反又亡付反字林作霿音同本亦作霿 **晦** 音誨 **冥** 亡定反 **螮** 丁計反本或作蝃蚚同 **蝀** 丁孔反詩作東音同又德紅反 **雩** 案字林越俱反今借爲芋音于句反 **虹** 胡公反字林云工弄反陳國武古巷反郭音講俗亦呼爲青絳也 **霓** 五兮反如淳五結反郭五擊反音義云雄曰虹雌曰霓說文曰屈虹青赤也一曰白色陰氣也故孟子云若大旱之望雲霓也本或作蜺漢書同 **挈** 本或作契字同苦結反 **貳** 而至反 **弇** 音掩 **暈** 音運 **霆** 徒丁反字林同又徒佞徒頂二反說文云雷餘聲鈴鈴所以挺出萬物也 **激** 古歷反 **霹** 普覓反 **靂** 力狄反楊雄羽獵賦云霹靂列缺吐火施鞭史記云霹靂者陽氣動也

霓本或作霰霹同悉練反　霄音消本亦作消說文日雨霓爲霄齊語也　涷都貢反郭音東

令飄力呈反　先驅如字下豈俱羌句二反　灑所買所綺二反　霡亡革反字林作

霢音同又亡狄反　霂亡祿反　以上時掌反　濟祖細反　霽字林子系反云雨止

也郭祖禮反一音徂細反　亢音剛又口浪反或戶剛反　數色住反　列宿夙又反下同

之長丁丈反　氐都黎反郭音觝丁禮反注云若木之有根尋義應作丁計反　析木星歷

反　枵許嬌反左傳云枵耗名也　耗呼報反　顓音專　頊許玉反顓頊帝高陽氏　之

虛此一字音墟下如字　顛本或作定同多佞反　娵子瑜反　觜咨移反又子髓反　辟

本又作壁布覓反今案此星有人居之角象宜爲壁　降胡江反又江巷反注同　婁郎侯反　奎口圭

反　昴音卯本或作昴同　旄音毛　兔他故反　咮猪究反本或作喙許穢反說文

云喙口也昌銳反　柳力九反　鶉音純　何郭胡可反又胡多反注同小爾雅云任也說文

云檐也注作荷字音同　檐丁甘反字林負也　启口禮反　晨見賢遍反下同

篲 恤遂反又似醉似銳二反本今作彗 **欃** 初銜仕杉二反 **槍** 初庚七羊二反 **字** 蒲忽反或音佩

埽 素報反 **彗** 似銳反又音遂 **彴** 蒲博步角皮約三反 **約** 如字又於詔反又音握 **祠**

如字或音祀 **食** 音嗣 **礿** 本或作禴字同餘弱反 **汋** 余弱反燂菜也 **蒸** 之升反

燔 音煩焚也 **猶** **柴** 仕皆反說文作祡云燒柴燎祭天也 **瘞** 於例於計二反 **薶** 音埋 **庪**

本或作庋又作攱同居委居僞二反 **縣** 音玄注同 **沈** 直今反 **祭星曰布** 李曰祭星者以

祭布露地故曰布孫曰既祭布散於地似星布列也郭云布散祭於地也指謂敷列羅布也 **磔** 張格反

狗 音苟 **禷** 音類經典作類 **禡** 亡駕反 **禱** 丁老反說文亦作禂同 **禘** 大計

反 **繹** 以石反五經及爾雅皆作此字本或作襗字書爲鐸鐸二字同下同 **復祭** 扶又反下注不

復同 **肜** 余終反 **夏曰** 戶雅反 **復** 音服 **胙** 才各反本又作祚亦作胙同才故反祚福也胙

祭肉也於義並同 **獵** 力涉反 **蒐** 色留反 **搜** 音同上 **索** 色白反 **任** 而鴆

反 **爲苗** 于僞反 **獮** 息淺反說文從繭或作禰從示 **狩** 手又反 **宵** 音消夜也

字從𠃊若雲霄之字即從雨**獠**郭音遼夜獵也又力召力弔二反或作燎宵田也**畢**音畢本又

作畢**載**鑪力吳反字或作壚**冢**竹勇反**攸**音由**大社**音泰下大常同

闐闐徒天反**整**之領反**治**音持**綢**他刀反**杠**音江廣雅云天子之杠高九仞

諸侯七仞卿大夫五仞士三仞**韜**他刀反**纁**許云反**縿**本或作襳又作襂䘸衫字同所

銜反下同**旒**力周反經典亦作流廣雅云天子十二旒至地諸侯九旒至軫卿大夫七旒至轂士三旒至肩

所著直略反**陞**音升**令上**力呈反**綦**音其本亦作纂祖管反**飾**音式

緇側基反**廣**古曠反**充**方言云幅廣曰充**幅**音福**長尋**直亮反注同**旐**持小

反**旆**蒲蓋反**注**之樹反**旄**云褒反**旌**音精本又作旍**幢**直江反

竿音干**鈴**郎丁反**旂**音祈**縣**音玄**錯**七各反又七故反**旟**羊諸反

剝北角反**鳶**以專反鴟也**旃**之然反世本云黃帝作旃**旌旂**本又作旗凡旌

旗之字皆從㫃㫃音偃說文云旌旗得風靡也或示旁手旁者非也

釋地第九 徒利反一音徒細反釋名云地底也其體在底下載萬物也張顯古今訓云土乙力爲地許愼注淮南子云地麗也物理論云地底也著也陰體下著禮統云地施也諦也應變施化審諦不誤

兩河閒曰冀州 郭云自東河至西河周禮云河內曰冀州韋昭注漢書云東西南北皆有河故曰河內馬融曰在東河之西西河之東南河之北李巡云兩河閒其氣淸厥性相近故曰冀冀近也

河南曰豫州 郭云自南河至漢也周禮亦云河南曰豫州尚書云荆河惟豫州孔傳曰西南至荆山北距河水李巡云河南其氣著密厥性安舒故曰豫豫舒也春秋元命包云豫之言序也言陽氣分布各得其處故其氣平靜多序也

河西曰雝州 於用反郭云自西河至黑水尙書云黑水西河惟雍州孔傳云西距黑水東據河周禮云正西曰雍州雍者擁也東崤西漢南商於北居庸四山之內擁翳也李巡云河西其氣蔽壅厥性急凶故曰雍雍壅也太康地記云雍州兼得梁州之地西北之位陽所不及陰氣壅閼故取名焉案周禮及爾雅皆無梁州則雍州兼有梁州之地也禹貢云華陽黑水惟梁州孔傳云東據華山之南西距黑水韋昭云今益州也太康地記云梁州者言西方金剛之氣彊梁故因以爲名漢時改雍州爲梁州改梁州爲益州也

漢南曰荆州

郭云自漢南至衡山之陽尚書云荆及衡陽惟荆州孔傳云北據荆山南及衡山之陽周禮云正南曰荆州釋名云荆州者取荆山之名荆警也南蠻數爲寇逆常警備故也

江南曰揚州郭云自江南至海尚書云淮海惟揚州孔傳云北據淮南距海周禮云東南曰揚州李巡云江南其氣燥勁厥性輕揚太康地記云以揚州漸太陽位天氣奮揚履正含文明故取名焉

濟本又作泲子禮反下同**河閒曰兗州**悦轉反郭云自河東至濟尚書云濟河惟兗州孔傳云東南據濟西北距河周禮云河東曰兗州李巡云濟河閒其氣專質厥性信謹故曰兗兗信也釋名以爲取兗水之義也

濟東曰徐州郭云自濟東至海尚書云海岱及淮惟徐州孔傳云東至海北至岱南及淮釋名云徐舒也土氣舒緩太康地記以爲取徐丘爲名云周合其地於青州案周禮無營州而有青州

燕烏賢反**曰幽州**郭云自易水至北狄周禮云東北曰幽州李巡云燕其氣深要厥性剽疾故曰幽幽要也太康地記以爲因於幽都爲名或云北方太陰故以幽冥爲號二者相依也周禮云正北曰并州春秋元命包云并之言併也陽合交并其氣勇壯抱誠信也太康地記云并州不以衞水爲號又不以恒山爲稱而言并者蓋以其在兩谷之閒也

齊曰營州郭云自岱東至海尚書云海岱惟青

州孔傳云東北據海西南距岱則爾雅營州爲禹貢之青州矣營者蓋取營丘以爲號周禮云正東曰青州博物志云營與青同海東有青丘齊有營丘豈是名乎太康地記云東方少陽其色青其氣清歲之首事之始故以青爲名焉

九州 案禹平水土畫爲九州禹貢所言是也其後舜分置十二州鄭玄云舜以青州越海而分齊爲營州冀州南北太遠分衛爲并州燕以北爲幽州新置三州并舊爲十二州也夏家依禹貢九州爾雅所言李郭以爲殷制周禮職方氏之敘列是周制也禹貢無幽并營三爾雅有徐幽營而無青梁并職方有青幽并而無徐梁營三代不同之故也

鉅 音巨

跨 孫於于反郭烏花反本或作紆字非也

汧 苦堅反字林水出隴右扶風也

諸 如字左傳同尚書作豬丁魚反

濰 蘇維反水名也本今作睢

夢 本或作蒙亡貢巳工二反

大湖 音泰本今作太

隅 本或作嵎同仰于反

斥 音赤

余 羊如反

祁 巨伊反又止尸反孫本作底音之視反

鄖 於虔反字林云太原縣也又乙祛反

圃 本或作圃字同布古反又音布

熒 乎銘反

獲 胡故反又作護同

瓠 胡故反

十藪 素口反說文云大澤也風俗通云藪厚也有草木魚鼈所以厚養人也

阠 音信郭尸慎反字林所人反又所慎反

縢徒登反又作縢同 **隃**戍輸二音 **湨**古壁反 **隄**丁兮反 **墳**扶云反

防音房 **八陵**大阜曰陵 **醫**於其反李本作毉音同 **珣**胥均反又音峻說文云周

書所謂夷玉讀若宣 **玗**音于 **琪**巨疑反 **會**古外反 **稽**古兮反 **箭**子賤反 **篠**

悉了反 **犀**音西 **華**戶花反又戶化反 **礝**本或作碝同如兖反應劭注子虛賦云礝石出

鴈門白者若冰半有赤色 **霍**呼郭反 **崐**音昆 **崘**路昆反 **虛**羌魚反 **璆**其樛反又

音求 **琳**音林 **瑯**音郎又作琅同 **玕**音干 **筋**音斤本或作筋字非 **斥山**昌亦反又昌夜反

縟音辱 **饒**而遙反 **九府**府猶庫藏也 **鰈**本或作鰨同音牒又勑臘他盍二反

牛脾婢支反 **翼**本或作翌又作糞又作翼字同羊式反 **鶼鶼**古恬反 **鳧**

音扶 **肩**音堅 **邛邛**本或作蛩蛩巨凶反 **駏**音巨本或作岠又作狟音同 **驢**本或作虛又作

獹同許俱反 **爲**于僞反 **齧**五結反本或作噬謝音逝 **難**奴旦反 **蟨**郭音厥孫

居衛反李云邛邛岠虛能走蟨知美草即若驚難者邛邛岠虛便負蟨而走故曰比肩獸孫云邛邛岠虛狀如馬前

足鹿後足兔前高不得食而善走蟨前足鼠後足兔善求食走則倒故齧甘草則仰食邛邛岠虛邛邛岠虛負以走

郭云今鴈門夏屋山中有獸形如兔而大相負共行土俗名之爲蟨鼠穆天子傳云邛邛岠虛走百里之類也司馬

相如子虛賦云蹷邛邛轔岠虛又爲二獸也 **趨** 七俞反作趍非 **食之** 音嗣 **夏屋** 戶雅

反 **迭食** 徒結反 **更望** 音庚 **枳** 本或作贅顧音居是諸是二反郭巨宜反孫音支云

蛇有枝首者名曰率然施音指案枳首謂蛇有兩頭 **首** 舒酉反 **牧** 已卜反養也此謂牧養之地說文從

牛或作目李本牧作田字釋云田敶也謂敶列種穀之處敶音陳 **野** 本或作埜古字羊者反 **坰**

古塋反 **假令** 力呈反 **溼** 俗作濕申入反 **隰** 本或作隰音習 **種** 之用反

陂者 彼宜反字林或彼義反又作坡郭皆普何反 **阪** 甫晚反字林父板反 **陀** 大何反

菑 本或作甾同側基反孫音災 **畬** 本或作畭同羊如反字林弋恕反 **泰** 音太 **邠** 本或

作豳字同彼貧反說文作汃字音同 **濮** 音卜 **鉛** 悅全反 **祝** 章六反又昌六反 **觚** 姜胡

反本又作孤同 **西王母** 是西方昏荒國名又曰西王母神名狀如人虎齒豹尾蓬頭戴勝善處穴宿周

穆王巡狩至崐崘山見之西王母亦來賓昭宮見出竹書及穆天子傳　**岠**音巨　**大平**音泰下同

濛音蒙本今作蒙　**汜**音祀一音似或云祀似同音後放此

釋丘第十羌牛反本又作丠古字非人所爲曰丘廣雅云小陵曰丘

敦丘郭云音頓或丁回反謝如字讀注並如後二音　**重也**直龍反下同　**壇**大干反

堆丁回反　**陶**徒刀反孫云形如累兩盂　**濟**子禮反　**銳**唯歲反　**鐵**子廉反

如乘本又作椉繩證反注車乘同李郭皆云形如車乘又帀陵反或云如稻田塍埒下文並放此

塍帀陵反許叔重云稻田畦隄埒畔　**埒**音劣　**堵**章汝反下同　**潦**力道反　**泥**乃兮反依字作尼又作坭

汚音烏又烏花反本或作洿　**所作**子各反　**所還**戶關反又音患下同施音旋

繞音遶　**涂**字又作途音圖　**梧**五故反又音吾　**畫**郭音獲謝胡卦反

湑本或作湑字所景反　**沮**孫郭同辭與慈呂二反謝子預反施子余反　**淄**爪其反　**過**古臥反

覆孚服反　**敦者**丁回反下及注同　**邐**呂紙反說文云邐行也　**迆**字或作迤

余紙余支二反說文云遮邪行也 **旄** 謝音毛字林作嶅又作堥俱亡付反 **偏** 音篇 **宛** 施於阮反孫云謂中央汙也郭於粉反謂蘊聚隆高也下同 **隆** 力躬反 **解** 古買反 **背** 如字 **定** 丁佞反 **畝** 本或作畝 **隴界** 力勇反本又作壟 **不了** 或作僚 **故重** 直用反 **潛** 昨鹽反 **黎** 力兮反 **敦** 丁回反 **碌碌** 音祿 **更** 古孟反 **魁** 口回反 **梧** 五故五胡二反 **傑** 渠列反本今作桀 **望厓** 字又作涯魚佳反 **洒** 蘇典反又西禮反下同 **漘** 音脣 **坦** 土但反 **隩** 字林烏到反郭於六反注及下同本或作澳 **隈** 本或作渨同烏回反字林一凶反 **漁** 音魚 **鞫** 如字字林作坭云隈厓外也九六反 **別** **裏** 音里 **畢** 本又作嶧畢吉反 **重厓** 直龍反 **滸** 呼五反 **墳** **防** 音房 **隄** 丁兮反 **涘** 舊音仕 **瀆** 音獨 **汜** 音似 **溦** 本又作湄亡悲反又音微

釋山第十一

所閑反或所旃反廣雅云土高有石曰山山產也能產萬物也說文云山宣也宣氣散生

萬物也凡天下名山五千二百七十出銅之山四百六十七出鐵之山三千六百有九

華戸花戸化二反字林作崋同　吴嶽音吾周禮職方氏正西曰雍州其山鎮曰嶽後鄭云嶽吴嶽也與郭同　襲音習　亦重直龍反下皆同　坯或作伾備悲反又備美反沈五窟反韋昭音輊說文作坏　崧思忠反又作嵩崧即嵩也俱是高大之貌　岑吉金反字林才心反　崟魚金反字又作峹　嶠渠驕反郭又音驕字林作嶠云山銳而長也巨照反　鑯子廉反　卑如字又音婢　𡹞音戸或作扈　巋丘軌反巋然高峻貌字林丘追反小山而衆也　叢才公反　岌魚泣反岌高也　峘胡官反一音袁埤蒼云峘大山又音恒　過古臥反　屬章玉時欲二反謂相連屬　嶧羊石反說文葛嶧山在東海下邳尚書云嶧陽孤桐　駱音洛　驛音亦　宛於粉反　脊音積　岡又作崗皆古郎反　翠七遂反　微亡非反　近上附近之近　陂普河反又彼義反　崒子恤才戌二反字林才沒子出二反　厜姉規反郭才規反字林同顧視規反本或作厜又作嵳皆才何反　㕒郭語規反字林音危顧顧魚奇反本或作㕒又作峩皆五何反

巉士杉反又士咸反　嵒五咸反本又作巖字林云巉巖山貌也　密又作[illegible]　美　樅七容
反木名　盛時征反又市政反謂山形如黍稷之在器　巒力官反埤蒼云山小而銳　隓湯果
反狹而長也字林云山之施隓者大果反　狹乎夾反　喬巨苗反　重直龍反　甗魚蹇
反郭音言又音彥字林牛建反　隒本或作嵰字同郭魚檢反字林云山形似重甑居儉反顧力儉力儼二反
甑子孕反　屆口閣反　霍許郭反　別大彼列反下注同　鮮息淺反李云大
山少故曰鮮或作巘字又音仙　陘郭胡經古定二反　磝字或作磽同字林口交反郭五交五角二
反　礓居羊反字林云礫也　礫力的反說文云小石也　礐字或作确又作學又作埆郭苦角反
又戶角反　磐步丸反今作盤同　岵音戶　峐三蒼字林聲類並云猶屺字音起阮孝緒字略
音古開反　埒音劣字或作浖　渟音亭亦作停同　嶨字林火篤反郭同又徂學反　潦
音老　竇說文云古文隫字徒木反　谿苦奚反　戴土本或作載字同丁代反下同
崔徂回反　嵬五回反　砠說文亦作岨七余反　夾古洽反　澞魚俱反本又作虞

岫徐究反郭音胄又音由字林弋又反　泰山一名岱宗在兖州界漢在泰山博縣又云在奉高縣

華山在豫州界漢在弘農華陰縣　霍山一名衡山在荆州界漢在長沙湘南縣又云在廬江潛縣

恒山在并州界漢在常山上曲陽縣以犯漢文帝諱改爲常山　嵩高在豫州界漢在河南

馮胡音翼　夏陽戶雅反　臨河河或作魚依反

釋水第十二

尸癸反尚書洪範五行一曰水水曰潤下說文云水北方之行象衆泉並流著微陽之氣也白虎通云水準也言水之平均而可準法也

一見賢遍反　一否方有反甲美二反廣雅云否不也　瀸息廉反又子廉反　纔音才

瀱居例反孫許廢反　汋仕捉反又上若反　濫胡覽反　涌音勇　沃烏鹿反

縣音玄　霤本又作溜力又反　氿音軌詩云有洌氿泉　仄蒩棘反本亦作側派同

湀郭巨癸反孫苦穴反字林音圭　闢婢亦反一音匹亦反　過本或作濄同古禾反　辨普見反　回又作洄戶恢反

灉於用反又於恭反　復還扶又反下及注並同　沱徒河反或作汜音似

潬徒坦反　堆字或作雁又作塠字同都回反　汧口千口見二反　瀵數問反義或方
問反水本同而出異　尾字或作浘屍同巳㞘反　汾又云反　車昌蛇反　濆扶粉
反　胡音弋　郈戶苔反　數里色主反　浹古洽反　壅於勇反　陂
彼為反　出處昌慮反下同　魁口回反　醮子召反盡也字或作潐同　厬字又
作漸音軌　為灉於用反或於凶反字又作澭注及下同　沮七余反　濟本又作泲子禮
反　濋初呂反　汶音問　瀾字或作㵎同昌善反李云溢也　沱潛徒河反下文及
注並同字亦作淹　滸呼五反　岷巳巾反　道江徒報反本或作導　過又作
渦謝古禾反又烏禾反本或作過　洵私旬反　潁餘頃反水名在汝南呂伯雍云水出陽成陽乾
山　濆符云反下同字林作涓工玄反衆爾雅本亦作涓　汧苦見苦堅二反　氾音似
灡郭力旦反又力安反下及注同李依詩作漣音連　漪本又作猗於宜反　渙呼貫反　淪
音輪　藴紆云紆粉二反　俓古定反字或作徑注同　侹字又作挺他定反又徒頂反俓侹直

也 所作子各反 重直用反 見賢偏反 厓五街反 湄本或作[illegible]湄溦瀓四字同亡悲反 濟子細反 則厲如字本或作濿說文云濿或作砅履石渡水也俱力曳反 褰

則揭起例反褰衣渡水也下揭者爲揭同 揭衣起例反或巨竭反說文云高舉也 褰去焉反 褌音昆 繇古由字下同 膝字又作厀辛七反 以上時掌反下同

泳于柄反 底丁禮反 汎汎孚劒反 紼本或作綍又作紱同甫勿反 縭力知反下同 繂本或作繂字同音律 索悉各反 緌如誰反 造草報反廣雅作艁音同又造舟爲浮梁謂比舟船造作橋梁或作阜案說文艁古文造也郭圖云天子並七船諸侯四大夫二士一

方音舫或作舫又音方 併步丁反 特大得反本或作犆同 泭音桴併木以渡 水

注之樹反下同 谿苦兮反 澮古外反 灌古亂反 處昌預反 泝蘇故反詩作遡 洄胡恢反 游音由 江出蜀郡岷山 河出崑崙山或云出積石 淮出南陽平氏縣胎簪山亦云出桐柏山 濟子禮反出河東垣縣王屋山或云出河內溫西北平地 四瀆

徒木反廣雅云江貢也河何也淮均也濟濟也

洲 音州 **小洲曰陼** 字又作渚章汝反本或直云小洲曰渚 **沚** 音止本或作洔音同又音市 **坻** 本或作墀同直基反本又作泜音同 **瀆** 郭述

決二音呂伯雍音同案郭圖水中自然可居者為洲人亦於水中作洲而小不可止住者名瀆水中地也

河出崐崘 古門反 **崘** 九門反 **虛** 去魚反本亦作墟 **色白** 李云河水始出其色白也孫云崑崙山名丘虛者山下之地白者西方之色也郭云山海經曰河出崐崘西北隅墟者山下基也發源處高激峻湊故水色白也郭音義云禹本紀及山海經皆云河出崐崘山漢書曰張騫使西域窮河源其山多玉石而不見崐崘也世人皆以此疑河不出崐崘案山海經曰東望泑澤河水之所潛也其源渾渾泡泡又云敦薨之水注于泑澤出乎崐崘之西北隅實惟河源也西域傳又云河有兩源一出葱嶺山一出于闐于闐在南山下其河北流與葱嶺之河合東注鹽澤鹽澤一名蒲昌海去玉門陽關三百餘里輪廣三四百里其水停冬夏不增減皆以為潛行地下而南出於積石山而為中國河云然則河出崐崘便潛行地下至葱嶺及于闐復分流歧出也張騫所見蓋謂此矣其去崐崘里數遠近所未得而詳也泑澤即鹽澤也泑音於糾反闐徒偏反圖讚云崐崘三層號曰天柱實惟河源水之靈府是

也 **隅**又作嵎堣同音魚吁反 **所渠幷千七百一川色黃**李云水流而分交錯相穿故曰川也孫云所受渠多轉流涸濁故色黃郭云潛流地中汩漱沙壤所受渠多衆水涸溶宜其濁黃 **汩**于筆反流水也方言云遙疾行也字林云水聲急也 **漱**色救反 **涸**戶本反又戶困反謂雜亂字或作渾同 **淆**戶交反本亦作濁 **百里一小曲千里一曲一直**李云水勢小曲乃大直也故曰小曲水陰節每一曲一直通無極也故曰千里一曲一直郭云公羊傳云河曲流河千里一曲一直也 **徒駭**李云禹疏九河以徒衆起故曰徒駭孫云禹疏九河此河功難衆懼不成故曰徒駭 **大**謝音泰孫如字本今作太 **史**李孫云禹大使徒衆於此通水故曰大史或云太史者史官記事之處 **馬頰**李孫郭並云河勢上廣下狹狀如馬頰也 **狹**胡夾反 **覆**孚腹反 **鬴**郭云古釜字李孫郭並云水中多渚往往而有可居之處狀如覆釜之形 **胡蘇**李云其水下流故曰胡蘇胡下蘇流也孫云水流多散胡蘇然也 **簡**古限反李孫並云河水深而簡大也郭云水道簡易 **易**以豉反 **絜**戶結反孫郭並云水多約絜又苦八反李云河水多山石之苦故曰絜絜苦也或音呼節反又音結 **鉤**

古侯反 **般** 步干反本又作盤李本作股云水曲如鉤折如人股故曰鉤股孫郭同云水曲如鉤流盤桓不直前也 **鬲** 音革施力的反與今注不同 **津** 李云河水狹小可隔以爲津故曰鬲津孫郭同云水多阸狹可隔以爲津而橫渡 **阸** 於懈反 **隔** 音革 **九河** 案禹貢在兖州界郭云徒駭今在成平縣胡蘇在東莞縣鬲津今皆爲縣屬平原郡周時齊桓公塞九河并爲一自鬲津以北至徒駭二百餘里渤海東莞成平平原河間弓高以東往往有其處焉

經典釋文卷第二十九

經典釋文卷第三十

爾雅音義下

唐國子博士兼太子中允贈齊州刺史吳縣開國男陸德明撰

釋草第十三

草亦作艸說文云百卉也從二中中讀若徹象草木初生

藿羊六反　韭居有反說文云菜名也一種而長久故曰韭象形在一之上一地也　茖古百反　葱本又作蔥音聰　葝字又作剄巨盈反　䪥本又作薤同戶界反說文云菜也菜似韭故從非也　萬力的反　蒜西亂反說文云葷菜也一本云菜之美者雲夢之葷菜　種之用反　莖戶耕反或作英　薜方奭反郭布革反　蘄古芹字巨斤反　虘士奴反後皆同又在古反本今作麤　椴徒亂反　堇本或作槿音謹下同　櫬楚靳反本又作藽　別二彼列反下放此　隕于敏反　爲日人逸反　烝之仍反本今作蒸　术徒律反本或作茶　薊古帝反下同案本草术一名山薊一名山連一名山薑廣雅云术山薑也　枹沈音孚又

音浮又音包　葥音箭一音子淺反說文作湔同　彗息遂四銳二反　埽素報反下同

菷之有反　菉力辱反　芻楚俱反本又作蒭　蓐音辱　鴟尺之反　莎素和反

蔏音商　藋徒弔反說文廣雅皆云堇也　蘩音煩　皤白波反白也　蒿好高反

菣本亦作莖去刃反讀者或作苦見反　炙之亦反　啗本亦作啖又作噉皆徒覽反說文云噍也

廣雅云食也　蔚於貴反下同　牡已后反　蘙魚結反　彫丁遼反　蓬步公反　蔦

作見反孫李本作蔈沈平兆反　黍音著　種之勇反　萆方寐反又方弭反　莞謝音官施

音丸　葝巨盈反　皁音造　菥思歷反　蓂亡歷反　薺齊禮反　蒤大奴反

細刺七賜反下同　狼音郎　茅亡交反　覆音副　瓠戶故反舍人本

又作瓠釋云瓠也　棲詩作犀音西　瓣苻莧苻閑二反謝力見反郭云瓠中瓣也字林云瓜中實也父莧反

茹音如字亦作蒘　藘力居反　蒐色留反　蒨本或作茜七見反　贏力果反

栝本或作苦古活反　樓本或作蔞力侯反本草栝樓一名地樓一名天瓜一名澤姑一名果贏實一名

黃瓜陶弘景注云出近道藤生狀似土瓜而葉有叉實中人今以雜作手膏用也根入土六七尺大二三圍者服食亦用之

荼 音徒說文同案詩云誰謂荼苦大雅云堇荼如飴本草云苦菜一名荼草一名選生益州川谷名醫別録云一名游冬生山陵道旁冬不死月令孟夏之月苦菜秀易通卦驗玄圖云苦菜生於寒秋經冬歷春得夏乃成今苦菜正如此處處皆有葉似苦苣亦堪食但苦耳今在釋草篇本草爲菜上品陶弘景乃疑是茗失之矣釋木篇有檟苦荼乃是茗耳

萑 音隹

蓷 他回反或音推郭云茺蔚也本草茺蔚子一名益母一名大札一名益明一名貞蔚陶弘景云處處生葉如荏方莖子細長三棱白華華生節間

茺 音充

蔚 音尉

荏 而甚反

益 音益本今作益

虉 又作鷊五歷反郭音五革反

綬 音受

粢 音咨左傳云粢食不鑿杜注云黍稷曰粢郭云今江東人呼粟爲粢陶注本草云白粱粟或呼爲粢粢音緇字林云黏稷也今苗及穀本草云稷米味甘無毒益氣補不足陶注云不識似粟

稷 書多云稷恐與黍相似詩黍稷稻粱禾麻菽麥此八穀世人莫能證辨如此穀稼米不能明而況芝英者乎氾勝之種殖書無稷案禮記云子卯稷食菜羹又云君沐粱大夫沐稷士沐粱相承云稷粟也又郭注衆秫云黏粟而說文字林皆云黏稷今秫苗及穀全似粟唯色及黏爲

異又衆家釋粢皆爲粟知稷即粟也然本草衆音終秫音述稷米在下品別有粟米在中品又似二物郭云黏粟也說文云稷之黏者字林亦云黏稷本草云秫米味甘微寒主止寒熱利大腸治漆創案江東人皆呼稻米爲秫米嚼稻米以治漆創亦驗然北間自有秫穀全與粟相似米黏北人用之釀酒其莖稈似禾而麤大也

黏女廉反字林云相著　朮舒育反本亦作菽　荏而甚反　卉虛謂反　揔子孔反　莞悅轉反又古本反　蘥予若反　麥亡革反　燕烏見反　蘹戶怪反　薞西存反　萰音練　菟音兔　荄古來反一音皆　蘩音煩　葵音兮　蕢羊善反又弋仁反　茢音列　薽音眞　豕傷氏反　彘音滯　蟾音占　豨虛豈反

煼字或作𤏐焆炒𩰲𤍻聚七字並音初卯反三蒼云熬也說文云火乾物也　蠶雜南反　蛹音勇

苹音瓶　菷之西反　蓍音尸說文云蒿屬也生千歲三百莖　埽蘇早反　蘬胡罪反　茭郭胡卯反又音交或尸交反　蘄音芹　葖孫郭並他忽反施徒忽反　蘆郭音力何反謝力吳反　葩郭音菔蒲北反　蕪音無本或作蔓音萬　菁音精又子丁反　雹步角反

滷恥力反聲類云滷灌茵芝也 茵沈顧音祥由反謝音由 芝音之瑞草也 筍息尹反竹初生也 萌亡耕反 簜徒朗反說文云大竹也尚書云篠簜旣敷是也本或作簜音同案說文簜大竹筩也字林他莽反 莪五河反 蘿力何反 ⿱艹廩良甚反廣雅云莪蒿⿱艹廩蒿也 苨奴禮反 菧丁禮反 絰待節反 莕音杏本亦作荇詩云參差荇菜說文作䓷 接如字說文作萎音同 余羊如反本或作荼非 菅古顏反 薜方麥反 蘄巨斤反 菲芳尾反 芴音物 葍方服反說文云亦名舜楚謂之葍秦謂之藑蔓地生而連花 蔔音富 熒戶坰反 萎謝於遠反孫於爲反郭女委反本今作委 萎謝於危反孫人垂反郭音痿痿同案痿音人垂反字林云痺也韓信云痿人不忘起是也讀史漢者或於危反 箭笴音幹又音干或古但反 ⿱艹朐求于反 艼天頂反又天丁反 熒音迴又音螢 竹本又作筑張六反 萹匹善反顧補殄匹緜二反 蓄勑六反陶弘景云萹蓄亦呼爲萹竹 好生呼報反 蟲直中反 葴之金反 ⿱艹寒何干反本今作寒 薢郭音皆一音古買反 茩古口反秦人名蔆曰薢茩廣雅云蔆芰薢茩 ⿱艹決古穴反本

亦作決光本或作茪古黃反茱常朱反萸羊朱反葰字又作菱音陵莁亡符反讀者或常制反又戶耕反蕍羊而反蔱所黠反薔在羊反蕢巨貴反瓞大結反詩云緜緜瓜瓞瓝步角反字林作瓝云小瓜也紹市沼反蔓音萬著子丁略反芍戶了反鳧音扶茈本又作蔵沈顧徂斯反謝徂咨反蘱力愧反又力對反薡音頂董本或作董丁動反施音童蕛大兮反本又作稊莊子云道在稊稗是也苵大結反稗蒲賣反字林云禾別名也鉤古侯反芺於表反又於老反拇音母薊音計蘮胡界反薈烏外反薔師力反說文作薔云虞蓼也音色蓼音了蓧他彫反蓨他的反虋詩作穈字林亡昆反郭亡津反本亦作蘴粱音良芑羌紀反秬音巨黑黍也或云今蜀黍也米白穀黑說文作𪏰或作秬字秠孚鄙反又孚丕反字林匹几匹九夫九三反稃音敷本作殍聠並同任城音壬稌稻待古反又他古反詩云豐年多黍多稌爲酒爲醴禮記云牛宜稌羊宜黍本草云秔米主益氣止煩泄稻米主溫中令人多熱陶注云道家方藥有俱用稻米

稉米此則是兩物云稻米糠白如霜今江東無通呼稉米爲稻米耳不知其色類復云何案說文云沛國謂稻爲穤

秔稻屬也字林云穤黏稻也秔稻不黏者李登聲類亦以秔爲不黏稻但江東人呼爲稬稬字林曰稬乃亂反字亦作

穤北人呼爲穤稉與粳皆俗秔字也音庚今稬穤甚相類但黏與不黏耳依說文穤即稻也　**沛**音貝國名

蒿音福　**藚**巨營反又詳究反　**一種**章勇反　**苕**音條　**臺**字又作臺同　**夫**

音扶　**蕦**音須本今作須　**箋**即田反　**禦**音語　**笠**音立　**藆**居輦反本亦作搴字　**藅**

音伐本又作罰　**莔**亡庚反詩作蝱同本草云貝母一名空草一名藥實一名苦華、一名苦菜一名商草一名

勤母　**荍**祁堯反或巨遶反　**蚍**婢夷反郭音疕　**衃**本或作芣又作虾房尤反郭芳九反　**艾**五蓋

反　**冰**彼升反　**蕇**音典　**亭**字或作葶同　**歷**字或作藶廣雅云狗薺大室亭歷也本草云一名大

室一名大適丁歷反一名丁歷一名蕇今江東人呼爲公薺　**芥**音界　**狗**音苟　**璫**音當

薜布麥反　**庾**字或作藇謝羊主反孫音臾　**蔜**五高反本今作蔜　**蕿**字或作蔆謝先老反沈施

所留反本草呼爲蘩蔞　**蘩**音煩　**蔞**字亦作縷力主反今蘩蔞草　**蘺**力知反本今作離

活胡闊反 茷字或作蔙徒活反 瓤女良反三蒼云瓜中子也 祖日人一反 龍郭音聾施音龍 蘥餘若反 蕦音須本今作須 葑方孔反 蓯音摠 蒡郭音彭又音旁 荵音忍注同 蒩莊居反 瀹餘若反字林云煮也本亦作汋音同後放此 莤郭音由又音酉 蔓或作曼通音萬 菡音魯 蘆施謝才古反郭才河采苦二反字林千古反 苴將呂反一云將慮反字苑云鞔苴履底 柱張縷反本或作拄同 夫音扶或如字 搖車尺蛇反又音居 隧音遂 蘧郭音氍巨俱反謝音渠 蔬郭音氍山俱反謝音踈 菌巨隕反 菰音孤廣雅云蔣也 啖大敢反 甜徒謙反 滑乎八反 氈之延反本亦作旃同 氍音衢又音渠字又作瞿 毹所俱反又所魚反本今作毹 蘄巨斤反 茝昌改反昌敗二反本草云白芷一名白茝 蘪亡悲反本今作蘼 蕪亡符反本草蘼蕪一名微蕪一名江離芎藭苗也陶注云葉似蛇牀而香 如萎於危反字林於僞反 臭昌又反 茨徂咨反或作薋同 蒺音疾 藜音梨案本草蒺藜一名旁通一名屈人一名止行一名豺羽一名升推一名即梨一名茨多生道上布地子及葉並有刺狀如

雞菱　刺人七亦反　見詩賢遍反後放此　蘮居例反郭巨例反　蒘女居反　竊音切

芹音勤　著人直略反　髦音毛　顛都年反　蕀古力反　雚郭音灌謝音官

沈施音九　芄音桓　蘭力丹反　斷之丁管反　汁之什反　蕁孫云古藫字徒南反

說文云或作蕁字　莐字或作芜音直林反　藩甫煩反又音煩郭云一名提母本草謂之知母一名蚳母一名

連母一名野蓼一名地參一名水參一名貨母一名蝭母一名女雷一名女理一名兒草一名鹿列一名韭逢一名

見踵一名東根一名水須一名莐藩一名蕁陶注云形似菖蒲而柔潤葉至難死掘出隨生須枯燥乃止堪治熱病

亦主瘧疾　蕍羊朱反　蔦本又作舄私夕反下同郭云今澤舄案本草云一名水舄一名及寫一名芒芋

陶注云葉狹而長叢生淺水中仙經服食用之令人身輕能步行水上　蔨謝其隕反郭巨阮反施其免反

沈巨轉反　蔍力斛反本今作鹿　藿火郭反說文云菽之少也字又作藿　莥女久其久二反　蔓

音萬　莚以戰反又音延本又作延　蒿胡老反　莎先禾反　媞尼兮反　夏音下

小正之盈反　蓨戈垂徂規二反廣雅云蔕也又云地毛莎蓨也本或作蓨他狄反　莞本或

作莞謝音官郭音桓字林音緩俗音關　**苻離**力知反本或作離　**蒚**郭音翮又音歷　**荷**音河

芙音苻本或作扶　**渠**本又作蕖音同　**蓉**音容本亦作容　**莖**戸耕反　**茄**古牙反　**其葉**

蘧字或作葭音遐又音加衆家並無此句唯郭有然就郭本中或復脫此一句亦並闕讀　**蔤**亡筆反

蒻音若　**菡**戸感反　**萏**字又作蕳徒感反說文云菡萏華未發也已發名芙蓉張揖同亦曰芙渠

本今作苕　**蓮**力田反　**藕**字亦作蕅同五口反案本草云一名水芝丹　**的**丁歷反又戸了

反或作菂同　**薏**於力反　**蘢**力恭反又力公反　**蘬**謝丘軌反郭匡龜反　**爲龍**

如字本今作龍　**蒫**才河反又子邪反　**𢋭**本或作蕡苻刃反或扶沸反　**枲**息似反　**葚**

七徐反下同　**別**彼列反　**薞**音孫　**酢**七故反　**菲**孚匪反又音妃　**蒠**音息本又

作息　**蕢**字亦作蕢巨愧反又苦怪反　**莧**閑辨反　**蘠**音牆　**蘼**亡彼反又作靡同　**虋**

音門本皆作門郭云門俗字亦作虋字　**冬**山海經云條谷山其草多芍藥虋冬郭云本草一名滿冬案本草天

門冬一名顚勒麥門冬秦名羊韭齊名愛韭楚名馬韭越

名羊蓍一名禹葭一名禹餘糧葉如韭冬夏生無名滿冬

者 蔦匹緜反 灤郭舒若反孫餘若反 貫古亂反 衆音終本草云貫衆一名貫節一名貫渠一名百頭一名虎卷一名藊苻一名伯藥一名藥藻此謂草鴟頭也衆爾雅藊苻止郭云未詳本草乃是貫衆 莙其隕反孫居筠反 薻音早 蓫他六反 薚呂郭他羊反謝他唐反廣雅云馬尾蔏陸也郭云江東呼爲當陸一名蔏根一名夜呼如人形者有神 蔏音商本亦作商 苹音平 萍音本或作蓱音瓶 薸郭音瓢婢遥反廣雅云瓢蓱也 蘋眂人反說文作薲 莃虛祈反 菟湯故反 葵共唯反 汋以灼反 蘈本又作藬同吐回反 蘈大回反 穗音遂說文作采云禾成秀人所收也穗俗字廣雅云采蕖采也 縹匹眇反又匹妙反字林云青白色 淋音林字林云以水沃也 藚音續 脣音脣本今作脣 蕮音昔 苹皮英反 藾力大反 翹字亦作翹祁饒反本草連翹一名異翹一名軹一名蘭華一名折根一名三廉 苕音條 蕵蘇存反 傅音付 橫目如字胡彭反或音黃 結音姞本今作結 蔞本亦作蔞力主反 箏側耕反 䔧力基反 蒙亡公反 蔆字又作菱力矜反本今作蔆 蕨居月反

攗己悲反孫居郡反又居羣反　芰巨義反字林云楚人名蔆曰芰　菊居六反　蘧音渠或音

劬字或作蘧音同　麥字亦作麦郭云蘧麥一名麥句薑即瞿麥廣雅云茈萎麥句薑蘧麥本草瞿麥一名巨句

麥一名大菊一名大蘭陶注云一莖生細葉華紅紫赤可愛　瞿求于反　薜彼麥反　牡己后

反　蕡子旦反　蕑子賤反　莓音每又音梅後注同　藨皮苗反又皮表反　齧

五結反　苦堇音謹　汋以灼反　藫徒南反　菭徒來反郭云一名石髮說文云水青

衣也或大之反本今作苔　底丁禮反　蘜字或作菊居六反說文云蘜治牆也又作鞠云日精也

蓎音唐本今作唐　蘿音羅　別彼列反　苗郭他六反又徒的反說文云從由聲　蓧

郭湯彫他周二反顧他迪反　茥苦圭反　蒛去悅反　葐步昆反注同　覆芳服反

芨居及反又起及反　堇草音謹下注同郭音靳居覲反云即烏頭也案本草蒴藋一名堇草一名芨非烏

頭也　虃息廉子廉二反　菺古田反　茙音戎本今作戎　蘻郭音古系反又苦系反　狗

音苟　蕧郭音服施孚服反郭云旋蕧也本草云一名金沸草一名盛椹一名戴甚陶注云花似菊花而大

庚本又作羹同古衡反　莩孫音嗣本又作字說文作莩云即枲也　苴七徐反　盛
音成　旳步角反舍人云旳九葉九枚共一莖樊本旳字作駮釋云駮也一名九葉　藐亡角反又亡校
反　茈子爾反　[illegible]力計反　倚謝於綺反或其綺反舍人本作猗音同　蔏音商本今作商
活如字孫音括　脫徒活反字又作莌　蘵字又作職諸弋反　蒢直居反　菹側居
反　藒去竭反謝起例反郭去謁反　車音居本多無此字　芞謝去訖反又虛訖反沈　輿字或
作藇音餘唯郭謝及舍人本同衆家並作蒢　權其圓反　牛芸音云　⿱艹牧音牧本亦作目
蓿音肅　葞彌爾反　終本亦作蔠同　蘩音煩　菋音味又亡戒反　荎直其
藸音除　荼字亦作蒤音徒　委於詭反或於危反字或作萎同　茠本或作薅火羔反又作林同說
文茠或作薅字　蓼音了　鉤古侯反　藈本或作睽顴謝同音圭孫苦圭反　菇音姑本今作姑
⿰句瓜音鉤又五侯反　⿰婁瓜力侯反字林云⿰句瓜⿰婁瓜王瓜也　⿱乘衣本又作乘施繩謝市證反音　居本亦
作車音同　爲索悉各反下同　衱居業反　袶施音絳孫蒲空反本今作絳　欔沈居

縛反　**杷**白麻反字從木下同　**相著**直略反　**皁**音造　**杜**郭云杜衡也似葵而香案本草云杜衡味辛香人衣體陶注云根葉都似細辛唯氣小異耳本草經又有杜若一名杜衡陶注云葉似薑根亦似高良薑而細氣味辛香又絕似旋葍根殆欲相亂如陶之言二種並不似葵或恐郭誤耳　**土**他覩反　**菌**本又作鹵音魯　**衡**字或作蘅音行　**盱**香于反又音于　**虺**虛鬼反　**牀**郭云蛇牀也廣雅云一名馬牀本草云蛇牀子一名蛇粟一名蛇米一名虺牀一名思益一名繩毒一名棗棘一名牆蘼陶注云華葉正似蘼蕪　**蘇**音米　**蔜**樊本作蘇蔜麥音五刀反　**枹**音包又音浮　**蘮**音計　**顆**苦果反或音款　**涷**謝音東施都弄反讀者亦音冬郭云款涷也生水中案本草云款冬一名橐吾一名顆涷一名虎鬚一名菟奚一名氏冬陶注云其冬月在冰下生則應是冬恐承音作字異耳　**中馗**求龜反郭音仇字則當作頄舍人本作中鳩云菟奚名顆東顆東名中鳩　**藺**郭巨隕反孫去貧反本今作菌　**蕈**辭荏反案今人呼菌為蕈葛洪字苑同云世作椹蕃二字非也字林式甚反或云桑萸也沈徒感反萸人兗反　**蓒**豬葉反又阻留反字又作菆　**茖**徒彤反下同　**蔈**必遙反　**茇**郭音沛補蓋反又音撥說文云草之白華為茇

音布末反　蘪亡悲反蘪草生江水中　薇音微又音眉顧云水濱生故曰垂水　薢甲麥反

莽莫朗反　數節色角反數猶促也　促七玉反　粼字又作𨻰音各又音鱗

篃字或作藌密謹反又亡忍反　荼郭音徒又音攄施音儲　筦本又作亢戶剛反　簢音待

說文云竹萌生也字林大才反　箭音箭本今作箭　萌亡耕反　筍思尹反　菹側於反

醠音海　篠思了反字林作筱云小竹也　別彼列反　枹音包　藿戶各反　素

蘇故反又作索　鬷子工反郭音揔　芏郭他古反案今南人以此草作席呼爲芏音杜　夫謝方于反

孫音荇　莞古丸反字又作雚誤　藺力刃反字林云莞屬也　綦郭音其字亦作綦紫綦菜也說

文云綦土夫也或作萁非也案說文云萁豆莖施謝並音其　蕨音厥　葴之林反又音咸　藍

力甘反　姚莖謝戶耕反施郭於耕反　蒤音徒本今作涂　芐音戶本草地黃一名地髓一名

芐一名芑　髓素累反　怙音戶　蓎音唐本今作唐　菝步八反　蘢力恭反

蔌本又作遬音速　牡木后反　茅亡交反　菤謝作卷九轉反　耳詩卷耳是也本草作枲耳云一

名胡枲一名地葵一名葹一名常思陶注云一名羊負來昔中國無此物言從外國逐羊毛中來也廣雅云苓耳蒼
耳葹常枲胡枲之類耳　**苓**音零　**枲**音死　**虌**甲滅反字亦作鼈案此即今蕨菜也菜初出鼈蔽因
以名云廣雅云紫綦非也　**蕎**居喬反又音喬　**邛**巨恭反　**鉅**音巨案本草云大戟一名邛鉅今近道處
處有　**戟**九逆反　**蘩**音煩字今作繁　**薏**音已字亦作芑　**杜**徒土反舍人作牡　**屩**
大略反　**稂**音郎說文云禾粟之莠生而不成者　**莠**羊久反詩云不稂不莠　**藨**謝蒲苗反
或力驕反孫蒲矯反字林工兆反顧平表白交普苗三反　**麃**謝蒲表反郭又苻囂反　**覆**芳伏反
酢七故反　**甜**大廉反　**葯**丁歷反本今作的　**菆**字又作敫戶歷反　**購**古豆反又古侯
反　**蔏**音商　**蔞**孫力朱反郭力侯反注同　**茢勃茢**施謝二茢皆音列沈上音例下音列勃蒲沒反
葽烏了反　**棘**居力反字或作蕀同　**蒬**於表反又於阮反廣雅云棘蒬遠志也其上謂之小草案
本草遠志一名棘蒬一名葽繞一名細草　**遠志**字又作薳蒠非　**茦**初革反方言云凡草木而刺人
者北燕朝鮮之閒謂之茦　**刺**字又作刺又作莿七賜反注同方言云關西呼茦壯爲莿　**朝鮮**直遙反下

音仙　萩音秋　蕁徒南反　藻子老反本亦作藻水草一名落首一名蕁郭云一名海蘿

萇直良反本今作長　銚羊招反或羊召反字或作䔙　芅音翼字亦作弋　小麥乚革反

蘦詩作苓力丁反　蔓音萬　莚餘見反本今作延　芣音浮　苢字亦作苡音以見詩說文云芣苢馬舄也其實如李令人宜子周書所說

蕮四夕反本今作舄　車昌遮反　藬音遂

好生呼報反　蝦音遐　蟆字又作蟇乚巴反本草云車前一名當道一名芣苢一名蝦蟆衣一名牛遺一名勝舄久服令人身輕不老

綸古頑反下同　組作古反下同　秩直乙反　啇音色

苀戶剛反本亦作芫　蠡音禮　緜武延反　繅先刀反字林云繹繭也本亦作繅又作縿非也繅宜音于小反縿音所銜反

繭古典反張揖云繭纊新緜　葀古活反　麇俱綸反本或作麋音眉

搴施居展反謝去虔反　柜音巨　朐巨俱反　種名章勇反　芺沈顧烏老反謝烏兆反說文云味苦江東食以下氣

薊音計　荂香于芳于二反下同注音俘同　蓊烏孔反

蔈芳嚚反又必招反　荼郭音徒又音蛇　猋必遙反又方瓢反又方幺反字從三

犬俗從三火非也焱字林弋劍反云火花也 藨 郭方驕反謝苻苗反一音皮兆反 芀 徒彫反字或作苕下
同 葦 于鬼反謝于歸反 葭 音加 蒹 古謙反 薕 力占反 蘠 徒的反本今作
萑 音桓字林作藿 數尺 所主反 菼 他敢反說文作薊云菼或薊字 薍 五患反 蓲
郭音巨說文云烏蓲草也張揖云未秀曰烏蓲 虇 郭音綣巨阮反本或作彏非彏音權說文云弓曲也
繾 弃善反或去忍反 蕍 羊朱反 芛 郭音䝼羊捶反顧羊述反謝私尹反樊本作葦 葟 音皇本亦
作皇 卷施 並如字施或作葹同 荺 于閔反 茭 字又作薂胡巧反又胡交反廣雅云根也
藕 五口反 啖 大敢反 荄 顧謝音該郭音皆說文云草根也 別 彼列反 韭
音久 攫 俱縛反 槖 音託 華荂 香于芳于二反下同說文云草木華也 不榮而
實者謂之秀 衆家並無不字郭雖不注而音義引不榮之物證之則郭本有不字
釋木第十四 己卜反說文云木冒也冒地而生也從中下象其根白虎通云木之言踊也陽氣踊躍
槄 他刀反郭又他皓反 榎 古雅反舍人本又作檟 楸 音秋 栲 音考郭姑老反案方志云

櫄樗栲漆相似如一櫄音勑倫反　樗丑於反　桼字又作漆音七　柏音百　椈弓六反

㔾臼初亮反下其九反　髡苦門反　梱五門反　椴徒亂反字林云木似白楊一名

椸　椸弋支反　梅莫迴反　枏而占反又音南　杏戶猛反　酢七故反　柀

音彼又匹彼反　煔字或作杉所咸反郭音芟又音纖　棺音官　腐音父　櫠音廢　椵古雅

反　柚羊又反　盂音于　皮厚戶豆反又如字　枳諸氏反　杻女九反呂郭並

汝九反　檍於力反字又作億說文云檍梓屬也　棣大細反　飤四志反字林云糧也一曰餅也

經典並止作食字借作嗣音本又作飯扶晚反本今作飼　車昌蛇反　輞音罔下同字林云轊也轊音渠

橿居良反　楙音茂　椋音良　梾力臺反埤蒼字林並作梾云椋也本今作來

栵字林音例詩音同又音列　檽字又作栭音而毛詩草木疏云葉如榆木理堅韌而赤今人謂之芝檽也

槲胡木反本今作槲　樕桑木反詩云林有樸樕毛傳云小木也或作樕同　椑音婢　檴戶郭

反詩云無浸檴薪　梧必回反本今作杯　柚羊又反或作櫾　條字又作樤　橙直耕反上

林賦云黃甘橙榛是也榛音直奏反呂忱云橙橘屬　楥孫音袁又于眷反　柜謝音巨郭音舉　柳郭音

卬又作柳良久反　栩香羽反郭又音羽字林丑與反　杼謝嘗汝反施音佇孫昌汝反施或音序

柞子各反　菋音味又己戒反本今作味　荎直之反舍人本作柢丁計反　著音儲舍人本作都樊

本作層　誤重直用反又直龍反　蘊烏侯反詩云山有蘊是也本或作蘊同　荎謝大結反

郭直基反　臧孫子郎反　槹舍人本作皐樊本作楁同音羔　綦音其　朹音求　檕工系反本

亦作繫樊本作槅工厄反　朻郭音糾又居幽反又音皎　聊音寮　榽兮計反又音奚　橀許兮

反本亦作醯　檀大丹反　上山[illegible]掌反　斫章略反　殫音丹字林云極盡也又云

斃也　梫字林音寢郭音浸或初林反一音侵　枇房私反又音毗　杷步巴反　不著丁略

反又直略反　棆音倫又致均反　疵本又作榹辭貲反字書云無榹棆也　楩鼻緜反又婢衍

反上林賦云楩柟豫章是也字指云楩木似豫章　章本或作樟　椐音袪字林己庶反又音舉　樻

起愧反又去軌反字林巨位反樊孫並云椐樻腫節可作杖毛詩草木疏云節中腫似扶老即今靈壽是也今人以

爲馬鞭及杖弘農共北山皆有之 腫之勇反 檉勑貞反 旄音毛 權音拳

諸慮如字施力據反字又作攄力余反 櫐字或作虆音誄力水反下同 藤徒登反

虘七胡反本今作麤 欇郭音涉本又作聶又作欇並同 虎呼戸反 莢古協反下同字林云

草實也廣雅云豆角謂之莢周禮云墳衍之地其植物宜莢物 刺七豉反 櫼力輒反又餘涉反

杞去己反 枸音苟 檵音繼 杬音元又作芫 夘力管反 椵況彼反

椒字又作茮子消反 楰郭音庾又音瑜 梓音子 楓甫隆反說文云木厚葉弱枝善搖字

林音方廉反 欇之涉反 歧音祁 脂音之 寓木魚具反 宛於院反

蔦音鳥或音弔說文或作樢字林云寄生也 夷舍人本作桋同 櫟力的反 梂字林音求

舍人云櫟實名梂梂也孫云櫟實橡也有梂彙自裹郭同 彙音謂 自裹音果 檖音遂 楔

古黠反施音結 櫻乙耕反廣雅云櫻桃含桃也禮記月令云羞以含桃鄭注云今之櫻桃 旄音毛

字林作楙已到反 榹郭音斯又音雌 解古買反 核胡革反下同 休虛求反又作林

痤徂禾反　虘李如字施音驪　駁字亦作駮邦角反　棗音早　壺字或作樝孫云棗形上小下大似瓠故曰壺音胡　瓠乎故反　要一遙反注同字或作樓　櫅子兮反　樲而至反　徹本或作撤直列反　晢思歷反下同　嗜時至反　洗屑典反　猗乙奇反又於奇反　塡音田本或作顚同　蹶本亦作蹻居衞反　泄息列反　不著丁略反下同　還音旋郭云還味短味字林作䙴一縣反　棯而審反又作惹同　櫬初靳反下同　梧音吳　樸音卜字又作僕　枹逋茅反注同　屬之欲反　棫于逼反　櫟音歷　謂舍人本作彙同　櫬采七在反下並同　薪采薪即薪舍人引上句櫬梧來合在此句以謂字作彙釋云櫬梧一者樸枹者櫬者其理也樸者相迫附也彙者莖也如竹箭一讀曰枹也櫬名采薪又名即薪樊引詩云薪是穫薪荊州曰柞木采木詩人不曉薪意言薪謂身即薪伐之也李云采薪一名彙一櫬言即薪謂二薪也孫引詩云薪是穫薪薪一名彙櫬郭云指解今樵薪今依郭氏說　樵字又作藮徂焦反字林云薪也案左傳云不樵樹史記云樵蘇後爨師不宿飽注云樵取薪蘇取草　棪餘念反山海經堂庭

之山多棪木注云子似棯而赤可食 樕音速 杙音弋 阯音止本今作趾 櫰郭古回反字林下罪反又音懷
槐音懷或音回 聶之涉反合也 炕郭呼郎反又口浪反顧云張也樊本作抗
槐小葉郭讀槐爲楸音秋或如字 榎古雅反及下同 櫬孫七各七路二反字或作櫬下
同樊云大者老也櫬棤皮也謂麤櫬而老者爲楸也孫郭云老乃皮麤散者爲楸本今作散 楸音秋 椅
於奇反郭云即楸也案椅與楸唯子爲異耳 梓字林音子 桋音夷 棟又作榡同山厄反郭霜狄
反下同 而岐巨伊反下同 好呼報反 輞音罔本或作軔音刃又音如戰反本今作
軔 樌古亂反字又作灌音同 叢木才公反本或作藂 瘣郭胡罪反一說文云病也一
曰腫旁出也又音回 苻婁謝力侯反施力俱反樊引詩云譬彼瘣木疾用無枝苻婁者尫傴內病磈磊無
枝也李云苻婁一名瘣木無枝木也 尫烏皇反字書云傴也 傴紆禹反廣雅云曲也 瘻於井反字林云
頸瘤也 腫章勇反本或作瘇常勇反 蕡扶云反孫苻粉反 藹烏害反 菴於檢反
、枹音包 迺又作迺子由反又徂由反說文云迺迫也謂叢攢迫而生 魁字亦作魁謝苦罪反施苦

回反　瘣郭盧罪反施胡罪反　磈本或作傀苦罪反　磊本或作儡力罪反　棫音域字林于昊反

桵本或作桵字林人佳反　刺七智反　棃字亦作梨　樆音離本亦作離非

辨普遍反又皮莧反　葚音甚說文云桑實也本或作椹非字林式忍反　栀章移反下注同舍人云桑樹一半有葚半無葚名栀也樊本同　桋大兮反或作荑　榆以朱反　枌符云反

卻去略反　著丁略反　莢古叶反字林云草實也　棣大計反下同字林大內反　移以支反字林上泥反

夫移音苻　檟古雅反與榎同　荼音徒下同埤蒼作樣案今蜀人以作飲音直加反茗之類

茗已項反　𦰡尺兗反𦰡樣茗其實一也張揖雜字云茗之別名也　欶音速　樸音卜木今作樸

槲音斛　棧仕板反　干木古丹反樊本作杆同　殭居良反字書云死而不朽本或作僵說文云僵偃也又作橿

觡加客反　檿烏簟反　車昌蛇反　轅音表

獘婢世反字又作斃　柛音申　踣蒲北反或作仆　甾字林作椔同側吏反一音側其反

蔽必世反注同　翳音殪注同　蔭於禁反　槸魚逝反郭云逝魚例二反

楛七各反　虩謝音鳥郭音夕　梢郭音朔　擢直角反方言云拔也蒼頡篇云抽也廣雅云出也小
爾雅云拔根曰擢　殺色界反又色例反　樅七容反　松字林象容反　大廟音泰
檜古外反又苦外反　楫本又作檝子葉反又一音集　句居具反下同　喬阮孝
緒音橋郭音驕下皆同　曲卷巨負反　朻居虯反本又作樛同字林九稠反　曰苞
如字本或作枹　篠先了反　娑素河反　柷章六反本今作祝　髦音毛　棶
居力反　阿烏河反又於可反　那奴何反又奴可反　茮音焦本今作椒　檓所黜反字林云
似茱萸出淮南本草云茱萸一名檓案今樹極似茱萸唯子赤細　莍音求說文云檓椒實裹如裘也一音
巨六反　蔞所留反又所于反　茱音殊　萸以朱反　核何革反　華胡化反鄭
注禮記云謂中裂不四析也　膽丁敢反　竈亦作庢同丁計反　樝側加反字亦作查
鑽子官反郭徂端反　澁字又作濇又作澀所立反　繚音了　檄形的反　擢
直角反字從手　直上時掌反　樌古半反或作灌

釋蟲第十五

本亦作虫案此篇是釋蟲依字虫音許鬼反蚍類也並兩虫爲蝕音古門反蟲之摠名也三虫爲蟲直忠反有足者也今人以虫爲蟲相承假借用耳說文云虫一名蝮象其形物之微細或行或飛或毛或蠃或介或鱗以虫爲象案此文云有足謂之蟲無足謂之豸月令鱗毛羽介皆謂之蟲白虎通以聖人爲倮蟲之長自上聖下達蟱螟通有蟲稱耳

螜 胡木反 **螻** 力侯反 **蛄** 古乎反 **夏小** 胡雅反 **正** 音征 **蜚** 扶味反 **蠦** 力胡反 **蜰** 敷非反孫甫尾反 **盤** 字又作蟠蒲安反廣雅云負盤蟅也蟅音章夜反 **臭** 昌又反 **螾** 以忍反 **衘** 以善反本又作蜑 **蚰** 音由 **蜒** 音延方言云自關而東謂之螾蜑或謂之入耳趙魏之閒或謂蛈虷北燕謂之䖡蚭宋魏之閒蚰蜒謂之入耳字林云北燕人謂蚰蜒爲䖡蚭上音奴六反下音女其反 **蜩** 直彫反下同 **蜋** 音郎又音良 **螗** 音唐 **蟬** 市延反字林云蟪蛄也 **蝭** 郭音蕛徒低反 **蚻** 側黠反 **蜻蜻** 郭音情又音精 **縣** 音玄 **蠽** 子列反又祖節反本今作蠘 **茅** 本或作蟊萌交反 **蝒** 音緜字林云巳千反 **蜆** 五兮反呂郭牛結反 **螿** 子羊

反　蝭音提又音帝　蜓謝徒頂反沈音殄施音亭　蚞音木本或作沐非　螇音奚　螰音鹿

蟧力刀反字林同又力幺反　蟪音惠　蛄音姑　蛣起吉反　蜣音羌　蜋音良　噉大敢反　蟦方問反　蝎戶葛反　蝠起勿反　蠹丁故反字林云木中蟲也　蠰郭音餉又音霜孫音傷　齧五結反　喜虛記反下同　諸慮本或作蠦施音驢一音力據反

奚相施音葙謝息亮反舍人本作桑　蜉音孚又音浮　蝣郭音由本又作蝣謝音流　渠略如字　略或作蛒音同　陝乎夾反本今作狹　豬好呼報反下同　蛂謝音弗沈符結反字林大替反　蟥音黃郭音王本或作黃　蛢郭音瓶　蠸音權　輿音余　父音甫下同字或作蚥　蝚如由反　蛖武江反又亡工反或作駹非　螻來侯反　蟴字又作施式移反又式豉反字林弋豉反　不過本或作蝸

強巨良反　蛘郭音芊已婢反本或作芊說文作羊字林作蛘弋丈反云搔蛘也　字林古禾反謝幺臥反　蟷丁郎反　蠰息詳反字林乃郎反　螳音唐本今作螗　蜋音郎　蜱音裨又婢貽反　蛸音蕭　䗚普莫反又補莫反　蟭音焦字林子彫反　蒺音疾字亦作螏同

蔾音梨字亦作螯　蝍施音即孫子逸反　蛆子余反　蝗華孟反下同字林音皇說文榮庚反范宣

禮記音橫聲類韻集並以蝗協庚韻　腹音福　腦奴老反　蝝以全反字林尹絹反說文

云劉歆說蚍蜉子也董仲舒說蝗子也何休注公羊云即螽也始生曰蝝長大曰螽杜預亦云螽子郭依董說　蝮

孚福反郭蒲篤反　蜪郭音陶字林他牟反　翅式智反　蟲舍音捨　蚳直其反　蟋

音悉說文作悉本或作蟋音瑟　蟀所律反詩同本或作𧖣說文同　蛬九勇反　促字亦作趗七玉反

蜻子盈反本今作青　蛚音列廣雅云蜻蛚促織也字林云蟋蟀也本今作蛪　蟼郭驚景二音孫

音京　蟆武巴反　蛙戶蝸反史游急就云蛙蝦蟇　蛝音閑　䗃郭仕板反字林仕免反或

仕僩反施仕娩反　蠲古玄反說文云明堂月令腐草為蠲　蚐音均　馬蠋丈六反字林云蠋馬

蝗音皐　螽本或作蝩音終下同　蠜音煩下同本或作蟠　趯趯他歷反　蝜音負字或

作負　喓喓於遙反　蜤本又作蟴詩作斯同音私支反　蚣字亦作蜙字林先凶反郭先工

反說文思弓反　蝑相魚反郭才與反字林先呂反說文云蚣蝑以股鳴　螉本亦作螉同烏公反字林云蟲

在牛馬皮者說文云蚣或蜙字省息忠反蜙寸東反字林云蝑蜙似蟒春黍傷容反本或作蝽蟓
蠜音棄字林云口地反螇音奚蚸或作蛺郭音歷孫音昔蠰音壤孫音囊字又作蠰又思諒
反或式尚反谿苦兮反孫音奚䗩字又作蚝竹宅反詁幼云蚝蚝蜢也善跳蜢音猛螼羌引
反蚓音引郭餘忍反說文以爲螾字同蜸苦顯反蚕他典反蜿於阮反蟺音善廣雅
云蛩蟺蚯蚓也螒音寒字又作寒蚓郭許謹反殷仲堪許偃反莫本或作蟇同武博反貈本又
作貉孫戶各反下同螳蜋說文云名蚚父蛑郭音牟字林云蟷蜋也又亡牢反斧音甫虰
音丁蛵虛形反蟧力刀反本今作勞青本今作蜻蛉力丁反字林云蜻蛉一名桑根
狐音乎蜭戶感反蛓七志反說文云毛蟲也讀若笥案今俗呼爲毛蛓有毒螫人楚辭云蛓緣
兮我裳蟔字又作蟃亡北反蛅字或作蚺而占反蟴音斯螫式亦反螫猶蠚也蠚火各
反字林云蟲行毒也蟠音煩字或作𪕰鼠負本亦作蝜又作婦亦作蝂音同本草鼠負一名負蟠一名
伊威一名委黍陶注云多在鼠坎中鼠背負之今作婦字則似乖理一名鼠姑瓮烏弄反底丁禮

反 蟫郭音淫又徒南反 蛃音丙 䖸本又作蛾說文同我河反 蠶徂南反下同
翰胡旦反字林作翰同 莎蘇禾反 樗恥豬反廣雅云樗鳩樗雞也 傅音付 負
版字亦作蝂甫簡反 強其良反說文云籀文作彊 蚚字林巨希反又下枚反郭胡輩反 掓力活反 蛶本或作掓郭音劣又力活反 螪失羊反字林之亦反 何本或作蚵音河 螝郭音龜字林音潰施音愧 蛹音勇 蜆下顯反字林下研反孫音俔案俔字下顯苦見二反 縊一賜反一音翳是反 憙許記反本今作喜 經古刑反 蚍音毗 蜉音浮 螘魚綺反本亦作蛾俗作蟻字音同案說文蛾羅也蟻或作義蛾蠶化飛蛾也並非螘字 蛘以丈反郭云齊人呼蟻也字林云北燕人謂蚍蜉曰蟻蛘 蠪謝音聾郭音龍 朾本又作虰郭唐耕反孫丈耕反字林音丁 駮布角反
螱於貴反說文字林從蚰 翄矢豉反又吉豉反 蚳直其反 蜃市軫反
醬子亮反 蟗本或作蝵郭音秋 鼅音知說文作鼅云或作蜘 鼄音誅說文云或作蛛
蟊音謀又音無說文作蟊音茅云蠿蟊作網蛛蟊也以此亦爲蟊蛬字 蝃或作蚰音章悅反 掇

章恍反本或作掇拾字非　蠭本又作螽匹凶反字又作蜂說文云古螽字字林云飛蟲螫人者
蟺音墠又示延反蓋方言也郭音憚徒旦反　蟦扶味反又扶云反　蠀本又作齊徂西反　螬音曹
蝤徂秋反　蝎音曷　蛜音伊本今作伊　威委黍今爾雅本旁或並加虫並如字
⿰虫帚音婦　蟰詩作蠨同悉彫反或音肅　蛸所交反說文云蠨蛸長股者　踦郭云音崎嶇之崎秩
宜反字林巨綺反或居綺反廣雅云踦脛也字從足虫旁作者非　蛭郭豬秩反施徒結反　蝚如由反
國貉戶各反　蠁許兩反說文云知聲蟲也司馬相如作蚼字　蛹音勇　蠖枉略
反字林於郭反　蚇音尺易云尺蠖之屈以求伸也亦作尺　蝍子逸反又音即　⿰虫就子六反字林云蝍⿰虫就
蚇蠖　果本又作蜾又作蜗同工大反　蠃魯果反　細要一遙反本今作⿱罒胃　蠮於結
反又於計反　螉烏紅反廣雅云蠮螉土蜂也案今俗呼細⿱罒胃小蜂為蠮螉在物中作房用土為隔非土蜂也
螟亡丁反　蛉力丁反　蟃音萬　蝎音曷　蛣去一反　蝠丘勿反　螢
戶扃反本今作熒　炤音照　肌居疑反　繼字又作蠽音計　蚅烏革反　螐音烏本又

作烏蠋音蜀說文云桑中蟲也郭云大蟲如指似蠶也蠓莫孔反下同蠛亡結反蜹人銳

反字林人劣反又作蚋字同秦人謂蚊爲蜹蛈大結反字林音秩蝪字林音湯或音蕩又音唐

螲丁結反蟷丁郎反蟓音象蠒古典反讎市由反本今作雔樗恥余

反棘居力反欒力丸反蚢戶剛反蠨先條反翥于據反虢

呼暇反本今作鏬剖普口反奮甫問反迅音信又音峻強其良反捋

力活反李孫云以口捋其翅郭云以腳自摩捋蠭醜螸李孫郭並闕讀而謝孚逢反施作螽音終案上

有螽醜奮依謝爲得螸亦作螉羊朱反說文云垂腴腴羊朱反蠅餘仍反扇如字又說文

作蝙云搖翼也音同螟亡丁反蟲食苗心者說文云蟲食穀葉者吏冥冥犯法即生螟蟘字又作蟘

又作蟘同徒得反蟲食葉者說文云蟲食草葉者吏乞貸即生蟘蠈音賊本今作賊蟊亡侯反本

亦作蛑說文作蟊蛑古蟊字云吏抵冒取民則生蟊也字林蟊音亡牛反豸丈爾反無足者說文云獸長脊

行豸豸欲有所伺殺也

釋魚第十六字又作魚說文云魚水蟲也

鱣張連反即黃魚也　鱏音尋又音淫字林云長鼻魚也重千斤　頷戶感反　行戶郎反　鰋音偃白魚　頟魚格反本今作額　鮎郭奴謙反舍人本無此字　鯷音提字林云青州人呼鮎鯷　鮧大兮反說文云大鮎也陶弘景云今人並呼慈　鱧音禮字或作鱺又作蠡同　鮦大勇廣雅云鱺鰑鮦也本草作蠡云一名鮦魚陶注云今皆作鱧字舊言是公蠣蛇所變今亦有相生者反　鯇華板反郭胡本反字林下短反　鯶胡本反又下短反一本作故本反　鱒才損反

鯊本又作魦音沙詩云魚麗于罶鱨鯊　鮀徒何反　鮂徂秋反　鰦音茲　鯈音條本亦作鮋又音由又直留反又音酬　鰼音習　鰌音秋郭云泥鰌也字林云似鱣短小也　泥乃兮反　鰹音堅　鮦音童又逐拱反　鯇大活反　小鱺音禮又力知反　鮍蒲悲反或音丕　鱯下化反一音獲字林下號反　鮡音兆又音姚　鰝郭音鄗戶老反　鰕戶加反　數尺所主反　酆芳弓反　鯤音昆　鱀其冀反字林作鱀音既云胎生

魚**是**本或作鯷非**鱁**音逐本亦作逐**䱜**七各七略二反本今作鰿**鱏**尋淫二音**鮂**

居六巨六二反字林云魚有兩乳出樂浪一曰出江東說文同**喙**香穢反**膏**音高**胎**他來反

啗大敢反**鱦**郭音繩顧音孕本或作䱐同**鮥**郭音洛字林作鮥巨救反**叔**字林作鮛

同書育反**鮪**于軌反字林于九反或曰即鱣魚也似鱣而長鼻體無鱗甲**鱣**知連反**以上**

時掌反**鮥**具救反又徐秋反似鯿而長三尺字林作鮥音格云當魱也顧作鮥同**魱**郭音胡一

音互**鯿**字又作鯾方仙反字林云魚也案魚似魴而大腴細而長**鯁**工杏反說文云魚骨也字林工

孟反**鮤**音列顧閭結反**鱴**亡節反**刀**字亦作魛字林云刀魚飲而不食**鮆**徂禮反又徐爾

反字林云刀魚也才豉反字或作鱭**鱊**郭古滑反字林于一反沈音述又音聿**鮬**郭音步字林巨于反

施蒲悲反**鱖**音厥本亦作厥字林凡綴巨月二反**鯞**章酉反本或作帚**鮒**符付反廣雅云鰿也音積

字林子狄反**徽**字或作鰴許韋反**魵**符云反又符粉反顧孚粉反郭云小鰕別名**鰕**下家

反字或作蝦**邪**羊嗟反**鮅**音必字林云魴也**鱒**才損反說文云赤目魚一音仕轉反或直轉反

鱓呼本反　魴字林音房云赤尾魚　魾音丕又音毗　鯿必連反　鰲力兮反又

音黎廣雅云魱鰲　鯠郭音來埤蒼云鰲鯠魱也字林作鯠音七　蛸郭狂兖反字林一全反又一奐反蟲

貌也一曰蟲也　蠉郭香兖反呂火全反　蛣古節反又音吉或五結反　蟩居月反　孑紀列

反字林云無右臂古熱反　孓九月反字林云無左臂也廣雅云孑孓蜎也　蛭沈呂豬秩反謝豬悌反一

音之逸反本草謂之水蛭一名蚑一名至掌案說文今俗呼為馬蜞亦名馬耆即楚王食寒葅所得而吞之能去結

積也蚑蜞同音其然釋蟲已有蛭蝚至掌郭云未詳依本草即是水蛭也　蟣郭音祈字林云齊人名蛭也本草又

作蚑　科苦禾反字或作蝌　斗樊孫云科斗蟾諸子也郭云蝦蟇子　活東如字謝施音括舍人本作

頭東　蝦音遐　蟇字又作蟆音麻　魁苦回反郭云狀如海蛤案本草海蛤一名魁蛤又有魁蛤一名

魁陸一名活東東並生東海說文云蛤有三皆生於海蛤厲千歲雀所化秦人謂之牡厲海蛤者百歲燕所化也魁蛤

一名復絫老服翼所化　從子容反本今作縱　蚶火甘反字書云蛤也出會稽可食　蜬

徒刀反　蚅於革反　鼃起據反　鼀音秋　蟾音占　蠩音諸本今作諸　蚥音甫又音扶甫

反　黽莫幸反　耿耕幸反　蛙戶媧反　鴨於甲反　蠪步禮反又扶氏反字林小蛤也　蠯謝步佳反郭毗支反字林作廰沈父幸反施蒲鯁反本今作廛　蚌步項反本或作蜯下注同　陜乎夾反本今作狹　蜃字又作蜄市忍反字林雉入海所化也　鼈字又作鱉甲滅反　能如字又奴代反　龜字林古追反字又作龜　賁謝音奔又音墳顧彼義反　羨似面反　蚹音附一音扶卜反　蠃力禾反下同注作螺字亦同　螔余支反又音斯　蝓羊朱反　蝸牛工花反或工禾反　蜬本又作函顧古含反又呼含反下同謝音含　螺力禾反　涱音張又音帳　杯布迴反　蜎音滑字林音骨　蠌音澤字林大各反　蟧力刀反　埤避移反　螷音彭本今作彭　珧餘招反山海經云激女之水多蜃珧郭注云蚌屬也字書云玉珧肉不可食唯柱可食耳衆家本皆作濯　低丁兮反　謝如字衆家本作射　弇古奄字又作揜於檢反　果衆家作裹唯郭作此字　獵力輒反　左倪五計反亦有本作睨下同　不類力愧反又力魏反　俾普計反下同本今作庳　贆字亦作猋方遙反

魧謝戶郎反郭胡黨反字林作蚢云大貝也又戶莽反　車輞音罔　鰿郭音蹟字又作鰿字林音
績　貽顧餘之反本又作胎他來反字林作蛤云黑貝也大才反　蚳直其反字或作貾同　泉
如字本或作蟓　蚆普巴反郭音巴字林同云蠃屬博而頯也　博布莫反　頯郭匡軌反顧又巨追
反　蜬郭求隕反又上筠反　汙音烏　蟦施音蹟郭音責沈音積本或作鰿又作資又作鱝音
皆同　蜠他果反狹而長也　陜乎夾反　蠑音榮本或作榮　螈音原字林作蚖五丸反云
蠑蚖蛇醫也說文同　蜥先歷反　蜴音亦說文字林作易云在壁曰蝘蜓在草曰蜥蜴案東方朔云非守宮即
蜥蜴是二物也方言云秦晉西夏謂之守宮澤中曰蜥蜴南楚謂之蛇醫或謂之蠑螈　蝘烏典反　蜓徒典
反字或作蟓　蚨大結反說文云蛇毒長也　蠆烏洛反　蝮芳福反　螣直錦反字又作
朕　螣字又作騰又作螣並同徒登反字林云神蛇也慎子云螣蛇遊霧　蟒音莽字林云大蛇也
蝮字亦作蝮芳服反又已六反此蛇色如綬鼻上有針大者百餘斤又一名反鼻鼻一孔　虫即虺字也虛鬼
反說文云虫一名蝮博三寸首大如擘字林同舍人亦云蝮一名虺案蝮大蛇也非虺之類故郭云別自一種蛇名

蝮虺本今作虺　博三寸博廣也謂身廣三寸　首大如擘甫革反劉昌宗音薄歷反孫云頭如拇指郭注三蒼云擘大指也案手足大指俱名擘也　一種章勇反　鯢五兮反　鰕音遐

鮎乃兼反　猴音侯　狗音苟　枕之甚反　篆丈轉反　印一刃反

腸音長　去羌呂反　盡子忍反　涪音浮又音苻　緣悅絹反　瑇字又作蝳音代或作徒妹反　瑁字又作帽音妹　蜻字又作蠙子移反或子隨反　蠵以規反又下圭反字林云大龜以胃鳴　攝謝之涉反郭祛淶反施之協反　折之舌反　解音蟹　好食呼報反　遺我唯季反　筮舌制反　蓍音尸　叢才空反說文云草衆生也　見音現

筴初革反本今作策　傳直戀反　之處昌慮反

釋鳥第十七說文云短尾羽衆禽捴名也案此文云二足而羽謂之禽禽即鳥也

隹如字旁或加鳥非也　鳺本亦作夫字林甫于反　鴀本亦作不同方浮方九二反夫不楚鳩也　鴀音浮又音孚　鶌居勿反　鳩九牛反　鶻音骨　鵃竹交反或竹牛反字林云鶻鵃小種鳩也

毛詩草木疏云斑鳩也桂陽人謂之斑隹　鳲音尸字又作鳲　鴶郭古八反字林音吉　鵴居六反

穫戶郭反　鵖呂郭巨立反施音及下同　鵧謝苻悲反郭力買反苻尸反字林父隹反

曰如字本或作鴥　鵙本又作雎七徐反　鵰音彫　鶚五各反　好在呼報反下皆同

鷙本又作摯音至　有別彼列反　鵅古客反注同　鵋巨記反本亦作忌　鶀去其

反本亦作欺下欺老同本今作鵋　鵂音休　鶹音留　鉤古侯反本今作鴝　鶅側其側事

二反　鵌他故反本亦作兔同　鴗音立　鷚字又作鷚郭音繆亡侯反說文力幼反孫音流又巨虯反

鸙予若反說文作蘥　鷃音晏又一練反　鶉音淳　綢音儔　鵱音六　鷜郭力

于反謝施力侯反　鵝字亦作鵞五河反　鶬音倉字林七羊反　麋音眉字林作鶥音同　鴰古活

反說文音刮　鵅音洛　鶨郭音駮字林方沃反孫音暴　鶂五歷反又五結反水鳥也春秋

云六鶂退飛過宋都是也　頸古郢反　駮布角反　鴚郭音加說文音河廣雅云鴚鵝鴈也

鳧音符　鶩音木　鵯字又作鴨一甲反　鳽郭五革反字林音肩　鵁音交本亦作交　鶄

音精本又作精 以厭以冉反 與音餘樊孫本作鸒 鵛古形反本亦作徑 鵌音徒 鵜大兮反 鴮毛詩傳作洿同音烏郭火布反 鸅音澤毛詩傳作澤 鶘音胡 淘大刀反 鶾本又作翰胡旦反樊云一名山雞 鸒郭音握又音學又才五反字林乙竺反 鵲本亦作鵲七約反 鴜子髓反字或作觜廣雅云口也 鷣音淫 負字或作鵿同房九反 鷂以照反字林云鷙鳥下同 鶨呂郭丑絹反孫勑亂反 鳹巨炎反字林云句喙鳥 鳸說文作雇鳸籀文也左傳詩並作扈同音戶 鴳音晏 竊音切 脂音之 鳭丁堯反 鷯力小反 剖普口反 鷦子遙反 雌字或作嶋同七移反 鴱本又作⿰乂鳥謝五蓋反呂郭音乂 鷚巳小巳消二反字林云澤雀 鶠音偃 鳳郭云瑞應鳥也雞頭蛇頸燕頷龜背魚尾五彩色高六尺許說文云神鳥也天老曰鳳象麟前鹿後蛇頸魚尾龍文龜背燕頷雞喙五色備舉出於東方君子之國翶翔四海之外過崑崙飲砥柱濯羽弱水暮宿風穴見則天下大安寧毛詩草木疏云雄曰鳳雌曰皇一名鶠其雛名鸑鷟或曰鳳一名鸑鷟其形鴻前鹿後蛇頸魚尾龍文龜身燕頷雞喙首戴德頸揭義背負仁翼挾信心抱忠足履正尾繫武非梧桐

不棲非竹實不食朝鳴曰上翔夕鳴曰滿昌昏鳴曰固常夜鳴曰保長得其屢象之一則過之二則翔之三則集之四則春秋居之五則沒身居之　**皇**本亦作凰　**瑞應**音膺　**頸**吉井反

領乎感反　**鶺**詩作脊同精益反本今作鶺　**鴒**詩作令同力丁反　**雝**於恭反　**渠**字或作鸈

鸒弋庶反毛詩傳云鸒鶋雅烏也小雅云小而腹下白不反哺者謂之雅烏說文字林皆云楚烏也一名鸒一名鶋鶋秦云雅烏　**斯**本多無此字案斯是詩人協句之言後人因將添此字也而俗本遂斯旁作鳥謬甚

鴨音匹　**鶋**音居本或作居　**燕**於見反象形字或加鳥者非　**白脰**音豆　**鴐**音加　**鴾**字或作牟音謀　**母**如字李音無舍人本作蕪　**鵪**烏南反　**⿰密鳥**音密本今作密　**肌**音飢　**繫**音計　**鶧**音英本今作英　**誤重**直用反　**巂**戶圭反說文周燕也蜀王望帝淫其相妻慙亡去爲子巂鳥故蜀人聞子巂鳴皆起曰是望帝也　**鳦**音乙本或作乙或音軋　**鴟**尺之反或作鵄　**鴞**于驕反

鸋音寧又音甯　**鴂**音決鸋鴂今之巧婦鳥　**狂**如字本或作鵟　**茅**本或作鶜　**鵃**字又作鵰已項反又已江反字林云鴟也已董反廣雅云茅鴟鴞也　**鷹**於陵反　**怪**古拜反　**梟**古堯

反　鶛音皆又音界　劉字或作留音留　哺蒲路反說文云口中嚼食也　𣪊謝苦候反字林工豆反郭音同又古豆反鳥子須哺而食者燕雀之屬也史記云趙武靈王探雀鷇而食之是也　母食本或作飤同音嗣　噣竹角反義當作啄　雛字林云雛子也匠于反又仕俱反鳥子生而能自啄者禮記云雛尾不盈握不食是也字或作鶵同或云仕俱反者是鳥子也匠于反者爲鳳類也　爰本亦作鶢音袁

居本或作鶋同李云爰居海鳥也樊云似鳳皇　雜字亦作襍　琅音郎　邪似嗟反　駒音俱　扈音戶　鳻本亦作分同扶云反或芳云反　鶞勑倫反本亦作遁　藍力甘反　行如字

唶唶說文云借字也一云大聲也莊百反顧子夜反又子亦反廣雅云唶唶鳴也　嘖嘖莊革反廣雅云鳴也說文嘖呼也　鵖彼及反郭房汲反字林方立反　鴔皮及反郭北及反字林房立反又音伏　鵀本亦作紝女金反施汲沁反方言云戴鵀一名戴南一名戴勝　勝尸證反　鶝皮逼反

鶝音逼又音福　鶭本或作鴋說文作鴋孚往反　澤虞字林作鸅鸆音同　婟戶故反下同說文云嫪也廣雅云妬也聲類云婟嫪戀惜也字書作嫪一本作誙皆同嫪力報反　鷀音慈字林

云似鴟而黑　鵱郭懿翳二音字林英莅反　觜子髓反　鶨字林力彫反　鶉順春反

鶛音皆　牝毗忍反舊扶死反　庳婢支反施音婢郭音卑　鵅烏含反　鷉郭音施尸支反

字林亡支反　沈直今反　鳭謝烏卯反郭音杳字林音幼　頭字或作投　鴔本或作鴔郭音髐虛

交反又音交　脚近附近之近　箭子賤反　鵽貞刮直活二反　寇苦候反

鴿古合反　歧音祁　憝呼濫反字書云愚也　漠音莫　萑音桓　鶬本又作莵

音兔　鵌徒忽反本亦作突　胡字或作鶦　鵟音狂本今作狂　鷚亡貢反　摶徒端反

黍音暑　鷸聿述二音左傳云鄭子臧好聚鷸冠即翠鳥毛也　紺古闇反　鸀濁蜀二音

穴乳如注反下同　蝙音邊　蝠音福　蠘章弋反　蠼亡北反　晨如字本或

作鷐　鸇之然反說文上仙反字林已仙反　鷂羊召反　鷮戶橋反字林云鷮飛貌

鸉音楊　鷢巨月反說文云白鷢王雎也字林同　鷹於陵反　泆音逸　鷏田眞二音

蟁本或作䖟郭云皆古蚊字音文案說文蟁正字蚊俗字或作蜫字林亡巾反　鸔布角反　鷉

他兮反字或作鷈　鸁力戈反　鷿蒲歷反本今作鸊　鎣烏暝反本今作瑩瑩磨瑩也

鼯音吾或作鴮　由字或作鼬　狐音乎　項乎講反　脅許業反　喙許穢

反　人呼火故反　上高時丈反　倉庚商庚本或作皆加鳥　鵹音離

鴃大結反說文音吐節反本今作鴂　餔音步字或作鵏　鼓如字本今作鼓　來鳩來字或作

鶆鳩郭讀作爽所丈反衆家並依字樊云來鳩鶆鳩也字林作鶆音來云鶆鳩鷹也　爽鳩本或作鷞

鶼鶼古恬反衆家作兼兼李云鳥有一目一翅相得乃飛故曰兼兼也　鵹詩傳作離阮謝同力知反

施音黎說文作鵹云其色黎黑而黃也文釋云離黃倉庚也鳴則蠶生字林作鵹力兮反毛詩草木疏云黃鸝留也

或謂之黃栗留也幽州人謂之黃鸎一名倉庚一名商庚一名鵹黃一名楚雀齊人謂之摶黍關西謂之黃鳥方言

云自關而東謂之倉庚關西謂之黃鸝留也　鴷音列　斲陟角反　鵻章誰反　數寸

所上反　鶪郭古狄反字林工了反　鶶音唐　鷵音徒　鸕謝力吳反施力魚反　鷺音路

毛詩傳云白鳥也字林音盧　舂舒容反　鋤字又作鉏仕居反　翰音汗　睫字又作䀹音接

說文云目旁毛也三蒼云皆毛也 欚力知反 纚西雷反又西河反 鷂雉郭音遥下同

鷮音驕 鳪音卜郭方木反又方角反 鷩謝必滅反呂郭方世反 秩秩本又作失

失謝持乙反施音逸 翟音狄本又作鸐又音濯 鶾戶旦反字又作翰 鵫呂郭音罩陟孝

反又音卓 鵖音白本今作白 鬭丁豆反又丁候反 翬音暉 鶹本或作鶹直留反郭

徒留反字林女知反 鶅側其反 鵗音希 鷷郭音遵謝祖尊反 鵌音塗 鼵

徒忽反 鵽丁刮反 牝毗忍反 牡音母 鸛音歡 鶨徒端反 鶝音福字亦作福

鶔而由反本亦作柔或作蹂音同 鵲七藥反 射之食亦反注同 嫷字又作隋徒課

反字書云古以爲懈惰字 羿五計反古之善射者言此鳥捷勁雖羿之善射亦懈惰不敢射也故以名云

鵙古闃反字林工役反 翪子工反字林作㚇音子弄反 竦思勇反 上下時掌反

鳶悅專反字亦作戴 鷹字或作應 隼西尹反本或作鵻案隹即鳥也無勞更加 蹼本又

作蹼音補木反 有幕亡博反 蹼屬章欲反 相著直略反 踵章勇反聲類云足跟

也 **企** 去豉反字或作跂 **跟** 音根釋名云足後曰跟 **縮** 所六反 **亢** 胡郎反郭云咽也舍人云鳥高飛也 **嚨** 力東反樊云亢星鳥也嚨嚨亢鳥之頸也郭云嚨謂喉嚨舍人云嚨嚨財可見也 **喉** 音侯蒼頡篇云咽也 **咽** 於見反說文云嗌也又於賢反 **粻** 音張 **嗉** 音素 **之處** 昌慮反 **鶉** 音純 **鳼** 音文 **鴽** 音如 **鸋** 音寧 **鴿** 烏含反 **雛** 仕俱反 **鷚** 力救反又力求反說文作雡云鳥大雛也一曰雉之暮子也字林力幼反 **少雛** 詩照反下文同 **別者** 彼列反 **長醜** 丁丈反 **鶹** 音留 **鷅** 音栗本亦作栗 **留離** 詩字如此或作鶹離後人改耳 **鶷** 音鎋 **鶡** 工鎋反又午鎋反字林云鶷鶡似伯勞而小 **鵹** 力兮反又力知反

釋獸第十八

叔又反說文云獸守備也一曰兩足曰禽四足曰獸案此文云四足而毛曰獸

麋 亡悲反字林云鹿屬也以冬至日解角 **牡** 音母 **麔** 其九反 **牝** 毗忍反 **麎** 郭音辰又音腎字林上尸反 **麇** 於兆反又於老反麇子也一曰少長曰麇 **長** 丁丈反 **麛** 音迷本或作麑音同

跡子益反字或作迹又作蹟音訓並同躔郭直連反又持展反方言云躔循也歷也行也麚音加

麀於牛反麤素卜反本又作速字林云鹿迹一曰速鹿子麔郭音堅又音牽又音磬

麕九倫反本又作麇亦作麏說文麕籀文麇字林云麇麞也又九文反麌一作麌魚矩反字林音吳

重言直用反麋音栗麆音助本亦作麙同解音蟹施佳買反豣郭音與上

麛字同顧五見反又古典反狼音郎字林云獸似犬貛字林子丸反貒胡狄古狄工弔

三反迅音信又音峻兔字又作菟勑故反娩匹萬反又匹附反本或作嬎數萬反

䴟字林云兔子也乃俱乃侯二反迒音剛又戶郎反褚詮之云兔道也阮孝緒云獸迹也欣如字

本或作忻豬張魚反說文云豕而三毛叢居者彘直例反字林云豕後蹄廢謂之彘小爾雅云彘

豬也方言云關東西謂之彘或謂之豕豨虛豈反字書云東方名豕也一曰豕足也䝼羊箠反本

今作獮豶苻云反謂犍豬犍音九言反幺烏堯反字林云小豚施於遙反幼伊秀反豚

大昆反奏七豆反本或作湊下同豱音溫腠七豆反埤蒼云腠膚理也蹙子六反

豵子公反小爾雅云豕小者曰豵字林云豕生六月也一曰一歲曰豵　橧䲲陵反舊本多作繒帛字
非方言作木旁　蓐音辱　蹢丁歷反蹄也本今作蹢　豥工開反字林下才反或戶楷反
蹄音啼　刻音克　豟於革反　豝百麻反牝豕也字林同又一曰二歲豕　虦字又
作戲謝七版反或士簡反施士嬾反沈才班反郭昨閑反字林士山反　貓亡朝反　貘亡白反字林云
似熊而白黃出蜀郡一曰白豹　豹必孝反字林云似虎貝文　熊音雄　庳音婢　駮布角
反　甝音甛本今作甛　鐵佗結反　髓素累反　辟濕必亦反　䖘字林
下甘反又亡狄反　虪式六反本今作鱐　秭音姊　檻戶覽反下同　貀本又作豽
女滑反字林云獸無前足似虎而黑　召市照反　種章勇反　鼳本多作昊經文既云鼠身
宜從鼠音古闃反　驢力居反　子狗古口反本或作狗沈施火候反注同　麙本或作㺂
同五咸反　捕音步　購古豆反贖也　貍力之反字林云伏獸似貙　貄以世反施餘棄
反衆家作肆又作隸沈音四舍人本作隸　豾字或作狉房悲反一音丕字林云貍也　貈乎各反字

林云似狐善睡本作貉已白反字林云北方人也非獸也 貆音桓又音懽 獿字又作𧳜同乃老反字林云雎豣 𧳸烏郎反 貄山吏反字林云貁謂之貄廣雅云貄貁也貁音餘救反 貒他官反說文字林云獸似豕而肥 貗郭其禹反字林力于反 豚音屯本又作肫 貛音懽 貔音毗字林云豹屬出貊國一曰白狐毛詩草木疏云似虎或曰似熊一名執夷一名白狐其子爲豰遼東人謂之白熊 狐如字說文云祅獸也鬼所乘有三德其色中和小前大後死則丘首 豰本又作㲉火卜反又虎料反 麝食亦反字林音射云如小鹿有香李本作澤云澤父獸名 父音甫下同 麇九倫反本或作麕 豺仕皆反字林云狼屬狗足 貙丑于反字林云似貍而大 獌本亦作貓音萬又亡姦反或已半反字林音慢云狼屬一曰貙也 豻郭音岸字林下旦反云胡地野狗本又作犴說文或豻字陳國武音子虛賦苦姦反解云胡地野犬似狐黑喙 羆音碑 憨呼濫反 貑音加 麢力丁反陶弘景注本草云今出建平宜都諸蠻中及西域多兩角者一角者爲勝角甚多節蹙蹙貟繞別有山羊角極長唯一邊有節節亦踈大而不入用羌夷云只此名麢羊甚能步峻㟥短角者乃山羊亦未詳其正 麠音京本或

作麎同 麃步交反郭云即麞也張揖同字林云麎屬 郊雍於用反 麠音章 麔
字又作麀音几 旄己報反 玃乃牢反或乃容反字林云多毛犬也 貔徒回反字林云獸如
熊黃而小 麆七奴反 猰字亦作猰或作窫褚詮之烏八反韋昭烏繼反服虔音豎音灼音內言餔
案字書餔音噎 貐字或作窳褚詮之以主反字林弋父反韋昭餘彼反 狻先官反 麑字又作猊牛奚
反 犎音封 日走而一反 驨本又作巂同戶圭反 騏音其 茸而容反
羱魚袁反又五丸反字林云野羊大角 橢字或作隋他果反下同 麐字林力人反本又作
麟牝麒也一音力珍反 猶羊周羊救二反字林弋又反說文云玃屬也一曰隴西人謂犬子也尸子云五
尺大犬也舍人本作鸞郭音育 麂音几 上樹時掌反 貄本又作肆亦作肆音四 脩
音羞 毫戶高反廣雅云乾謂之毫本或作豪音同借用也 兕本又作兕徐履反 犀音西俗作
犀非 庳音婢 彙本或作猬又作蝟亦作𢀶同音謂 毛刺七賜反 狒狒字又作𥝬
或作萬同說文云周成王時州靡國獻𥝬𥝬人身反踵自笑笑則上脣弇其目食人北方謂之土螻讀若費費一名

梟陽今依許扶味反沈音沸郭簿昧反又音備郭云俗呼曰山都案相傳云此獸人面長脣身有毛好食人得人則笑而脣覆其面人亦因而獲之故左思吳都賦云𪄠𪄠笑而被格是也　被髮皮義反　梟力堯反　脣音純　蹯說文作番古文作丑𦊔音煩案蹯掌也左傳云宰夫胹熊蹯不熟殺之是也　禸女九人九二反說文云獸足蹂地也古文爲蹂字林或作狃　處昌慮反　蒙莫東反　猱奴刀反本或作獿郭女救反　蜼餘水反　畜許六反　捕音步　勝尸證反　貓音苗　獮音彌　猴音侯　猨音袁本今作蝯　善援音袁引也　玃字亦作貜俱縛反說文云大母猴也　父音甫　貑本或作麚音古牙反　眄巳見反　脊音積　泥奴細反　麔音咎　麚音加　脰音豆　贙胡犬反　獷虢猛反　豦音據　髯而占反　鬣力輒反　擿人字又作擲直戟反　蜼音誄字林余繡反或餘季餘水二反　卬五剛反又魚兩反　數尺所主反　獺勑鎋反又勑末反　岐音祁　自縣音玄　捷才接反　椉本或作乘事陵反　峰芳逢反本今作峯　猩音生郭云人面

豕身能言語又云狀如貛㹠聲似小兒啼案禮記云猩猩能言不離禽獸是也 **而好** 如字又呼報反 **嗁** 杜奚反作啼同 **阯** 音止 **磎** 音溪本今作谿 **豚** 徒門反字亦作㹠字林云小豕也說文作豚又云籀文也 **闋** 其越反又如字 **泄** 息列反 **多狃** 女九反 **寓屬** 魚具反舍人本作麌孫五胡魚句二反下如字 **鼢** 字亦作蚡扶粉扶云二反說文云地中行鼠伯勞所作也一音偃廣雅云鼴鼠也字或作鼴同方言謂之犁鼠 **鼸** 下簟反孫云鼸者頰裏也郭云以頰內藏食也字林云即鼢鼠也 **頰** 古協反 **鼷** 戶雞反字林云小鼠也郭云有螫毒者博物志云鼠之最小者或謂之耳鼠案春秋食郊牛角者是也 **螫** 音釋 **鼶** 私移反又徒奚反 **鼬** 餘又反字林云如鼠赤黃而文 **鼦** 字書云古貂字也音彫 **啖** 大敢反 **鼪** 音性莊子云騏驥驊騮捕鼠不如狸鼪郭音生 **鼩** 音劬 **鼱** 音精字林云鼱鼩李云一名鼷鼠 **鼨** 將容反 **鼭** 音時 **鼣** 字或作鼥苻廢反舍人云其鳴如犬也 **鼫** 音石孫云五技鼠也字林同案蔡伯喈勸學篇云五技者能飛不能上屋能緣不能窮木能泅不能渡瀆能走不能絕人能藏不能覆身是也許氏說文亦云然或云即螻蛄也郭云形大如鼠頭似兔

尾有毛青黃色好在田中食粟豆關西呼爲鼩鼠見廣雅鼩鼠即雀鼠也 **鼩** 郭音雀將略反字林音灼云鼩鼠出胡地郭注本雀字或誤爲瞿字沈旋因云郭以爲鼩鼠音求于反非也 **瞿** 音劬 **鼤** 音問又音文 **鼨** 音終又徒冬反說文字林皆云豹文鼠也 **鼮** 徒形反又大佞反郭云文彩如豹也 **終軍** 漢書云終軍字子雲濟南人初入關棄繻而去至長安上書拜爲謁者給事中使南越爲呂嘉所殺死時年二十餘歲世號之終童 **鼰** 古闃反郭音覭戶狄反 **覭** 何狄反 **齝** 謝初其反郭音笞 **嚼** 字若反廣雅云茹也字書云咀也說文以爲噍字 **齛** 郭音泄息列反一音曳埤蒼云羊粻也張揖音世解云羊食已吐而更嚼之 **齝** 丑之初其二反字書以爲古齝字 **齸** 字或作嗌於亦反埤蒼云鹿粻又音翳 **咽** 於見反又於賢反 **齥** 客加反 **嗉** 音素又私路反 **裹** 音果 **處** 昌慮反下同 **嗛** 下簟反 **貯** 丁呂反字林云積也 **釁** 許靳反 **撟** 几小反又巨小反說文云舉也 **伸** 音申 **夭** 於表反 **鰓** 西才反 **狊** 古闃反 **翄** 申豉反本或作翅又作翨音同或吉豉反案周禮有翨氏是也

釋畜第十九許又反本又作嘼音同字林云嘼產也說文云嘼牲也經典並作畜字禮記左傳皆云名子者不以畜牲左氏又云古者六畜不相爲用是也案釋獸釋畜二篇俱釋獸而異其名者畜是畜養之名獸是毛蟲揔號故釋畜唯論馬牛羊雞犬釋獸通說百獸之名

騊大刀反駼大胡反山海經云有獸狀如馬名騊駼青色字林云北狄良馬也一曰野馬也瑞應圖云幽隱之獸也有明王在位即至出塞悉代反駮力角反山海經云可以禦兵倨本亦作居同紀處反牙五加反騉古門反本亦作昆蹄徒兮反字或作蹏趼五見反又五堅反本或作研善陞音升本亦作升甗郭音言又魚輦反字林牛建反云甑也舍人云騉蹄者溷蹄也研平也謂蹄平也正善陞甗者能登山嗛也一云甗者阪也言騉善登高歷險上下於阪李云騉者其蹄正堅而平似研也顧云山嶺曰甗孫同郭云甗山形似甑也上大下小騉蹄蹄如研而健上山甑子孕反健上時掌反苑於遠反

騉駼枝蹄趼善陞甗舍人云騉駼者外國之名枝蹄者枝足也李云騉駼其迹枝平似研亦能登高歷危險也孫云騉駼之馬枝蹄如牛而下平郭云騉駼亦似馬而牛蹄也

驪

力知反字林力兮反說文云深黑色馬　**綠耳**力玉反本或作騄駬同　**駥**而充反本亦作戎

膝音悉字又作厀　**馵**字林之句反郭式喻反下同　**骹**苦交反字書作跤同云脛也郭云膝

下　**驓**辭陵反或辭登辭亙二反　**蹢**丁歷反毛詩傳云蹢也　**踏**徒臘反　**騱**音奚

郭又音雞舍人本作雞　**狗**郭音劬又音矩舍人本作狗　**踦**郭去宜反顧居綺反　**驤**息羊

反　**駵**音留字或作騮說文字林云赤馬黑毛尾也毛詩傳云赤身黑鬣曰駵　**騵**音原　**跨**

口化反或口故反蒼頡篇云兩股閒　**驈**字或作騂字林于必反顧餘橘反郭音術阮于密反　**髀**甫爾

反又步啓反下同說文云股外也　**驠**於見反　**竅**苦弔反　**騴**一諫反　**株**音誅

駺本多作狼同音郎　**的**字林作馰丁歷反云馬白額也一曰駿　**顙**息黨反　**縣**音玄

莖戶耕反　**漫**莫干反　**顱**字書作顱力胡反謂額顱也　**徹**直列反　**駹**武江反

宜乘字又作乘施市升反謝市證反　**樂**音洛　**相**息亮反　**肘**竹九反　**減陽**

古湛反本或作駭　**幹**古旦反　**茀**音弗　**闋**苦穴古火二反　**廣**音光本或作驤同　**別**

彼列反　駪郭兖允二音字林云馬逆毛也　騋力才反周禮云馬七尺也　牝頻忍反下同　驪

牡孫注改上騋牝為牡讀與郭異　上時丈反　玄駒字林作⿰馬玄音同　褭奴了反又而紹

反字林云騕褭良馬　驂七南反　騕烏了反郭注上林賦云騕褭神馬日行萬里　隲之逸反

父符甫反本或作駁俗字　騇音舍　草馬本亦作騲魏志云教民畜牸牛騲馬是也

駮字林云馬色不純也方卓反　騜音皇字林于已反　脊音積　騝郭音虔本或作騫去虔反

騽音習說文作驔音簟字林云又音譚今爾雅本亦有作驔者　駽詩音及呂忱顏延之荀楷並呼

縣反郭火玄反謝孫犬縣反顧胡眄反　驖佗結反　驄七工反說文云青黑雜毛馬　粼本或

作驎郭良忍反注同字林良振反郭云斑剝隱粼也或音鄰孫云似魚鱗也　驒徒河反說文云馬文如鼉魚韓

詩字林皆云白馬黑髦　鬣力涉反髦也　騥而周反本又作柔　兩被普義反又皮義反

駂音保說文云黑馬驪白雜毛　駓備悲反字林音丕　桃華音花本亦作花同

駰字林乙巾反郭央珍反今人多作因音　泥奴兮反　騅音隹　彤徒冬反赤也

騢乎加反說文云馬赤白雜色文似鰕魚也　赭白音者　白馬黑鬣舍人同衆家並作髦　駱音洛說文云白色馬黑毛尾也廣雅云白馬朱鬣曰駱　夏音下　駩音詮又音全孫本作犈云與牛同稱汝均反本或作驎音吝　喙許穢反又昌銳反口也　騧古花反毛詩傳說文字林皆云黃馬黑喙曰騧郭云今以淺黃色爲騧馬　瞯音閑本又作瞷蒼頡篇云目病也吳江湖之間曰瞷說文云戴目也字林作[⿰馬閒]音同　魚本又作[⿰目魚]疑居反字林作[⿰馬魚]音同　驔徒南大點二反　差楚佳反　毫音豪　犘亡巴反　犦步角反張揖亡角反字林方沃反案即今之腄領牛出合浦郡　犎甫逢反　[⿰月暴]音與上犦字同本亦作犦鄭注考工記云[⿰月暴]謂墳起　胅大結反　橐音託字又作馲音同又音洛　駝大河反字林云馲駝似鹿而大肉䍧出繞山　日而一反　浦音普　犤音碑又音皮　庳音碑　[⿰牜畟]子息反本或作稷　高涼音良　犩郭魚威反張揖同字林生畏反云黑色而大重三千斤　犪巨龜反字林云牛柔謹也顧如小如照二反　數千所主反　岷山亡巾反　犣力涉反字林云牛名也郭云旄牛也本或作鬣字此牛多毛鬣　髦

本又作旃同音毛或音已交反 髀必爾反又步啓反 犝音童字林云牛名 㹇古闃反

俯音甫 觭郭去宜反字林巨戲江宜二反云一角低一角仰樊云傾角曰觭 低卬五剛

反又魚丈反 踊音勇 䝞字或作犎郭常世反字林之世反 㹔音閏旬反字亦作犉音同

眥才細反說文云目匡也字林云目匡也 㹘音袖字林音就本或作褎音同 犚音尉 犈音權

又音脊 犢徒木反 㸬火口反字林云牛鳴也 牬傅蓋反 犌古牙反

羒又作粉同符云反字林云羝羊 羝丁兮反字林云牡羊也廣雅云三歲曰羝 牂子郎反字林云

三歲曰牂 羵扶云反 夏羊戶雅反黑羖羊也 羖音古字林云夏羊牝 𦏁音歷

羭郭羊朱反字林羊句反 壺音乎 觤九委反 觠呂郭音權謝居轉反 羷謝許簡反

字林力冉反一音力驗反 迊子合反 羳音煩 羜直呂反又之呂反字林云五月生羔

犬說文云狗縣蹏者象形孔子曰視犬之字如畫狗也 獀子工反 獑音祁 毫戶刀反字

又作豪 狗古口反字林云家獸也說文云孔子曰狗叩也叩气吠以守也 乾下旦反又胡肝反謂長毛

也　豲許檅反又昌銳反　獫力驗反字林力劒反呂力冉反郭九占沈儉二反　獥許謌反字林作猲大猲反　獢虛驕反　狣呂郭同音兆　尨巳江反說文云犬之多毛字林同　也　吠扶廢反　雒音餘字或作餘　雛仕俱反本或作鶵　僆郭音練力見反又力健力展二反　少者詩照反　奮迅信峻二音　戎本亦作駥而融反　以上時掌反　犉閏旬反　羬本亦作麙五咸反　彘直例反　豟於革反大豕也小爾雅云豕之大者謂之豣豟　獒五刀反尚書云西旅獻獒孔傳云大犬也說文云犬知人心可使者字林同廣雅云殷虞晉獒楚獷韓獹宋浞皆良犬也浞音鵲　鶤音昆字或作鵾同或音運又音輝　溝古侯反

經典釋文卷第三十終

勘官登仕郎前守趙州柏鄉縣主簿臣張　崇甫

勘官登仕郎前守丹州司法參軍臣李　守志

勘官登仕郎試大理評事前守唐州湖陽縣監察御史賜緋魚袋臣皇甫　與

勘官宣德郎試大理評事前守許州録事參軍兼監察御史臣姜　融

勘官朝請大夫行國子監丞柱國臣馮　英

詳勘官通議大夫鴻臚少卿兼判國子司業事上柱國賜紫金魚袋臣聶　崇義

銀青光禄大夫檢校工部尚書司農卿兼判國子監事臣衛　融

乾德三年五月　日

重詳勘官朝散大夫太子中舍權判太府寺國子監事柱國賜紫金魚袋臣陳　鄂

重詳勘官山南西道節度判官奏行尚書司封郎中上柱國臣姚　恕

開寶二年正月　日

推忠協謀佐理功臣金紫光禄大夫尚書吏部侍郎參知政事上柱國東平郡開國侯

食邑一千戸臣呂　餘慶　等進

推忠協謀佐理功臣金紫光祿大夫尚書吏部侍郎叅知政事上柱國河東郡開國侯

食邑一千戶臣薛　居正

推忠協謀同德佐理功臣起復光祿大夫尚書左僕射兼門下侍郎同中書門下平章

事昭文館大學士監修國史上柱國天水郡開國公食邑二千戶食

實封四百戶臣趙　普

右經典釋文三十原書文淵閣祕籍也不知何自出於人間震澤葉林宗購書工影寫一部凡八百六十葉嗚呼經學盛於漢至宋而疾漢儒如讎玄學盛於晉至宋而詆爲異端註疏僅存譌缺淆亂今之學者至不能舉其首題其間句讀字秖賴有是書世無刻本又將澌滅矣此與註疏中所引往往不同讀者幸詳而寶之也崇禎十年歲次丁丑寫畢越十四年上黨馮班識其後

此書從兄林宗借絳雲樓藏本影寫書工謝行甫也余幼時曾爲之較勘至乙巳春仲林宗死所藏宋元刻本幷抄謄未見之書盡爲不肖子孫散没糕擔煙檯往往見之惟此書幸存因而留之今之學者工於程朱之學

漢註唐疏塵封蠹蝕安知有此等書哉案唐書德明成此書太宗讀而善之太宗之時儒臣濟濟文教大興未若宋人之疑經謗傳也後人不察風靡草偃且不知有德明其人何況此書今絳雲已爲祝融所收此書安得不重寶之邪記之以勉後人勿效林宗之子孫爲厚幸矣葉萬 葉樹廉印 石君

陸德明經典釋文三十卷其二十九卷則易書詩三禮春秋三傳孝經論語老莊爾雅之音義其一卷則序録也雖其列老莊於爾雅之上未免不倫然其有功經傳亦多矣自刊諸經注疏者將音義附各條下學者遂不復見此書之全辛酉季春子在虞山葉子石君以家藏

抄本示我始獲睹德明本來面目雖音義都已散見各經然如費氏之以易彖文言附卦爻杜氏之以左氏傳附經范望之以太玄贊散於八十一首之下先儒往往病其變亂古訓則此書惡可不存其舊耶惜乎世俗滔滔好古者鮮工詩賦者既視經學爲迂闊學程朱者又以漢注唐疏爲淺陋而古書日就湮没不知注疏乃程朱之所自出也孔子從周尚拳拳於夏殷之禮孰謂漢唐諸儒之書遂可弁髦視之也哉當湖陸龍其跋